圖說天下

中國大歷史

◎主編 童超

漢武王朝

圖說天下

前言

漢武帝劉徹的一生，是波瀾壯闊、雄圖偉略的畫卷。他少年登基，勵志改革，受挫之後韜光養晦，終攬大權；他任人唯賢，培養起一大批軍事、政治、文化奇才，爲自己的強國大業浴血奮戰；他目光敏銳、行動果敢，推恩削藩、治河修渠、改革政府機構與經濟政策，甚至立子殺母，以絕後患。

他的王朝，是文武皆興、四夷來服的盛世。得衛、霍二將，強兵勁弩，北伐匈奴，使之退居漠北，俯首稱臣，大漢之名從此威震天下；獨尊儒術、振興樂府，司馬相如的漢賦宛如華美樂章，司馬遷的《史記》堪稱史家絕唱，大漢的文化可謂繁花似錦；連通西域、出使西南，苦心經營絲綢之路，大漢的版圖日益遼闊。

他的情感，是粗獷率性、鐵骨柔情的傳奇。金屋藏嬌是夢幻般的童話，卻被現實的鐵壁擊碎，長門悲賦，唱不盡九曲愁腸；歌女皇后衛子夫，輕歌曼舞贏得萬千寵愛，卻終不敵紅顏殘褪、恩斷義絕；北方佳人李夫人，用她的倔強與堅持，在帝王心中留住了不老的青春；年輕而傳奇的鉤弋夫人被尊爲「堯母」，卻轉眼間凋謝了生命。

年年江月無窮盡，歲歲青山只巋然。如果你想瞭解一個奇偉王朝、一段精彩人生，你應該閱讀漢武帝；如果你想欣賞一闋瑰美辭章、一曲千年戀歌，你應該傾聽漢武帝。帝王不是永恆的冠冕，帝國遠非完美的江山，然而翻開此書，那耀眼奪目的，依然是不朽的史之鏡鑒。

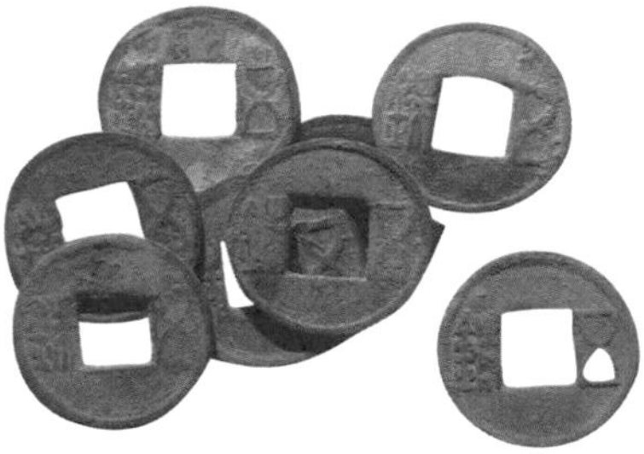

漢武王朝

目次

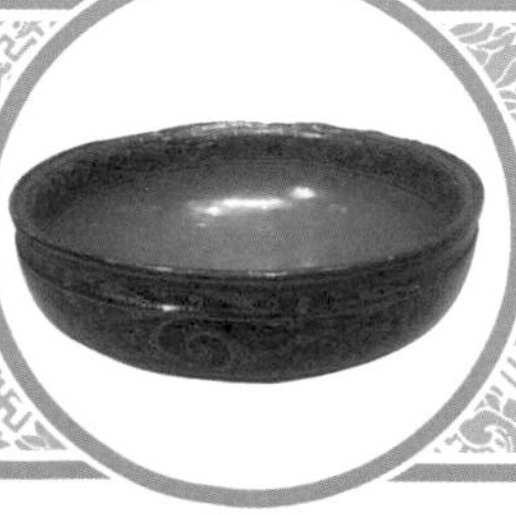

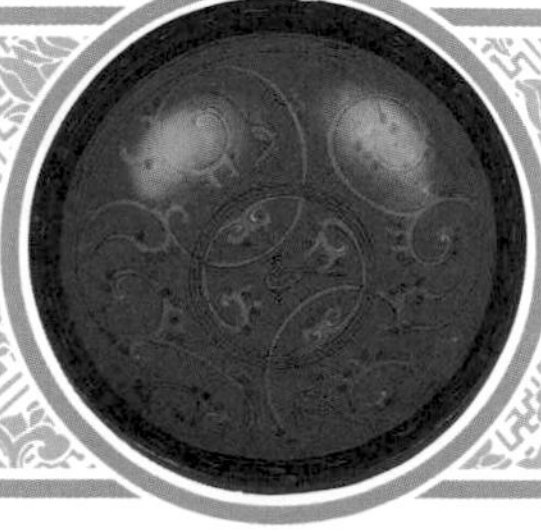

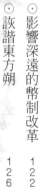

景帝的心事

為國家立儲君是每一個皇帝必須慎重對待的大事。漢景帝之時，薄皇后無子，立誰為太子成為景帝的一樁心事。一方面，他的六位嬪妃為他生了十四個兒子；另一方面，他的弟弟梁王在竇太后的支持下也躍躍欲試地想要爭奪儲君之位。

儲君難立

對於歷朝歷代的皇帝來說，除了操勞國家大事之外，最令他們煩心的無疑是繼承者的人選問題。立儲君之事如果順利，將能保證國家的太平和皇室政權的穩定；而如果出了問題，不僅會引起諸皇子同室操戈，嚴重的還會導致外來勢力介入，引起政變。傳統上，天子將皇位傳給嫡長子，也就是皇后所生的第一個兒子。如果皇后無子，則在其他嬪妃的兒子中選擇最年長者做太子。

對景帝劉啓來說，儲君難立，其根本原因在於薄皇后無子。薄皇后是景帝的祖母薄太后爲他挑選的薄氏家族的女子，其目的是爲了鞏固薄太后在宮廷中的地位。當時身爲太子的劉啓也希望藉此得到薄太后的支持。但不幸的是，薄皇后自從踏入宮門，就不受劉啓的寵愛。雪上加霜的是，薄皇后又沒有子嗣。在薄太后死後不久，薄皇后便遭廢黜，而景帝也沒有了名正言順的皇太子人選。他的嬪妃一共生了十四個兒子，其中，後來的漢武帝劉徹爲第十子，他原本是沒有機會登上皇位的，更何況他還有一個野心勃勃的叔叔梁王。

立弟還是立子

梁王劉武與景帝同爲竇太后所生，是景帝的親弟弟。竇太后非常喜

梁王墓北門石闕和天祿

梁王劉武生前過著帝王般的奢華生活，並在芒碭山（今河南商丘永城東北）為自己修建了一座「斬山為槨，穿石而藏」的墓。墓葬結構之複雜、氣勢之恢弘、技藝之高超，令人歎為觀止。

歡這個小兒子，賞賜給他無數金銀財物。梁王非常孝順，如果聽說母親身體不適，就吃不下飯，一定要留在京城照顧母親。劉武最初被封爲代王，後徙爲淮陽王，後又被封爲梁王，領地在今河南商丘南部。景帝和梁王的關係也很融洽，當梁王來長安，景帝出入時讓他和自己坐在同一輛車裡，還一起到上林苑遊獵。

景帝曾經想把帝位傳給梁王。當時，他還沒有正式立太子。有一次，梁王來長安，景帝與他一起宴飲，酒意朦朧之際對他說：「我死後，就把皇位傳給你。」梁王聽了，雖然表面推辭，但心裡很高興。竇太后當然也很高興，因爲她也希望推舉梁王爲皇位繼承者。沒想到這時候冒出了個「程咬金」，他就是竇太后的侄子竇嬰。竇嬰向景帝進言，認爲如今漢朝的天下是高祖創下的天下，皇位由父親傳給兒子，兒子傳給孫子。倘若皇上將皇位傳給弟弟，就是擅自改動高祖立下的規矩。景帝也覺酒後失言，便不再提此事。竇太后爲此憎惡竇嬰，竟不認他這個侄子了，還除去了他的竇家門籍，不允許他來給自己請安。竇嬰也因此不願再做官，藉口說自己生病了，辭官歸隱。

漢景帝像

漢景帝（西元前一八八年至西元前一四一年），西漢第四位皇帝，在位十六年，與其父漢文帝共同開創了「文景之治」。

但梁王的野心並沒有收斂。他在自己的領地建造了一片堪與皇宮媲美的建築和園林，面積約三百餘里。他出入領地時，模仿天子專用的禮儀。在他的倉庫裡，金銀財寶、珠寶玉器不可勝數，甚至比京城國庫裡的還多。後來，竇太后曾經再次向景帝暗示立梁王爲儲君，但袁盎等大臣力諫景帝，萬不可立梁王，他們說：「商朝的時候注重母系家族方面的親情關係，所以可以傳位給弟弟；而周朝注重父系家族方面的宗法繼承關係，所以要傳位給兒子。現在漢朝是仿照周朝的禮法，所以不能將弟弟立爲儲君，而應該傳位給兒子。」這讓竇太后無可辯駁。梁王也無可奈何，再也不向太后提做儲君的事情了，快快地回到自己的領地。

梁王的野心讓景帝更警覺早日立儲的重要性。景帝四年（西元前一五三年），他挑選了最年長的劉榮立爲太子。但是此時，漢王室內部的嗣君之爭遠未結束，甚至可以說才剛剛開始。

栗姬爭寵

薄皇后被廢後，在景帝的嬪妃中，栗姬原本最有可能成為未來的皇太后。栗姬的兒子劉榮由於年長被立為太子，這已經使他們母子二人處於優勢。但是，栗姬缺乏政治鬥爭須具備的策略謀劃，得罪了長公主，再加上她心胸狹隘，最終將皇帝與太后的寶座拱手讓人。

拒絕提親

漢武帝劉徹的登基，可以說與三個女人的活動密不可分。一個是他的生母王美人，一個是景帝的姐姐館陶公主，即長公主，還有一個就是栗姬。按理說，栗姬要積極扶持她自己的兒子劉榮做太子才對，怎麼會無意間幫了劉徹的忙呢？這就要從她自身的失誤說起。

栗姬的第一個失誤是拒絕與長公主聯姻。館陶公主劉嫖與景帝是同父同母的親姐弟，因爲她在文帝的子女中最年長，所以又稱長公主。劉嫖深具影響力，後宮裡的人一般都會設法討好她，特別是那些想得到景帝寵幸的嬪妃們。只要有了長公主的「推薦」，這些嬪妃就能在景帝那裡得到寵愛和尊位。長公主有個女兒叫陳阿嬌，她原本是想把阿嬌許配給栗姬的兒子劉榮。當時，薄皇后因爲沒有生子，也不得景帝的寵愛，皇后之位已經被廢。在諸嬪妃所生的兒子裡，栗姬之子劉榮最年長，所以被立爲太子。長公主想藉由與太子聯姻，鞏固自己在宮廷中的地位。她原以爲憑自己的權勢，栗姬會求之不得，沒想到卻碰了個大釘子。

栗姬是個愛吃醋的女人。她早就聽說，後宮裡的許多嬪妃都因爲討好了長公主而得到皇上的寵幸。由於這些人的地位日益超過她，於是她在心裡暗自怨恨長公主。這次長公主來提親，她爲了報復，索性直截了當拒絕這一請求。長公主被拒，自然氣惱不已，於是到景帝面前說：「栗姬和其他嬪妃們在一起聚會的時候，經常讓自己的侍從在她們背後詛咒、吐唾沫，施展一些邪門歪道的法術。」這使得景帝對栗姬很不滿，對她的好感也大大下滑。

在錯綜複雜的後宮生活中，過於坦率、意氣用事往往會給自己招來麻煩。特別是在聯姻問題上，兩個家庭的姻親關係，實際上就是結成利益聯盟，是在爲政治鬥爭累積籌碼，不能做親家，就可能做死敵。所以，對待這一問題一定要愼重，再做決定。栗姬不明其理，她只圖逞一時之快，換來的卻是自己和兒子悲劇性的命運。

辜負帝望

栗姬的第二個失誤是辜負了景帝對她的囑託。當年，高祖死後，呂后專權，因爲個人私怨，她毒死了高祖的兒子趙王劉如意，並以極其狠毒的方式害死了趙王的生母戚夫人。她命人砍掉戚夫人的手和腳，挖掉眼睛，熏聾耳朵，灌下毒藥使之不能言語，然後丟進豬圈裡，稱之爲「人彘」。這種殘忍的手段連呂后的兒子漢惠帝都認爲「不是人做的」。

爲了防止這種事情再次發生，景帝想爲他的兒子們製造一個安全的生存環境。因爲劉榮當時已被立爲太子，栗姬也就是未來的太后，所以景帝曾對栗姬提出，希望在自己死後栗姬能夠好好照顧其他的兒子。景帝這樣說，對栗姬是一種好的暗示，因爲當時薄皇后被廢，皇后之位空缺，如果栗姬表現得宜，景帝就打算正式封她爲皇后。

沒想到栗姬不僅沒有答應景帝的要求，反而出言不遜。景帝非常惱怒，覺得自己活著的時候栗姬就如此囂張，自己死後她一定不會善待其他兒子。爲了使「人彘」的悲劇不再重演，景帝下定決心不立栗姬爲皇后，而劉榮被廢的命運也幾乎不可避免了。

由於自己的失誤，栗姬不僅失去了景帝的信任，也將原本唾手可得的尊榮之位拱手讓出了。所以說，她雖然在表面上是劉徹繼位的障礙，但實則卻把他向太子的位置大大地向前推了一把。

西漢．深衣女陶俑

深衣是漢承秦制的服裝款式，上衣與下裳相連，通身緊窄，使身體深藏不露，雍容典雅。

臨江被廢

栗姬的兒子劉榮於景帝四年（西元前一五三年）被立為太子，後被廢，前後不過三年。他大喜大悲的命運顯示出中國古代宮廷內部圍繞太子廢立問題，所產生的錯綜複雜的明爭暗鬥。

非所宜言

景帝正處於矛盾之中。他雖然已經對栗姬非常不滿，但廢立太子畢竟是國家大事，不可草率決定，於是一直猶豫不決。

這時，劉徹的另一位功臣——他的生母王美人上場了。王美人知道景帝對栗姬不滿，於是她暗中唆使負責掌管賓客禮儀的大行（官名，武帝太初元年（西元一〇四年）改名爲大鴻臚）向景帝上奏，請立栗姬爲皇后。大行奏請說：「『子以母貴，母以子貴』，現在既然已經立了太子，就應該將太子的母親封爲皇后。」景帝心中正爲這事煩惱，他已經決定不立栗姬爲皇后，正愁沒有機會宣明此事。這時竟有人爲此事上奏，景帝大怒，當場發火說道：「這種事情是你這樣的臣下應該管的嗎？」大行說了不該說的話，獲「非所宜言」罪，這倒給了景帝一個機會，讓他將廢黜太子的事情徹底解決。

「非所宜言」是漢代的一條法律，違反此律要受到重罰。景帝七年（西元前一五〇年）春天，他下令將上奏的大行處死，同時宣布廢太子劉榮爲臨江王。幾個月後，年僅七歲的劉徹被立爲太子，王美人被封爲皇后。栗姬最後鬱鬱而終。

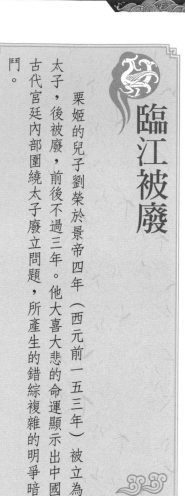

掃清道路

劉徹被立爲太子後，景帝設法爲這位新儲君鞏固地位，掃清道路上的障礙，爲此他不惜犧牲幾位重臣，甚至包括自己的兒子劉榮。

首先受到牽連的是太尉周亞夫。周亞夫是漢初名將周勃的兒子，曾爲景帝平定「七國之亂」，立下大功。景帝廢太子劉榮時，周亞夫曾強烈反對，爲此，景帝開始疏遠他。爲了避免他給劉徹造成威脅，景帝把他列爲清除的對象。景帝首先免除了周亞夫太尉的職務，也就是奪了他的兵權，而把他遷爲丞相。之後，景帝又頻頻藉故刁難，並找藉口逮捕了他。周亞夫的兒子爲他買殉葬用的甲盾五百具，卻被控告是盜買官府的器物，周亞夫牽涉其中，被抓來受審。心高氣傲的周亞夫在廷堂之上拒絕回答官吏的提問，這事傳到景帝那裡，景帝大怒，把案子移交廷尉辦理。廷尉認定周亞夫的兒子買甲盾是要造反，而且即使活著的時候不造反，也是準備死後在地下造反。這種牽強的理由，如果沒有景帝暗中支持，區區廷尉怎敢如此對待前國家最高軍事統領？周亞夫在獄中絕食五日，吐血身亡。

另一位受到牽連的是曾經做過劉榮的太子傅的竇嬰。竇嬰也曾經在劉榮被廢時在景帝面前力保太子，屢次向景帝進諫都沒有結果，便稱病幾個月不來上朝，這讓景帝頗爲惱怒。後來，竇嬰自己感覺到這樣做不妥，於是找了個台階，像以前一樣去上朝，才免於一死。

周亞夫像

周亞夫（西元前一九九年至西元前一四三年），因治軍嚴整、善於用兵而受到皇帝重用，最後又因恪守節操但不知對皇帝恭順而喪命。

最後，前太子劉榮也被當作絆腳石被清除出劉徹的繼位之路。景帝中元二年（西元前一四八年），被貶爲臨江王的劉榮被控侵占宗廟用地爲自己建築宮室。這是一項嚴重的罪名，景帝故意派酷吏郅都調查此事。郅都在京城是個人盡皆知的鐵腕人物，京城一帶的皇親貴族若有不法行爲，都由郅都處理。郅都執法不避權貴，剛正不阿，號稱「蒼鷹」。郅都讓劉榮來京城接受審訊，劉榮不敢去，自殺身亡。一般認爲，這是景帝故意爲鞏固劉徹的太子地位而有意爲之。

景帝如此煞費苦心，殺功臣、疏親子，爲的就是讓劉徹在繼位的道路上少些阻礙，更爲平順。至此，太子廢立之爭終於告一段落。

從膠東王到皇太子

景帝的第十子劉徹最終成為大漢王朝的皇太子。他是一個幸運兒，因為他的母親為他構築了「夢日入懷」的神話，他的姑姑在皇帝面前為他遊説，而他自己也確實天資聰穎，具有帝王資質。

夢日入懷

在劉徹被立爲太子這件事上，他的生母王美人發揮了至關重要的作用。王美人原名王娡，出身平民。她的父親叫王仲，母親叫臧兒。王娡是長女，她還有一個哥哥叫王信（後被封爲蓋侯），一個妹妹叫兒姁。王仲去世後，臧兒帶著兩個女兒改嫁到長陵（今陝西咸陽）一戶姓田的人家，生下兩個兒子，即田蚡、田勝（二人在武帝登基後都被封侯）。王娡最初嫁給平民金王孫，生有一個女兒，後來改嫁太子劉啓（即後來的景帝）。

漢初風氣較爲開放，女子主動追求男子、結過婚的女子再嫁等現象都經常出現。景帝的祖母薄太后就是劉邦從魏王那裡「搶」來的。後來，平陽公主先嫁給曹時，後來又嫁給衛青。漢初的丞相陳平娶了一個守過五次寡的女人做妻子。這些例子都表明，女子再嫁在漢初並不稀奇。

王娡入宮後很快就得到當時身爲太子的劉啓寵愛，被封爲「美人」，這在後宮中算是比較高的等級，爲十四等中的第五等。王娡一共爲劉啓生了三女一男，就是後來的平陽公主、南宮公主、隆慮公主和漢武帝劉徹。王娡的妹妹兒姁也嫁給了劉啓，並生下四個兒子。

史書記載，當劉徹還在母親腹中時，有一天，王美人做夢，夢見太陽進到了自己的肚子裡。醒來之後，她把這個夢告訴了劉啓。劉啓說：「這是富貴的象徵。」這個夢爲劉徹的身世披上了一層神話般瑰麗的色彩，也使他手中的至上皇權顯得更爲名正言順。

親上加親

長公主劉嫖也是劉徹被立爲太子的一大功臣。劉嫖原本打算將女兒陳阿嬌許配給前太子劉榮，沒想到竟遭栗姬拒絕。她一氣之下，轉向王美人，要將女兒許配給劉徹。王娡很快就答應了。於是，長公主與王娡結成了聯盟，共同排擠栗姬，最終促使劉榮被廢，栗姬抑鬱而終。

「金屋藏嬌」已成爲人盡皆知的故事，而這也是促使長公主更加喜愛劉徹的原因之一。爲了未來的女婿，長公主更爲了自己家族的政治利益，致力於將劉徹從眾皇子中推舉出來。她極力施展自己在景帝面前的影響力，在貶抑栗姬的同時，大大誇讚劉徹的聰明機智，這也使景帝對劉徹的印象一直不錯。毫無疑問，當景帝被激怒並下定決心廢除前太子劉榮之後，在考慮下一任太子人選時，長公主的誇讚之詞必然有推波助瀾之功。就這樣，劉嫖爲景帝最終決定立劉徹爲太子打下了堅實的基礎。

當劉徹終於成爲皇位繼承人時，長公主劉嫖的心願也就達成了。她和景帝現在既是姐弟，又是親家，可謂親上加親，而她在宮廷中的地位無疑也更加穩固了。

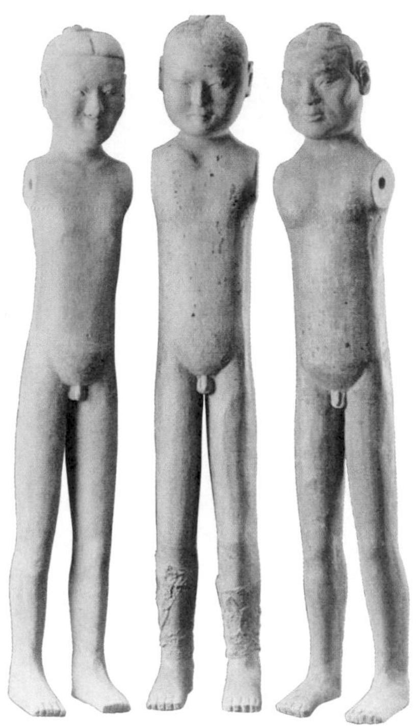

漢陽陵斷臂裸俑

男俑高五十六至六十二公分，是真人高度的三分之一，皆裸身無雙臂。這些陶俑在二千多年前皆身著色彩鮮艷的衣服，有木製手臂，在經歷了千年風霜之後，衣服與木製的手臂都腐朽了。

聰慧少年

劉徹小時候叫劉彘，七歲的時候，因爲聰明過人，被景帝改名爲「徹」（景帝認爲「彘者，徹也」），可見景帝對他的讚賞。據說，在劉彘三歲的時候，有一天，景帝將他抱在膝上逗著玩，有意要考考他，便問道：「你將來想當天子嗎？」小小年紀的劉彘馬上回答：「這是由上天來決定的，由不得我自己。我只願每天住在宮殿裡，在父皇面前玩耍，不敢過分安於享樂，失去了做兒子的本分。」這麼成熟世故的話從一個三歲孩童的嘴裡說出，似乎有點不可思議，不過也不難從此看出劉徹機智的應對能力。景帝聽了這個回答目瞪口呆，之後便更加嚴格地要求劉徹，因爲他看出這個兒子確實是可造之材。

四歲時，劉徹被立爲膠東王。他在與人相處方面也表現出驚人的早熟。每當與宮廷裡的夥伴一起玩耍時，他總是會先徵求別人的意見，然後再行事，這使得人人都對他很滿意，都很喜歡他。在景帝面前，他總是恭敬有禮，舉止得宜，像個小大人，這讓宮廷裡的侍衛們都很驚奇。另外，劉徹還有著驚人的記憶力。有一天，景帝問他最近讀了什麼書，他便把上古伏羲以來的各種重要典籍數萬言一字不差地背誦了出來。

帝王之兆

在歷史文獻的記載中，許多帝王的出生都不同凡響，有時是天降吉兆，有時是以某種特殊的方式出生。例如，周朝的先祖後稷是母親姜嫄到郊外祭祀時，踩到一個巨大的腳印，於是便受孕生下後稷。漢高祖劉邦出生前，他的父親曾經看到妻子（也就是劉邦的母親）身上臥著一條蛟龍。像漢武帝的出生一樣，「夢日入懷」的也有，三國時，孫堅的妻子夢到月亮進入自己的腹中，便生了孫策；後來又夢到太陽進入腹中，便生了孫權。

還有的帝王雖然出生時不具奇特之處，但生下來之後就顯示出與別的孩子不一樣的地方，據說黃帝生下來七十天之內就會說話了。其實，這種種「神蹟」大多是為了使帝王的身世罩上一層神聖的光環，以利統治。

漢陽陵南闕門遺址保護展示廳

漢陽陵位於今陝西省咸陽市，是景帝劉啓及其皇后王氏同塋異穴的合葬陵。西漢時期的高級陵墓均採夫妻並穴合葬的形式，就是丈夫與妻子分別葬在兩座相鄰且規格大致相同的大墓中。

關於劉徹少年聰穎的故事還有很多。例如《漢武故事》裡曾經講到，劉徹十四歲的時候曾經針對一宗殺人案，表現出過人的邏輯推理能力和判斷力。殺人犯名叫防年，他的生母早逝，父親與繼母的關係不好，繼母趁機殺死了防年的父親。防年爲報父仇，又殺死了繼母。這個案子由廷尉審理，廷尉依照大漢律令，殺死母親應被判爲大逆罪，罪行很重。景帝知道這個案子後，對判決結果有所懷疑，便問劉徹有何看法。劉徹分析說，繼母與防年本無血緣關係，因此與生母並不能完全等同，只是由於父親娶了繼母，她才獲得了母親的地位。但是，繼母殺死了父親，夫妻感情便沒有了，那麼繼母與防年之間的「母子」之情也就相應的不復存在，繼母的地位便不能再與生母相等了。因此，防年殺死繼母，應該屬於一般的殺人罪，而不是罪行更重的大逆之罪。景帝聽了劉徹的分析，覺得非常有道理，於是下令將防年的「大逆罪」改爲「棄市罪」。同時，他也更加感覺到劉徹的少年天才，暗自慶幸太子之位沒有選錯人。

回顧劉徹由膠東王到皇太子的歷程，不能不說他是一個幸運兒。一方面得益於外界的推動力——無論是王美人與長公主的正推力還是栗姬自身的反作用力，另一方面也得益於他自身蘊而待發的智慧與能量。

西漢·鎦金銀鑲嵌乳丁紋壺

出上於河北滿城陵山中山靖王劉勝墓，壺身上有「長樂（食）官」銘文。劉勝是景帝的庶子，武帝的兄長。此壺很可能原為漢長樂宮中之物，後轉至劉勝之手。

初繼帝位

漢景帝後元三年（西元前一四一年），十六歲的劉徹正式繼承皇位，是為武帝。剛剛坐上寶座的他，在欣喜與榮耀之餘，更意識到肩上責任的重大。雖然經過了「文景之治」，漢初經濟、文化、民生等方面都有了較大的恢復和發展，但各方面的問題依然存在。是做一個靠在前人肩膀上的守成之君，還是不安於現狀、努力開拓出屬於自己的一片更廣闊的天地？年輕的武帝開始了深深的思考。

文景遺產

武帝可說是幸運的，因爲文帝和景帝給他留下的不是一個爛攤子，而是一個欣欣向榮、充滿朝氣的國家。這段史稱「文景之治」的時代，是中國歷史上少有的幾個盛世之一。這無疑是武帝進一步大展宏圖的美好開始。

漢朝建立之初，經歷了多年戰亂的國家一片凋零，經濟停滯、民不聊生。高祖劉邦又不喜歡商人，命令他們不准穿絲織的衣服，不准乘車，並對他們苛以重稅，這樣做嚴重阻礙了工商業的發展。漢初，連皇帝坐的車子都配不齊四匹顏色相同的馬，可見經濟困窘之程度。到了文帝時，採取了一系列恢復生產、鼓勵工商業、減輕賦稅、與民休息的新政，例如薄賦勸農，允許百姓自己鑄造錢幣等等，減輕人民的負擔，增加其收入。這些措施產生了明顯的經濟效果。

文帝還以德治著稱。他性格寬厚，主張施行仁政，每當聽聞發生了什麼不幸的事，就首先自責，認爲是自己的仁德不夠。有一次，齊國的太倉令淳于意犯了罪，被判受肉刑。漢朝的肉刑是非常殘忍，使肢體致殘的酷刑，主要有三種：黥面（在臉上刺字）、劓鼻（割掉鼻子）和刖足（砍掉腳）。淳于意有五個女兒，沒有兒子。當他被抓走時，便有感而發：「沒有兒子光有女兒，遇到危難的時候一點用也沒有。」他的小女兒緹縈聽了這話很傷心，就跟著父親來到長安，主動請求進官府做奴婢來爲父親抵罪。文帝聽說了這件事，非常同情緹縈，並自責道：「現在有這麼殘酷的刑罰，卻還是不能消除犯罪，這是什麼原因呢？難道不是因爲我自己德行淺薄、教化不力嗎？我非常慚愧，是我沒有教導好百姓，才導致他們犯罪，要受到如此重刑。人的肢體、肌膚被毀壞，就終生不能復原了，這是多麼讓人痛苦的事情，又怎麼對得起父母呢？」

景帝繼承了文帝的經濟和治國措施，使「文景之治」的繁榮圖景進一步穩定下來。到了武帝繼承皇位的時候，整個國家與漢初相比可說是天差地別。只要沒有水災或旱災，老百姓人人自足，家家富裕。國家的糧庫裡堆滿了糧食，多餘的糧食就只能放在外面，結果常常放壞了也吃不完。京城國庫裡的錢財數不勝數，連穿錢幣用的繩子都腐爛了。普通百姓家裡都養馬，田間小路上牛馬成群結隊，如果有人騎的是母馬，甚至會被排斥，不被允許參加聚會。看守大門的人都吃得起細糧和肉食。

然而，問題依然存在。由於經濟發展，一些人過於富足，便依仗錢財橫行霸道，有的人甚至兼併土地、相互勾結，成爲一方豪強惡霸。另外，一些皇親貴族或諸侯爭相攀比房屋、車馬、衣服等奢侈享受，超越了禮法所限定的本分，甚至謀求造反。這些都是武帝將要面臨的挑戰。

西漢・雲紋漆鈁

長沙馬王堆漢墓出土。該墓共隨葬四件相同的漆鈁，出土時鈁內均殘存酒類或羹類的沉渣，可知當時的用途。

儒道互斥

漢初，文帝和景帝都秉持道家的「黃老之學」，謀求「無爲而治」。漢初百廢待興，發展經濟、壯大國力是當時最重要的任務。在沒有建立起一個強大有力的朝廷之前，不得不採取懷柔政策。主張「無爲」，也就是不過多干涉，對各諸侯王和匈奴等外部勢力採取妥協退讓的態度。儒家提倡「王道」、倡導「治國平天下」的理念與無爲之治是互相衝突的，因此漢初的儒士並未受到重用。

景帝時，開始鼓勵學術討論。道家、儒家、法家等學派的不同思想、見解可以公開進行辯論，甚至在皇上面前也不避諱言。景帝就曾親自舉行過一場激烈的儒、道辯論，題目是「湯武革命」問題。商湯討伐夏桀，推翻夏朝；周武王討伐紂王，推翻商朝。這兩次「討王」行爲究竟是正義的革命，還是大逆不道的弒君罪行？在景帝面前，儒家學派的轅固與道家學派的黃生展開了激烈的辯論。轅固認爲，桀、紂的暴虐激起了天下公憤，湯、武的行爲得到百姓支持，是民心所向，而民心就是天命，因此，湯、武的討伐行爲是受到天命支持的，是正義的。而黃生則反駁說：「帽子即使舊了，也得戴在頭上；鞋子就算是新的，也得穿在腳下，這就是上下有別。桀、紂雖然暴虐，但畢竟是君王；湯、武雖然有德，但畢竟是臣下。君王有過失，臣下應該向上諫言來矯正其過錯，而不是殺了君王，取而代之。因此，湯、武的行爲是弒君之罪。」轅固又反問道：「按你這麼說，高祖滅秦朝坐天下，也是弒君不成？」辯論到這裡，牽涉到本朝，不便多說，於是景帝只好趕快解圍道：「吃肉的時候不吃有毒的馬肝，這不算不知道味道；做學問的人不討論湯、武是不是受天命，這也不算愚蠢。」

雖然景帝仍然以道家學說作爲治國的綱領，但他也漸漸意識到「無爲」可能給政權帶來的不穩定因素。特別是「七國之亂」的爆發，更使景帝感到對諸侯王過於妥協，將會導致中央政府的權威渙散，進而引起分裂。

對於年輕的武帝來說，是繼續奉行道家的「無爲而治」，還是採用儒家學說，建立一個強大的中央集權國家，這是擺在他面前的一道難題。

西漢．騎馬武士俑

漢匈戰爭期間，雙方以強大的騎兵團互相搏擊，騎兵戰術得以充分發揮。衛青、霍去病所創立的騎兵兵團戰術，更是成功突破先秦兵法中舊有的適應農耕民族的作戰方法窠臼，以快速出擊和迅速反應為特點，開創了騎兵戰的新紀元。

匈奴之患

在漢朝的外交上，北方的匈奴一直是一大威脅。漢初，由於國力不盛，不敢與強悍的匈奴正面交鋒，漢朝政府一直對匈奴採取和親的妥協政策。但匈奴仍然不時騷擾漢朝邊境。

文帝三年（西元前一七七年），匈奴入侵漢朝，一直到達黃河以南地區，偷盜搶掠，危害民生。文帝氣憤地說：「漢朝曾經與匈奴相約做兄弟之國，送給他們豐厚的財物，讓他們不要騷擾漢朝邊境。現在，匈奴右賢王帶領部下離開國土，來到黃河以南的漢朝土地，殺害漢朝的官吏和士兵，搶奪財物，這不符合兩國的盟約。」於是，文帝派丞相灌嬰率領騎兵八萬五千人前去驅逐匈奴人。匈奴人退出邊境後，文帝特意到太原犒勞軍隊，論功行賞，以里爲單位賜給百姓牛和酒，還免除晉陽、中都一帶百姓三年的賦稅。就在這時，濟北王劉興居趁文帝不在京城，興兵謀反。文帝只好下詔撤回灌嬰討伐匈奴的部隊，與另外的軍隊一起去討伐濟北王。

文帝十四年（西元前一六六年），匈奴又入侵漢朝邊境，攻打朝那縣的蕭關，殺死了北地郡的都尉。文帝派三位將軍駐守在隴西、北地和上郡，又任命周舍爲衛將軍，張武爲車騎將軍，駐守在渭水北岸，一共有騎兵十萬人，車千輛。文帝依然親自慰勞士卒、檢閱軍隊，並進行賞賜。文帝還要親自率兵與匈奴作戰，大臣們拚命勸阻，都沒有用，直至皇太后出面，文帝才作罷。最後，文帝任命張相如爲大將軍，董赤爲內史，欒布爲將軍，共同征討匈奴。匈奴撤兵。

文帝後元六年（西元前一五八年）冬天，匈奴再次大舉入侵漢朝。文帝派兵與之對峙數月，這才逼退匈奴。

匈奴的騷擾已成爲漢朝的一塊心病，也是漢王朝走向強盛所要面臨最大的外部威脅。就如同賈誼在《治安策》中痛心疾首的陳述：天子是天下的首領，理應在上；蠻夷是天下的腳，理應在下。而現在上下顛倒，天子反而每年要送給匈奴金銀供奉。腳如果生了病，就沒法走路，是身體的一個隱患，必須徹底醫治。對剛剛繼位的劉徹來說，匈奴之患已到了非解決不可的地步。他能夠擔此重任，北拒匈奴，爲漢朝的強盛創造一個安全無憂的外部環境嗎？

漢武文彩

武帝為後世所稱道的主要是他開疆拓土，擴大漢朝版圖的雄厚武力，然而武帝其實也是一位文采斐然的君王。例如，在得到汗血馬後，他曾寫下《天馬歌》；堵塞黃河瓠子決口時，寫過兩首《瓠子歌》；在心愛的李夫人去世後，他也寫過《傷悼李夫人賦》。南朝梁蕭統編的《文選》中收錄了武帝的《秋風辭》一首：

秋風起兮白雲飛，草木黃落兮雁南歸。
蘭有秀兮菊有芳，懷佳人兮不能忘。
泛樓船兮濟汾河，橫中流兮揚素波。
簫鼓鳴兮發棹歌，歡樂極兮哀情多，
少壯幾時兮奈老何！

武帝喜愛文學，因此重用辭賦家司馬相如，還經常與淮南王劉安討論文學欣賞與創作問題，曾經請劉安為屈原所著的《離騷》作註等等。

金屋藏嬌

陳阿嬌一生的悲劇是從一個童話般美好的承諾開始的。雖然有孩童時代的天真爛漫，但她與武帝的愛情從一開始就建立在政治利益聯盟的基礎上。這種聯盟促成了一段金玉良緣，卻也最終導致了情感悲劇的發生。阿嬌的驕橫、武帝的多情、對外戚力量的制衡，這種種因素共同譜寫了淒涼哀婉的《長門賦》。

童言浪漫

陳阿嬌的母親是館陶長公主劉嫖，也就是武帝的姑姑。陳阿嬌的父親是堂邑侯陳午。陳午的曾祖父陳嬰曾是高祖劉邦的建國功臣之一。秦朝末年，陳嬰帶領兩萬餘人在東陽縣造反，後來投奔了項梁。項羽死後，他又率眾歸順劉邦，並爲漢朝平定豫章、浙江立下大功，於是被封爲堂邑侯。文帝三年（西元前一七七年），陳午繼承了侯位，後與長公主劉嫖成親。他們生下的女兒就是陳阿嬌。

在景帝廢立太子的過程中，阿嬌成了長公主政治佈局中的一顆棋子。在古代，婚姻基本上都是父母之命、媒妁之言。父母們要考慮的不僅僅是（有時甚至完全沒有）兩個年輕人的感情因素，更重要的，是這段婚姻可能給自己家族帶來的利益。商賈大戶注重的是聯合兩家的經濟力量，以便積累更多的財富。對於皇親貴族來說，他們注重的則是雙方的政治實力，以便結成利益聯盟，在紛繁複雜的權力之爭中壯大自己的力量。

於是，長公主劉嫖也決定用聯姻的辦法來穩固自己及家人的政治前途。她的目標是讓女兒阿嬌成爲太子妃，也就是未來的皇后。這樣，下一位皇帝就成了自己的女婿，榮華富貴何愁不保？她首先瞄準了當時的太子劉榮。然而，向劉榮的母親栗姬提親卻遭到拒絕，這讓心高氣傲的長公主深受打擊。她轉而向劉徹的母親王美人提親，得到了積極的回應。於是，

西漢‧陶武士俑

此俑為陪葬明器，身著束帶長袍，右手應握有武器。

她下定決心要將劉徹扶植爲太子。在她下決心的過程中，有一段小小的插曲發揮了催化劑的作用。這個插曲就是流傳千古的「金屋藏嬌」的故事。

據說，在劉徹六歲時的某一天，長公主把他抱在自己的膝蓋上，逗他玩，問他：「你想要媳婦嗎？」當時還是膠東王的劉徹眨著明亮的眼睛說：「想要媳婦。」於是，長公主指著身邊的一百多個宮女，逐個問他想娶哪個，結果他都搖頭否定。最後，劉嫖指著自己的女兒阿嬌問：「娶阿嬌好不好？」小劉徹這才笑起來，高興地說：「好！如果我娶了阿嬌做媳婦，我一定蓋一座用金子做的房子，讓她住在裡面。」

長公主聽了這個回答非常高興，於是，她在景帝面前施加了有力的影響，最終促使景帝立劉徹爲太子。

西漢．侍女俑

殷商是人殉最為流行的時期，直到商代後期，才出現以俑代替活人殉葬。漢代時，墓中用俑量很大。

巫蠱致罪

劉徹繼位後，阿嬌也順理成章地當上了皇后。在最初的日子裡，他們一個英武俊朗，一個貌美嬌艷，共同度過了一段卿卿我我、你儂我儂的甜蜜時光。然而，隨著時間的流逝，他們之間慢慢產生裂痕。

一個原因是武帝太過多情。後宮佳麗三千，武帝又總是喜新厭舊，在新寵面前難免忽視舊愛，這讓阿嬌頗爲嫉妒。特別是當歌女出身的衛子夫深蒙聖寵之後，出身高貴的阿嬌更是憤憤不平。阿嬌是長公主的掌上明珠，從小養成了一副驕橫的脾氣，再加上她認爲自己的家族對武帝當上皇帝是有恩的，於是更受不了這種委屈。因爲衛子夫受寵，自己被冷落，她幾次在宮裡鬧得死去活來，絲毫不見大家閨秀的風範，讓武帝顏面盡失。這麼一來，武帝不僅不同情她，反而對她日漸疏遠。

另一個重要原因是阿嬌一直沒有生孩子。對於皇宮裡的女人來說，孩子，尤其是兒子，簡直可以說是她們命運之所繫。生了兒子，等同於爲皇家續了香火，就會受人尊重，甚至有

長門悲賦

獨居長門宮的陳阿嬌感到了前所未有的孤獨，她聽說司馬相如善於作賦，文采出眾，便花千金請他爲自己寫了一篇《長門賦》，描述自己的處境和心情，希冀得到武帝的垂憐。司馬相如也不負所託，寫出了一篇深情款款、字字珠璣的曠世佳作。

《長門賦》以一個被冷落的妃子的語氣寫成。她無時無刻不在期盼著君王的到來，可是天色已晚，風起雲聚，君王還沒有到來。突然，她聽到了轟隆隆的聲音，以爲陛下終於來了，可出門迎接時卻發現那只不過是雷聲而已。孤獨的妃子只能暗自流淚，徬徨歎息，在夢裡與君王相聚。優美的文字，恰切的感情，娓娓訴說阿嬌內心深處的所有委屈和痛苦。

司馬相如將這篇作品呈獻給武帝。聰明的武帝當然一眼就看出了文章的來歷，但他只稱讚文章寫得好，卻絲毫沒有對作品中的女主角和她的原型表示出任何關切。阿嬌最終還是在長門宮裡寂寞地死去。

機會「母以子貴」，借助兒子的力量確保自己的尊榮與地位。就算是生了女兒，也可以仰賴聯姻的方式與大戶人家結緣，總不至於無依無靠。最可悲的就是那些沒有生孩子的女人。她們不受尊重，沒有依靠，一切都只能聽任皇帝的喜好。如果有一天年老色衰，皇帝對她們失去了興趣，她們的未來就沒有任何保障了。景帝的時候，薄皇后就是因爲沒有子嗣，被廢除了皇后之位，也引起了一場圍繞太子廢立問題的明爭暗鬥。

一直沒有生育的阿嬌也自知問題的嚴重性，曾經到處求醫看病，花費巨資，但始終沒有效果。後來，當她被廢除皇后封號之後，她的母親劉嫖曾多次在武帝的姐姐平陽公主面前說：「如果不是我，武帝怎麼能繼承皇位？可他現在竟拋棄了我的女兒。他怎麼能這麼不自重和忘本呢？」平陽公主就回答說：「這是因爲阿嬌沒有生孩子的緣故啊。」

第三個原因是武帝出於政治因素的考慮。漢朝建立以來，外戚勢力一直對皇權構成了很大的干擾和威脅。高祖之後，呂后專政，製造了多起慘絕人寰的悲劇。景帝朝和武帝朝初年，竇太后干政，竇家的勢力逐漸龐大，外戚之患深重。年輕氣盛的武帝胸懷大志，自然不願讓這些勢力干擾

西漢．館陶家連鼎

鼎腹部刻銘文二十字，表明此器為景帝之姊館陶長公主家所有。今藏於咸陽市博物館。

自己的宏圖大略。況且，他深知自己的皇位得來不易，更會警惕那些可能對自己的權勢構成威脅的力量。

在這一點上，阿嬌的做法實在不聰明。她的母親長公主對武帝登基立過大功，阿嬌便依仗這一點，在武帝面前耀武揚威，絲毫不肯退讓。只要受一點委屈，她就拿這個把柄來壓制武帝。最初，武帝只能忍氣吞聲。但時間一長，他的政治嗅覺不能不嗅到一絲威脅。如果讓阿嬌和長公主一直這樣氣焰囂張下去，很可能形成一股新的外戚力量，對劉氏江山的穩固極爲不利。這樣，武帝對待阿嬌的態度逐漸冷淡強硬。年幼時的浪漫童話已經過期，阿嬌已從他想要珍藏起來的愛人變成了敵人。

阿嬌強烈的嫉妒心引誘她犯了一個致命的錯誤。漢代宮廷和民間都有一種被稱爲巫蠱之術的迷信，也就是拿一個小木偶做成仇人的模樣，埋在一個地方，或用針來刺它，並詛咒它，人們相信，這樣就能給仇人帶來災禍。阿嬌找來一個名叫楚服的女巫師代自己行「巫蠱」，詛咒那些受武帝寵幸的女子。武帝知道後非常憤怒，便派酷吏張湯來查辦這件事。最終證據確鑿，被株連者達三百多人。武帝沒有殺阿嬌，但他們的夫妻之情徹底斷絕了。他派人賜給阿嬌詔書：「皇后失去本分，陷入巫蠱之術，不能再承擔天命，必須交出玉璽和綬帶，廢除皇后之位，退居長門宮。」昔日的繁華皆已落盡，等待阿嬌的將是漫漫無涯的寂寞餘生。

陳阿嬌像

陳皇后出身顯貴，是武帝的第一位皇后。從金屋藏嬌到幽閉長門，不過數年，正是「君不見咫尺長門閉阿嬌，人生失意無南北」。

竇太后干政

竇太后是文帝的妻子，景帝的母親，武帝的祖母。她的政治影響歷經三代，成為一股強大的外戚勢力。竇太后喜愛黃老之學，討厭儒生，這對一心想要推行新政的武帝是個不小的阻礙。實際上，在竇太后去世之前，武帝並沒有真正掌握帝位的權力。這位一心倡導「無為」的老太太卻在漢家王朝的政治運作中「大有作為」。

因「錯」得福

竇太后原本是趙國清河觀津縣的一名普通民間女子。呂后在世的時候，她被作爲才貌出眾的良家女子選入宮中服侍呂后。後來，呂后要將一些宮女賞賜給各諸侯王，當時被稱爲竇姬的竇太后也在被派遣的名冊中。竇姬是趙國人，希望能被送到趙國，於是就去找負責這件事的宦官，請求他一定要把自己的名字寫到去趙國的名單裡。宦官滿口答應，但列名單時，他卻把竇姬的請求忘到了九霄雲外，把她列進了去代國的名單裡。名冊被送給呂后審閱、批准，宮女們即刻就要起程。竇姬得知了這個失誤，想到要遠離家鄉，不禁痛哭流涕，滿懷無奈地前往代國。

誰也沒料到，這次陰錯陽差的轉移竟成爲新的契機。在代國，當時的代王（也就是後來的文帝）非常寵愛她，跟她生了一個女兒、兩個兒子——也就是長公主劉嫖，和後來的景帝與梁孝王。

南宋・袁盎卻座圖

漢文帝偕竇皇后、愼夫人等遊玩上林苑，休息時，漢文帝與竇皇后依次坐下，愼夫人準備坐在竇皇后身邊。隨同而來的郎中袁盎卻將愼夫人引到旁座，理由是妃妾不能與皇后平起平坐，並向漢文帝引前朝呂后製造「人彘」以警示。

呂后去世後，呂氏家族發動叛亂，想要奪取劉氏江山，後來被鎮壓下來。大臣們覺得代王賢能，就共同請他到長安做皇帝，是爲文帝。幾個月後，大臣們又請求文帝冊立太子。當時，文帝在代國時的王后已經去世，王后所生的四個兒子也相繼病死，而在其他兒子中，竇姬所生的劉啓年齡最大。於是，文帝立劉啓爲太子，立竇姬爲皇后。

由於漢朝剛剛經歷呂后專政和呂氏叛亂，而竇皇后又在呂后身邊服侍過，因此，漢朝的大臣們不得不防範新的外戚力量出現。他們不方便直接拿竇皇后開刀，就從防範竇皇后的兩個兄弟入手。

竇皇后有個哥哥叫竇長君，還有個弟弟叫竇廣國，字少君。少君四五歲時，由於家境貧寒，被人拐賣。他一共被轉賣了十幾次，後來到了宜陽。有一次他爲主人進山燒炭，晚上和一百多個人一起睡在山崖下，結果山崖崩塌，把睡在下面的人都壓死了，只有竇少君僥倖逃脫。於是他從主人家逃走，來到長安。

他聽說新立的皇后姓竇，而且也是趙國觀津人。雖然從小就被賣了，但他還記得自己的家鄉和姓氏，也還記得自己有個姐姐，而且曾經和姐姐一起採桑葉，還從樹上掉下來過。於是他把自己的身世寫出來，說自己是皇后的弟弟，呈到了皇宮裡，並得到文帝和竇皇后的召見。竇皇后問他還有什麼證據，他說：「姐姐離開我西去長安時，和我在驛站告別，她用乞討得來的洗澡用具幫我洗澡，又討來飯給我吃，這才離開。」竇皇后這才確定了這個人就是自己失散多年的親弟弟。想起淒涼的往事，拉著重聚的親人，竇皇后泣不成聲。朝廷上的人也都被這姐弟重逢的一幕感動，侍從

明・戴進・洞天問道圖

此圖描繪軒轅黃帝至崆峒山向廣成子問道的故事。竇太后尊崇黃老之學，此思想流派始於戰國，盛於西漢，尊黃帝與老子為創始人。

們都趴在地上流淚。竇皇后賞賜給少君大量的土地、房屋和金錢，並分封了同族的其他一些兄弟，讓他們定居長安。竇家的力量也逐漸變大了。

這時，漢初的幾個重臣開始隱隱覺得有些不安。絳侯周勃、大將軍灌嬰等人說：「我們這些人不死，命就掌握在竇家兩兄弟手裡。他們兩個人出身貧寒，如果不給他們選擇好的老師和賓客，恐怕又會鬧出呂氏的禍事來。」於是，大臣們精心挑選了一些年齡大、品行好的讀書人與竇氏兄弟相處。竇長君、竇少君二人也逐漸成爲謙謙君子，不敢依仗自己的地位過於驕橫。

「無爲」之爲

竇太后雖然一心倡導「無爲」，但在權力面前，她還是顯示出了貪婪。然而她也知道朝中大臣對外戚勢力的戒備，她的聰明之處在於她並沒有直接染指朝政，而是借助左右學術思想來干涉政治走向，樹立自己的權威。

竇太后喜愛道家黃老之學，她不僅自己讀這方面的書，還強迫周圍的人也一起讀，包括景帝、武帝都必須順從她的意願推崇黃老之學。竇太后不喜歡儒學，也因此討厭儒生，認爲他們「文多質少」，華而不實。她聽說景帝讓儒家的轅固和道家的黃生辯論「湯武革命」，就召轅固入宮，問他怎麼看待《老子》這本書。轅固很不屑地稱《老子》爲「家人言」，也就是說道家目光狹窄，小家子氣，只顧慮自己，而不考慮天下。竇太后聽了大爲生氣，馬上反駁，稱儒家經典爲「司空城旦書」，也就是國家的刑法律令。如果這只是一種學術辯論，倒也罷了，但竇太后受不了轅固這麼侮辱自己推崇的《老子》，就命令他進入豬圈裡赤手空拳跟野豬搏鬥。幸好景帝不忍看到轅固白白送死，就給了他一把劍，轅固才刺死了野豬，得以生還。

阻撓新政

武帝十六歲繼位，年輕氣盛的他極其渴望一展抱負。正如被他喻爲「文膽」的司馬相如在一篇文章裡寫到的那樣，一位賢明的君主，用不著受制於前人的成見、教條和習俗，而是應該兼容並蓄，開創出前無古人的偉大事業。武帝正是這樣激勵自己的。他初登帝位，便迫不及待地想要施行新政，建明堂、改制度、易服色、正曆法、興禮樂，並舉行封禪大典。新政中一項最重要的內容，就是復興和推崇儒學。

武帝首先任命了一批精通儒學的學者爲朝廷命官。趙綰和王臧就是因爲儒學方面的成績被選拔爲公卿。在任命的同時，武帝還罷免了一些景帝時候的舊官員，因爲他們信奉「無爲而治」，結果變得因循守舊，對新政形成阻礙。例如，他以景帝生病時「諸官囚多坐不辜」（很多人被冤枉入獄）爲由，認爲當時的丞相衛綰、御史大夫直不疑工作不稱職，於是罷免了他們。這之後，武帝任命魏其侯竇嬰爲丞相，自己的舅舅田蚡爲太尉，以平衡竇、王兩個外戚集團的力量。竇嬰也是一個積極推崇儒學的人，正符合武帝的心意。

任何改革都會影響一些人的既得利益，招致反對，武帝的新政也不例外。對竇太后來說，一方面，自己家族的人不時抱怨新政對自己不利；另一方面，她也覺得武帝的新政是他的母親王太后指使的，是王氏家族對竇氏家族的挑戰。再加上新政尊崇儒術，對自己喜愛的道家學說是不小的打擊。於是，竇太后憑藉自己「三朝元老」的資格來壓制年輕的武帝。這時，正好新任的御史大夫趙綰向武帝上奏，請求以後朝政之事不要向竇太后報告。竇太后大發雷霆，她罷免了趙綰、王臧、竇嬰、田蚡等人，又找藉口說趙綰等人有諸多「奸利事」，導致趙綰、王臧入獄並被迫自殺。被武帝召進長安的諸多儒者也逐漸被罷免還鄉。就這樣，武帝繼位之初的新政遭遇嚴重挫折，武帝本人也深受打擊。

竇太后晚年時雖然雙目失明，但一直掌握朝政。在她去世之前，武帝無法自主處理朝政，一直受到她的壓制。不過，武帝並沒有自暴自棄，而是選擇了忍辱負重、韜光養晦。有一個例子可以說明這一點，長公主劉嫖和皇后陳阿嬌一直在武帝面前以功臣自居，驕橫無理。武帝在朝廷上失意，在後宮還要受她們的氣，幾乎忍無可忍，甚至想休掉阿嬌。這時，武帝的母親王太后告誡他說：「你剛剛登上皇位，已經惹怒了竇太后，如果再跟長公主鬧翻，日子就更不好過了。」武帝於是忍下這口氣，與阿嬌重修舊好。正是這種忍耐，才保住了他的皇位，也讓他終於等到了翻身的那一天。

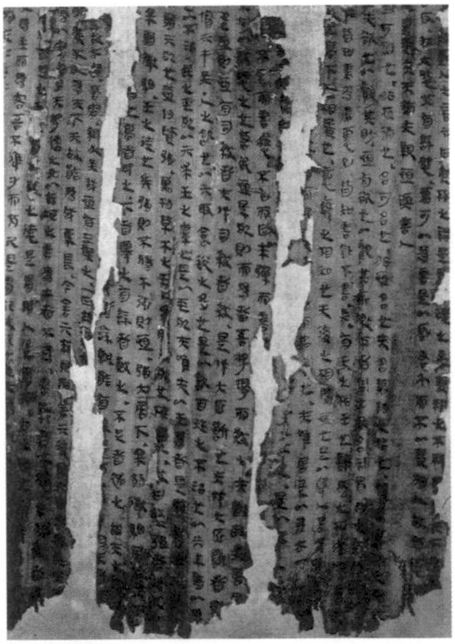

西漢 · 《老子》乙本帛書

長沙馬王堆漢墓出土，以隸書書寫，《德經》在前，《道經》在後，次序與通行本相反。因為竇太后信奉黃老之學，所以景帝和竇姓宗族都必須讀《老子》。

大儒董仲舒

董仲舒最著名的主張是「罷黜百家，獨尊儒術」。正是從他開始，儒學從戰國時期的諸子百家中脱穎而出。他提出的君權天授、天人合一、三綱五常、大一統等觀念，也成為後世儒學的基礎。更為可貴的是，他並不僅僅在維護皇權，同時也試圖監督它。董仲舒不愧為一代鴻儒，並堪稱一位嚴肅的學者。

三年不窺園

董仲舒是一位博學而勤奮的學者。他很早就因爲研究儒家的經典著作《春秋》而著名，在景帝時就做過博士。當時的「博士」是一種官職，主要掌管古今歷史方面的知識，管理圖書典籍，有學術顧問的性質。但是，景帝在位的時候崇尚道家黃老之學，特別是在竇太后的威懾下，儒生的日子很不好過。因此，董仲舒雖然在儒學研究方面成就非凡，但也是無用武之地。於是，他主要在家裡教授學生。因爲他名聲響亮，因此上門求學的學生很多，沒辦法全部在一起學習，於是就根據入學先後分成幾個班，董仲舒親自教一部分學生，由這些學生再來教下面的師弟們。這樣一來，有的學生快「畢業」時，竟然都沒有見過董仲舒一面。

爲了鑽研學問，董仲舒三年都沒有到家裡的後園遊玩過，被傳爲美談。他不僅在學術上嚴格要求自己，在生活的各個方面都是如此。他的言行舉止都嚴格遵循禮儀要求，這也是儒家尚「禮」的具體表現。他的學生都很佩服他這一點，並紛紛效仿。由

董仲舒像

董仲舒（約西元前一七九年至西元前一〇四年），西漢廣川（今河北景縣）人，青少年時研習《春秋》，景帝時為博士，講授《公羊春秋》。他以《公羊春秋》為依據，吸收法家、道家、陰陽家思想，建立了一個新的思想體系，成為漢代官方的統治哲學。

此可見，董仲舒是如此熱愛儒學，不但把它當成知識、學問，還把它融入到自己的生活中，身體力行。這也是他在儒學上取得巨大成就的原因。

天人三策

武帝繼位後，積極推動儒學復興，董仲舒終於等到了大展宏圖的機會。武帝曾經廣召賢良，諮詢治國之策。而董仲舒也由此與武帝展開了三次對話，深入闡述自己的儒學理論，這就是著名的「天人三策」。這三次對話涵蓋了董仲舒儒學的基本主張，讓武帝看到了儒學對於強化皇權統治所具有的價值，有利於儒學被立爲「國學」。下面是董仲舒儒學其中幾個最重要的思想。

首先是「君權天授」、「天人合一」。歷代皇帝最關心的是自己統治權力的合法性問題，也就是自己憑什麼可以做天下的最高統治者。解決了這個問題，就可以穩固政權。但這個問題卻是一個敏感的、不容易討論的話題。景帝朝時曾經有過關於「湯武革命」的討論，就是圍繞這個問題展開的。如果湯、武是「叛徒」，那麼漢朝江山是推翻秦朝得到的，是不是也是「大逆不道」？如果不能證明自己對秦朝的討伐是正義的，怎麼能讓百姓心服口服地聽從自己的統治呢？這一連串問題困擾著歷代皇帝，武帝自然也想知道答案，而董仲舒就給出了一個他最想聽的答案。

董仲舒認爲，君王的權力是上天授予的，而天不僅僅是物質的（日、月、風、雨等），也是有意志、有感情的，可以與人相互感應。如果一個國家政通人和，百姓安居樂業，天也會風調雨順，顯示出好的一面；如果國家的政治出了問題，君王暴虐無道，天就會降下災禍來警告他；如果君王一直不知悔改，天就會給他最重的懲

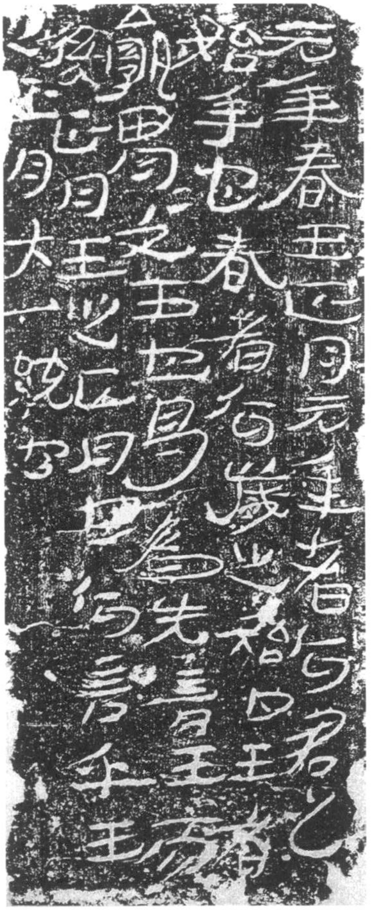

《春秋公羊傳》磚拓片

《春秋公羊傳》又稱《公羊傳》、《春秋公羊》，是研究戰國秦漢時期儒家思想的重要資料，董仲舒藉以發揮「大一統」、「三世說」等政論。

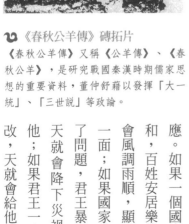

罰，也就是讓他失去自己的國家，而讓另一個賢能的人取而代之。這樣，「湯武革命」由於是爲了推翻暴君，便是合理的。而漢朝推翻了暴秦，也就具有了合法性。董仲舒還認爲，當有一個新的君王將要統治天下之時，天會相應出現一些吉祥的徵兆。例如，《史記・周本紀》記載，周武王興兵渡盟津時，有白色的魚跳進武王的座船中，又有火覆蓋在武王的屋頂上，又忽然流動，變成了長著紅色羽毛的烏鴉。這就是帝王之兆。整體來說，這就是「天人合一」、「天人感應」。

「君權天授」的觀念把帝王的統治神祕化、神聖化了。君王成了「天子」，他的至高權力是「天意」，任何人都不能違抗。這樣，老百姓就會更加敬畏君王，把他看成是「天」或「神」的象徵，對他俯首稱臣。董仲舒的這種觀點恰好符合武帝強化中央集權的需要，因此得到了武帝的認可。而後來的歷代皇帝也都開始拿「天命」爲自己的權力辯護。

董仲舒的另一個重要思想是關於帝王的統治方法問題。他認爲應該以德治和教化爲主，提出「三綱五常」的說法。儒家強調以德治國的重要性，不主張以嚴刑峻法威懾人民，而是應該教導他們按照「禮」的要求來提高自己的道德標準。「三綱五常」就是「禮」的基本要求。「三綱」是指君爲臣綱、父爲子綱、夫爲妻綱。這其實是在一個社會裡劃分嚴格的高低等級：君王在臣之上，父親在孩子之上，丈夫在妻子之上。任何人都必須按照這個等級秩序來生活和做事，否則便是「僭越」，是「大逆不道」。「五常」是指仁、義、禮、智、信，這是對人們的道德要求。對於帝王來說，這樣嚴格的等級制度是維護統治所不可缺少的。如果每個人都按照自己在等級中的位置做自己該做的事，不做自己不該做的事，所謂「君君臣臣父父子子」，天下自然太平，不會有不安定的因素。因此，董仲舒的這一觀點也受到歷代皇帝的歡迎。

第三點，董仲舒在呈給武帝的對策中提出了「罷黜百家，獨尊儒術」的建議，明確請求武帝將儒學確立爲國家的統治思想。漢初以來，道家黃

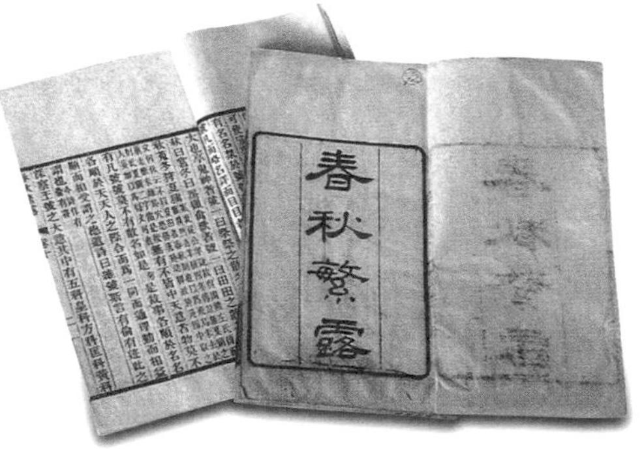

《春秋繁露》書影

《春秋繁露》是董仲舒的哲學著作彙輯，在此書中，他運用陰陽五行學說，有系統地建立並闡述了他的「天人感應」思想。

老之學備受推崇，其他如儒家、法家等思想也多多少少地存在。董仲舒認爲，國家的思想太過繁雜，對君王來說沒有一個統一標準，對人民來說也不知道該遵守哪一個，這樣對統治很不利。只有確定一種權威的理論，實現思想的「大一統」，才能更有效地管理國家，而儒學正是所有理論中最適合的一種。董仲舒說的雖然是思想的「大一統」，不過武帝從中卻看得更遠，那就是國家各個方面的「大一統」，包括政治的、文化的等等。這種宏偉藍圖正是他夢寐以求的。況且，儒家學說確實對加強皇權統治大有益處。於是，武帝採納了董仲舒的建議。儒學從武帝朝起開始了它在中國思想史上漫長的統治歷程。

因「災」惹災

在帝王統治時代，學者的命運是很尷尬的。當他爲統治者服務和辯護時，就能得到皇帝的重用和賞識；但如果敢提出批評意見，就得面臨生命危險。董仲舒也是如此。他的儒學理論雖然被視爲維護帝王統治的法寶，但他也試圖用「天人感應」的觀點來監督和制約皇權。因爲他認爲如果君王有做得不好的地方，國家出了問題，天就會降下災異之兆。他想從這個角度出發，時時提醒皇上，匡正時弊。他原本被武帝封爲江都國相，後被貶職，閒居家中，就蒐集材料，撰寫一部名爲《災異之記》的書。正好這時候遼東高帝廟發生火災，朝廷中另一個大臣主父偃嫉妒董仲舒，就把這本書偷出來獻給武帝。武帝召集眾儒生，把書拿給他們看。書中有一些譏諷朝政的內容，董仲舒的弟子呂步舒不知道這是自己老師寫的書，就推測武帝的意思，認爲這本書寫得很愚蠢。武帝很生氣，就把董仲舒抓了起來，送到司法官那裡。董仲舒被判了死刑，後來武帝心軟又赦免了他。但董仲舒受到很大的打擊，從此再也不敢談論災異之兆的問題了。

董仲舒是一個廉潔正直的人，他看不慣對武帝阿諛逢迎的公孫弘，引來後者的憎恨。公孫弘對武帝說：「只有董仲舒可以做膠西王的國相。」膠西王是一個非常暴虐的諸侯王，但聽說董仲舒是儒學大師，很敬重他，對他很好。不過，董仲舒害怕時間長了自己會得罪他，還是稱病辭職回家了。在家中，董仲舒還是堅持研究學問。朝廷有什麼重要的事要商量，都會派使者到董仲舒家裡聽取他的意見。

董仲舒是一位不折不扣的大儒，他將自己鑽研的學問發揚光大，並參與建構了中華民族的文化品格。儒學今天已成爲中國傳統文化的象徵，這不能不首先歸功於董仲舒。

布被丞相公孫弘

公孫弘原本只是一介小民，六十歲的時候開始做官，一直做到丞相。他研究《春秋》，受到武帝的欣賞。但他受重用的主因並不是他的學問，而是他八面玲瓏、善迎上意的作風。

漢．陶牛俑

漢代時，除人俑外，墓葬中還有許多表現居家生活的動物俑和閣樓、糧倉等模型明器。

花甲博士

公孫弘是齊地菑川國薛縣（今山東滕縣南）人。他年輕的時候做過獄吏，但後來犯了罪，被罷免。因爲家窮，他曾經以養豬維持生計。到了四十多歲的時候，他才開始學習、研究儒家的經典著作《春秋》，以及其他學者對《春秋》的解釋。

武帝即位後，從全國各地招選精通儒學的人來輔佐自己。當時公孫弘高達六十歲的花甲之年，但他仍被菑川國推薦，並被選中，做了博士。不久，他被派往匈奴做使者，回來後向武帝彙報情況。但武帝對他的彙報很不滿意，覺得他沒有什麼能力。公孫弘怕惹禍，就稱病辭職回家了。

過了幾年，武帝再次下詔選拔精通儒學的人，讓每個諸侯國推薦人選。菑川國又推選了公孫弘。有了上一次的教訓，公孫弘不敢再去做官了，就向國人推辭說：「我曾經到京城去做官，但因爲沒有才能被罷免回鄉，這次還是推薦別人去吧。」但菑川國還是堅持要推薦他。公孫弘沒有辦法，只好再次進京，到太常（官名）那裡去參加考試。太常讓各地推薦來的一百多名儒生寫對策，也就是政論文，相當於現在考試的申論題。對策寫好後被送到武帝那裡審閱。武帝很喜歡公孫弘的答卷，把他列爲第一名。武帝於是再次任命他爲博士。不過，公孫弘的政治外交能力似乎還是沒有提升。在他第二次上任時，漢朝正好開通了通往西南夷的道路，在巴蜀設立了郡。由於賦稅沉重，巴蜀的民眾感到非常困苦，武帝就派公孫弘去巴蜀視察。公孫弘回來後，在武帝面前極力詆毀西南夷，認爲朝廷與西南夷的外交沒有益處。這又不符合武帝的心意，不過武帝也沒有深究，公孫弘才又逃過一劫。

曲己伸君

　也許是得到了兩次惹武帝生氣的教訓，公孫弘在政事上變得非常狡猾。他總是千方百計地揣摩武帝的心思，說話做事都盡可能討武帝的喜歡，有時候甚至不惜對朋友背信棄義。他每次在朝堂上討論事情，總是只做陳述，不下結論，讓武帝自己來做決定，從不當面反駁或當庭辯論，以免自己說出什麼不妥的話惹武帝發怒。他和別人一起上奏的時候，總是別人先把事情提出來，他再補充說明，這樣萬一出了問題，自己也不用擔責任了。這樣一來，武帝覺得他品行忠厚，熟悉法律條文和公務，而且善於用儒學的觀點來闡述，對他很滿意。兩年之內，他就升官到了左內史。武帝也愈來愈信賴和親近他。

清・吳友如・海上牧豕

公孫弘年少時家貧，曾在海灘上以牧豬為生。放豬幾十年後，才開始學習《春秋》。

　公孫弘以「曲己伸君」作爲自己的行爲準則，也就是說，任何事都要順從、伸張君王的意願，根據君王的旨意來調整自己的想法和做法。有一次，他和一些公卿大臣約好了共同向武帝提出某項建議。但到了武帝面前，當大臣們把建議提出來時，他看到武帝有些不情願，就背棄了和大臣們的約定，反過來說這項建議不好，以迎合皇上的心思。這讓大臣們很氣憤。汲黯在朝廷上指責他說：「怪不得人家說齊地的人大多奸詐，不講信用。你跟我們說好了一起提出這項建議，現在竟然出爾反爾，這是不忠。」武帝問公孫弘怎麼回事。公孫弘辯解說：「瞭解我的人知道我是忠臣，不瞭解我的人才認爲我不忠誠。」他認爲，只要凡事都順著皇上，這就是忠。而武帝也聽信了他的話，覺得他是忠臣。

　元朔三年（西元前一二六年），公孫弘被任命爲御史大夫。當時漢朝正準備在北方設朔方郡。公孫弘多次向武帝進諫，認爲朔方這個地方無關緊要，在那裡建郡會拖累中原地區。武帝不同意他的看法，派朱買臣等大臣責難他。朱買臣等人列舉出十條在朔方建郡的好處，公孫弘卻舉不出一條建郡的壞處。公孫弘知道這是武帝決心要做的事，就趕緊謝罪說：「我只是個鄉下人，見識淺薄，不知道在朔方建郡有這麼多好處。」於是轉而支持武帝建朔方郡。

還有一次，董仲舒寫信給當時已被升爲丞相的公孫弘，建議他倣傚周朝時的名相周公旦，開設「召賢館」，網羅天下人才。公孫弘於是向武帝上疏說道：「陛下有先聖的地位，但還沒有先聖那樣崇高的名譽；有先聖那樣崇高的名譽，但還沒有先聖那時候的人才，所以才使得當朝與先聖之時的形勢相近，但治理的成效還有差距。……我聽說周公旦治理天下，用一年的時間改革，三年的時間教化人民，五年就安定了天下，希望我也能這樣輔佐陛下。」沒想到，武帝對公孫弘自比周公很不滿，他責問公孫弘：「你覺得你跟周公相比，是誰更有才能？」公孫弘聽武帝這樣問，知道他動怒了，趕緊打消了建「召賢館」的念頭，回稟道：「是我太愚蠢了，怎麼敢拿自己跟周公相比呢？虎、豹、馬、牛這些禽獸雖然剛開始很兇猛，但等到人慢慢地將牠們馴服了，就可以根據自己的需要來利用牠們。人才也是一樣。」武帝這才轉怒爲安。

西漢．錯金博山爐

出土於河北滿城陵山中山靖王劉勝墓。若於爐內焚香，則輕煙飄出，會與爐身上的圖案形成山景朦朧、群獸靈動的效果。

布被丞相

公孫弘非常注重節儉。他晚上蓋用布做的被子，吃飯從來不吃兩種以上的肉菜。他常常把自己的俸祿分出一部分來供給老朋友和自己喜歡的賓客，家裡沒有多餘的錢財。他常說，作爲臣子最大的毛病就是不節儉。但朝中的大臣們懷疑他說一套做一套，動機不純。汲黯就曾向武帝說：「公孫弘已經做了這麼大的官，俸祿很多，晚上卻蓋布被，這是僞裝。」公孫弘聽了，就做出謝罪的樣子向武帝說：「確實有這樣的事。在朝中的大臣裡，我和汲黯的關係最好，他確實說出了我的毛病。我的官職雖高，晚上卻蓋布被，確實是虛僞的行爲，想藉此沽名釣譽。我聽說管仲做齊國丞相時，有三座房子，其奢侈程度可以跟國君相比。雖然齊桓公是依靠他稱霸的，但他的行爲也超越了自己的本分。而晏嬰做齊景公丞相的時候，吃飯不吃兩種以上肉菜，姬妾不穿絲織的衣服，但他同樣輔助國君把齊國治理得很好，這是因爲他是向下與百姓看齊的。如今我的官職是御史大夫，晚上卻蓋布被，這就使朝中上上下下不論大官小官都沒有了貴賤等級之分，就像汲黯所說的那樣。汲黯是因爲忠誠才說這樣的話。」這麼一來，武帝覺得公孫弘非常謙虛，就更加欣賞他了。不久，公孫弘被提升爲丞相，並被封爲平津侯。他成爲中國歷史上第一個布衣封侯的人。

暗藏城府

公孫弘雖然外表看起來寬厚隨和，但實際上卻心胸狹隘，城府很深。跟他結下仇怨的人，他都暗中伺機報復。例如，在建立朔方郡的問題上，公孫弘與主父偃意見分歧，由此結怨。趙王曾派人告發主父偃接受諸侯賄賂，進而使許多諸侯子弟得以封侯。這時，又恰逢齊王自殺。主父偃在齊國做丞相，並曾向武帝稟告過齊王與姐姐通姦的事情。武帝以爲是主父偃脅迫齊王，致使其自殺，非常生氣，於是把主父偃召回交給官吏治罪。主父偃承認自己接受了諸侯的賄金，但否認脅迫齊王。武帝原本不想殺主父偃，但公孫弘這時候站出來對武帝說：「齊王自殺，沒有後代，齊國只能廢除爲郡，歸入朝廷，主父偃是這件事的罪魁禍首。陛下如果不殺主父偃，就沒法向天下人交代。」於是，武帝下令將主父偃滅族。公孫弘最終得以公報私仇。

另外，公孫弘在研究《春秋》方面比不上董仲舒，而董仲舒指責他阿諛奉承，他就向武帝進言，把董仲舒趕到暴虐的膠西王那裡做丞相。

後來，淮南王、衡山王謀反，公孫弘覺得自己身爲丞相，理應輔佐君王鎮撫國家，現在有諸侯謀反，自己有推脫不了的責任。正好他那時生著重病，於是就向武帝請辭還鄉。但武帝沒有答應他，而是允許他休假，並賜給牛、酒和布帛。過了幾個月，公孫弘的病好得差不多了，就繼續擔任丞相，處理政事。元狩二年（西元前一二一年），八十高齡的公孫弘病逝。

儒學之興

武帝決定採用儒家學說作為治國的根本理論，雖然在繼位之初，復興儒學的努力因竇太后的干涉而作罷，但竇太后去世後，真正掌握了政權的武帝開始一步步實行「罷黜百家，獨尊儒術」的政策，置五經博士、設立太學、普及教育等都是其中重要的舉措。

置五經博士

「五經」指儒家的五部經典著作：《詩經》、《尚書》、《春秋》、《禮記》和《易經》。博士是一種官職，早在戰國末期就已出現。秦朝也設有博士，秦始皇時，朝中的博士有七十多人，俸祿是六百石。在儒學、諸子學說、詩賦、方技、術數、占夢、卜筮等方面有專長的人，都可能被徵爲博士。這些博士可以招收弟子，傳授學問。秦朝的博士還可以參政議政。《史記》中記載，秦始皇在考慮自己使用什麼帝王稱號的時候，丞相王綰等人就曾與博士們商量；秦始皇在咸陽宮設置酒宴時，有七十位博士上前祝酒；陳勝起義後，秦二世曾召集博士詢問對策等等。漢朝從一開始就設置了博士這一官職，其構成和作用與秦朝時差不多。

建元五年（西元前一三六年），武帝宣布設置專門研究「五經」的博士，同時把其他學科的博士都罷免。這說明武帝決定獨尊儒學，把儒學作爲「國學」來推崇，而其他學派的地位也就紛紛下降了。

武帝之所以特別關照「五經」，是因爲他們對加強中央集權、更有效地治理國家很有幫助。例如，西漢時，孔子的第十二代孫孔安國曾說，孔子編訂《尚書》的目的就是爲了使統治方法顯得清楚明白，好讓國君仿

孔安國像

孔安國（約西元前一五六年至西元前七四年），字子國，孔子後人，西漢經學家、經學博士，武帝時曾任諫議大夫、臨淮太守等職。

效。另外，《易經》多是一些卜筮算命的內容，而在科技不發達的古代，卜筮是一項常見而重要的活動，甚至是帝王做出一些決定時必要的步驟。因此，把《易經》研究透徹，對於國家政治活動的展開也有很大的幫助。

武帝時，五經博士中出現了一些比較著名的學者。

（一）《詩經》博士：文帝時有魯國的申公和燕國的韓嬰，景帝時增加了齊國的轅固。到武帝時，《詩經》傳授方面以魯詩、韓詩、齊詩三家爲主，合稱「三家詩」，同屬於「今文經學」。西漢末年又出現了「古文經學」。「今文」和「古文」的說法主要是根據書籍所使用文字的不同來區分的。「今文經學」的研究者使用的是漢朝通行的隸書，而「古文經學」的研究者使用的是秦始皇統一中國以前使用的古文字，即大篆或籀書，被稱爲「蝌蚪文」。秦始皇焚書坑儒，破壞了大量先秦時候的經典著作，剩下的只有醫藥、卜筮和種樹之類的書。儒家經典也幾乎沒有保存下來。到了漢朝，人們想要研究儒家著作時，只能靠記憶力好的人口頭傳授，再用當時的文字，也就是漢朝的隸書記錄下來，這就形成了「今文經」。後來，人們陸續發現，當年秦始皇焚書坑儒時，有一些勇敢的人將一些儒家經典藏在房間牆壁的夾層裡，這些書籍得以保留下來。這些書上使用的是「蝌蚪文」，所以就被稱爲「古文經」。

（二）《尚書》博士：最有名的是濟南的伏生。伏生在秦朝的時候就是博士。秦始皇焚書時，他把《尚書》藏在牆壁夾層裡保存下來。文帝時，除了伏生之外，天下找不到研究《尚書》的人，文帝就派晁錯跟著伏生學習。

（三）《春秋》博士：武帝時期，《春秋》博士主要是治《公羊傳》，最有名的是胡毋生和董仲舒。胡毋生在景帝時就擔任博士，後來年紀大了，就回到家鄉齊郡教授《春秋》。齊地研究《春秋》的人大多是胡毋生的弟子，其中包括公孫弘。董仲舒則是漢朝儒學復興的大功臣。

（四）《禮記》博士：《禮記》是武帝下令置五經博士之後才有博士的，第一個《禮記》博士是後倉。

漢．講經畫像石

經，即儒家經典。漢武帝時設置五經博士，專門研究《詩》、《書》、《禮》、《易》和《公羊春秋》。

春秋決獄

武帝既尊崇儒學，又崇尚法治，這種結合的表現就是春秋決獄的現象，也就是根據儒家經典《春秋》來審判案件。《春秋》相傳爲孔子修訂，其中包含著微言大義，也就是所謂春秋筆法，一字寓褒貶。《春秋》的核心思想是「君君臣臣父父子子」，對於維護君主的權威和天下的倫理秩序十分有利。

漢武帝看到了《春秋》的這種作用，於是便以春秋來決獄。例如，淮南王劉安謀反案曝光後，儒學大師董仲舒的弟子呂步舒奉命審理這個案件，他針對淮南王等涉案的諸侯王擅自裁決事情、不請示漢武帝的做法，根據《春秋》裡的君臣倫常思想予以判決。武帝認爲呂步舒審判得很好。春秋決獄顯示了武帝融合儒、法兩家學說的努力，藉以維護中央集權的國家制度。

（五）《易經》博士：《易經》也是武帝下令置五經博士之後才有博士的，最有名的《易經》博士是楊何。

罷黜百家

建元六年（西元前一三五年），自武帝繼位以來一直干涉朝政的竇太后去世了，武帝終於眞正掌握了政權。道家黃老學說的權威似乎也隨著竇太后而逝去了，武帝決心罷黜百家，獨尊儒術。

據《史記》記載，竇太后去世後，武帝將喜愛儒學的舅舅田蚡封爲丞相，正式把儒學放在了獨尊的地位上，同時將道家、法家、縱橫家等其他學說的地位大大降低。數百位儒家學者被提升到朝廷做官，特別是公孫弘因爲研究《春秋》，從一介平民一直升到丞相，還被封侯，這使得天下讀書人羨慕不已，研究儒學的風氣也愈來愈盛。

事實上，雖然提出「罷黜百家，獨尊儒術」的董仲舒主張將除儒學之外的其他學說徹底消滅，但武帝並沒有這樣做，而是保留了其他學說，只不過在受重視程度上不如儒學。例如，民間依然有人大量收藏和學習諸子百家的著作；研究其他學派的人也可以在朝廷中得到重用，像以黃老學說起家的汲黯就在「罷黜百家」的同一年被提升爲主爵都尉，位列九卿之一。武帝也很重視法治，吸收了法家的一些思想。這些都說明武帝並沒有在思想文化上實行絕對的專制，而是像司馬遷所說的「悉延百端之學」。這種寬廣的胸懷是一個想要成就大業的君王所不可或缺的。

興辦學校

爲了普及儒學，培養更多儒學人才，武帝積極興辦學校。這主要包括兩大部分：一是在京城興辦國立太學，一是興辦地方上的學校。

興辦太學的建議是董仲舒提出

的。他在「天人三策」中就提到，國家要培養賢能之士，就必須興辦教育，建立太學，起用名師，並通過考核的辦法，使眞正的人才脫穎而出。武帝採納了董仲舒的建議，於元朔五年（西元前一二四年）下了一道興辦學校的詔書，指出教育的重要性，令公孫弘等人商議並提出具體措施。公孫弘等人提出的具體舉措包括：爲博士官配置五十名弟子，免除他們的賦稅徭役，這些人必須是十八歲以上儀表端莊的人；各地方選拔愛好儒學、尊敬長輩、嚴守政教、友愛鄉里的人，上報給中央，經考察合格的人，可以進入太學學習；太學的學生入學一年後要進行考試，成績優秀的可以做官，成績很差的要被開除，而且那些推薦他的官吏也要受到相應的懲罰。武帝批准了這些措施。沒過多久，朝廷中很多公卿大夫和一般的官員就都變得文質彬彬了，因爲他們大多是從太學畢業的儒生。

除了中央的太學，各地方也積極興辦學校。漢朝最早的地方學校是景帝時一個叫文翁的人在蜀郡設立的。文翁從小就熱愛儒學，精通《春秋》，後來成爲蜀郡太守。他覺得蜀郡地方偏遠，文化落後，就選拔一些聰明的小吏到京城去學習，等這些人學成歸來，文翁就讓他們在郡縣中做高官。後來，文翁在成都建立了學校，招收當地的青年做學生，並免除他們的徭役，學習成績好的還有機會做官。這樣一來，當地人都爭先恐後地進學校學習，一些有錢人家甚至寧願花錢獲取入學的機會。蜀郡的教育程度大大提高，從這裡出來的學生到京城去深造，其才能不比來自儒學之鄉齊魯之地的學生差。不過，當時其他地方的學校並不多。從武帝下令要求各郡國都要興辦學校，教育才眞正在全國普及開來。

透過多種政策和措施，儒學在武帝時得到了迅速發展，儒生成爲國家的高級人才，並大量進入各級政府部門擔任要職。這對於後世的政治和文化發展都產生了重要影響。

魯壁

據說秦始皇焚書坑儒時，孔子第九世孫孔鮒將《論語》、《春秋》、《孝經》等儒家經書藏於孔子故宅的牆壁內，使得這批經典得以保存下來。西漢魯共王劉餘擴建宮室範圍，拆毀孔子故宅時，才發現了這批簡冊。

天子出獵

在竇太后干政時期，年輕的武帝胸懷大志卻無用武之地，滿腔抑鬱可想而知，武帝以出宮狩獵來排解心緒。駕馭飛馳的駿馬，與兇猛的野獸搏鬥，這帶給他酣暢淋漓的快感，也讓他以一種隱蔽的方式建立起自己親信的軍隊，為恢復新政做了必要的武裝準備。

微行狩獵

建元三年（西元前一三八年），也就是竇太后去世前三年，武帝開始經常微行狩獵。「微行」的意思是地位尊貴的人打扮成普通人出門，就像後來一些皇帝喜歡的微服私訪。微行的說法始自秦始皇。據《史記》記載，秦始皇曾「微行咸陽」，也就是說秦始皇打扮成平常人的樣子到了咸陽，身邊跟著四名武士暗中保護他。一天夜裡行走的時候，在蘭池宮遇到盜賊行刺，形勢危急，幸好武士們及時出現擊殺了盜賊。後來，秦始皇下令在關中地區展開了二十天的大搜查，尋找與此事相關的人。

不過，年輕氣盛的武帝可不怕危險。他的微行範圍很廣，北到池陽縣，西到黃山宮，南至長楊宮，東至宜春觀。而且，他經常在半夜出發，自稱是平陽侯。等到天亮的時候，他就可以到達狩獵的山下，騎著飛馳的駿馬射殺鹿、野豬、狐狸、兔子等野獸，還曾經赤手空拳與熊搏鬥。不過，雖然這種狩獵活動讓他肆意暢快，卻苦了周圍的老百姓。因為他的馬免不了要踩踏周圍的農作物，老百姓非常憤怒，一見到這位狩獵的少年，就大聲責罵他，還把他告到了縣令那裡。縣令想把他抓起來，幸好他的手下出示了皇家的信物，才得以離開。

有一次，武帝和隨從們夜行到了柏谷，投宿到一家小旅店。店主看他年輕卻不從事農業勞作，而是帶著這麼多人深夜出門，覺得他一定是盜賊。武帝問店主有沒有水喝，店主說：「沒有水，只有尿。」武帝沒有生氣，而是忍了下來。店主還準備召集當地的少年來圍攻他們。隨從們勸武帝離開，武帝鎮定地說：「如果走了，就等於承認自己是盜賊，一定招致災禍，不如就留在這兒。」幸好店主的妻子看見武帝，覺得他氣宇非凡，不像是普通人，就勸阻丈夫不要魯莽行事。店主不聽，妻子就騙他說：「先不要著急，等他們睡著了再說。」然後用計把丈夫灌醉，捆綁起來，放武帝一行人走了。第二天，武帝回宮後，召見了這對夫婦，賜給女主人黃金，還把男主人提升爲羽林郎（皇家禁軍官員）。

爲了解決擾民的問題，也爲了狩獵更加方便，武帝計畫把皇家獵場擴大，將他經常去的兩個縣都歸入上林苑，讓當地的百姓搬到鄰近的其他縣。東方朔聽到這個消息，進諫勸阻武帝，認爲把這兩個縣的良田劃爲獵場，讓老百姓被迫搬到別的地方去重新開墾土地，不僅會使國家減少農業稅收，也會使百姓失去養家餬口的根基。另外，毀壞了百姓的墓地和住宅，也會使百姓悲痛。對武帝來說，在這樣遼闊的土地上快馬奔馳，萬一發生意外，後果也不堪設想。因此，最好還是不要擴大上林苑。但武帝並沒有採納東方朔的意見，依然照原計畫擴大了皇家獵場的規模。

西漢・上林苑鬥獸圖

西漢帝王喜愛廣設獸圈，有專職的馴獸人員與馴獸表演。武帝就在建章宮西南建有「獅子圈」、「彘圈」。此為河南洛陽八里台漢墓山牆局部。

期門衛士

武帝的微行狩獵僅僅是爲了好玩，或者發洩心中的抑鬱嗎？絕非如此。實際上，他是在藉機悄悄培養自己最親近的武裝力量。出宮狩獵時，他的隨從是經過精心挑選、騎射功夫突出的英武少年，他總是和他們約定在宮殿門口見面，一起出發。因此，這些隨從又被稱爲期門衛士，「期」就是「約定」的意思。期門衛士是從宮廷衛隊中挑選出來的，他們後來成爲武帝身邊的精銳部隊。

由此，我們也可以猜測，當武帝率領他的期門衛士們在狩獵場上飛奔時，他絕不僅僅是在娛樂，而是在暗中訓練自己的軍隊。堅持擴大上林苑，也是爲了給他們更大的訓練空間，好讓他們有朝一日爲己所用。在竇太后干政的陰影下，武帝已經意識到，沒有自己的武裝，是不可能擁有改革力量的。他對外製造出一種少年人貪戀玩耍的假象，好讓竇太后等人對自己「放心」。而實際上，他是在養精蓄銳，積累力量，準備等到合適的機會爆發。從這個角度來說，武帝不愧是一位充滿智慧和勇氣的少年天子。

歌女皇后衛子夫

衛子夫幸運地從萬千佳麗中脫穎而出，受寵、得子、被封為皇后，一步登天，衛氏一門封侯者眾。然而，她的不幸在於，灰姑娘的命運永遠決定於王子的心血來潮，當新人替代了舊人，而皇權又被威脅的陰雲籠罩時，猜忌、懷疑便接踵而至，款款深情終成恩斷義絕。

一見鍾情

衛子夫出身卑微，原本是武帝的姐姐平陽公主家裡的歌伎。她的母親衛媼也是平陽公主家的奴婢。衛媼一共生了三個女兒和三個兒子：長女衛君孺（後來嫁給公孫賀），二女衛少兒（霍去病的母親），三女衛子夫，長子衛長君，次子衛步廣，三子衛青。衛氏一家命運的改變，開始於平陽公主家中的一次宴會。

武帝即位幾年了，一直沒有兒子。他的姐姐平陽公主挑選了十幾個美貌的良家女子養在家裡，訓練她們梳妝打扮，希望能博得武帝的歡心。有一次，武帝到灞上祭祀，回宮的路上，順便到平陽公主家裡做客。平陽公主趁機讓這十幾個美人出來，在武帝面前一一亮相，詢問武帝喜歡哪一個，但武帝一個都沒看上眼。

之後，在平陽公主準備的宴席上，有歌女唱歌助興，衛子夫就在其

武帝妃麗娟像

麗娟十四歲入漢宮，成為武帝寵幸的宮人。據野史記載，這位妃子吹氣如蘭，身輕如燕，能歌善舞。

中，她的美貌和歌聲深深吸引了武帝。過了一會兒，武帝起身去換衣服，平陽公主讓衛子夫跟著服侍。於是，衛子夫在軒車中受到寵幸。武帝回到宴席上後，非常高興，賞賜給平陽公主黃金千斤。平陽公主知道武帝喜歡衛子夫，便把她送進皇宮服侍武帝。衛子夫上車時，平陽公主撫摸著她的後背說：「走吧，你自己好好保重，將來富貴了，不要忘記我。」就這樣，衛子夫進入了她從未夢想過的深宮。

可是，進宮一年多的時間裡，武帝再也沒有寵幸過她，似乎在平陽公主家的那一天只是一場夢，自己早被多情的武帝忘到九霄雲外了。就在這個時候，皇宮裡開始挑選一些年齡大、不中用的宮女，讓她們出宮回家。絕望的衛子夫趁著這個機會再次見到武帝，哭著請求武帝放自己出宮，回到平陽公主那裡。武帝心軟了，沒有讓她出宮，而是把她留在自己身邊，再次寵幸了她。沒過多久，衛子夫懷孕了，而她在宮中的地位也隨之日益增長。武帝把她的哥哥衛長君、弟弟衛青都召到宮中當侍從。

清．吳友如．邢夫人像

邢夫人為武帝之妃，她也如許多未能誕下男嗣的妃子一樣，像武帝身邊的一朵曇花，只開放了很短暫的時間。

衛氏霸天下

當時的皇后是館陶長公主的女兒陳阿嬌，脾氣高傲霸道。她聽說出身卑微的衛子夫非常受寵，氣憤不已，經常大鬧，還曾經找女巫用邪術詛咒衛子夫。阿嬌一直沒有生孩子，加上她的蠻橫，讓武帝十分不滿。元光五年（西元前一三〇年），阿嬌遭到廢黜，被貶入長門宮。

與此同時，衛子夫在武帝面前愈來愈受寵。元朔元年（西元前一二八年），她生下了第一個兒子劉據。武帝非常高興，在這一年將衛子夫冊封爲皇后。此外，衛子夫還生了三個女兒，大女兒是衛長公主，二女兒是諸邑公主，三女兒是陽石公主。

衛子夫成爲皇后，整個衛氏家族

武帝時的後宮制度

武帝是一位風流天子，除了皇后外，僅他的嬪妃就分爲十三個等級，可見人數之多。這十三個等級按照從高到低的順序依次是：（一）婕妤：相當於「列侯」爵位。（二）娙娥：相當於「關內侯」爵位。（三）容華：相當於「大上造」爵位。（四）美人：相當於「少上造」爵位。（五）八子：相當於「中更」爵位。（六）充依：相當於「左更」爵位。（七）七子：相當於「右庶長」爵位。（八）良人：相當於「左庶長」爵位。（九）長使：相當於「五大夫」爵位。（十）少使：相當於「公乘」爵位。（十一）五官：相當於俸祿爲三百石的官員。（十二）順常：相當於俸祿爲二百石的官員。（十三）無涓、共和、娛靈、保林、良使、夜者：相當於俸祿爲百石的官員。

逐漸成了漢朝一支勢力龐大的外戚力量。她的弟弟衛青因爲抗擊匈奴有功被封爲大司馬、大將軍、長平侯。衛青的三個兒子還在搖籃裡的時候就被封了侯，其中衛不疑爲陰安侯，衛登爲發乾侯，衛伉爲宜春侯，各有食邑一千三百戶，富貴的程度令天下震驚。衛子夫的二姐衛少兒的兒子霍去病因爲抗擊匈奴有軍功被封爲驃騎將軍、冠軍侯。衛氏家族裡一共有五個人被封侯。衛青後來還與平陽公主婚配。衛子夫的大姐衛君孺的丈夫公孫賀曾做過武帝朝十一年的丞相。

衛氏家族顯赫一時，怪不得當時有民間歌謠這樣唱道：「生男無喜，生女無怒，獨不見衛子夫霸天下？」衛子夫的命運竟然影響了民間根深柢固的重男輕女思想。

繁華落盡

武帝是個多情的人，對衛子夫的寵愛持續了一段時間之後，他便有了一個又一個新歡。不能抱怨，不能傾訴，衛子夫剩下的只有繁華落盡後的寂寞。

但是，與歷史上一些被冷落後便把全部精力轉移到爭權奪利上的宮廷女子不同，衛子夫並不熱衷於權術。儘管她身爲皇后，她的家族勢力也愈來愈龐大，但她一直安守本分，做事謹慎小心，並沒有政治上的野心。

她的兒子劉據性格溫和柔弱，與強硬的武帝不甚相似。武帝對此有所不滿，衛子夫聽說了，常常因此而哭泣。再加上弟弟衛青的幾個兒子雖然被封侯，但都沒什麼出息，這讓她心裡很不安。如果換作其他人，一定會千方百計地爲自己的家人辯解，但衛子夫主動找到武帝，要求削減這幾個外甥的封號。武帝理解她的想法，就說：「我知道該怎麼辦，你就不用爲此操心了。」後來，衛青的小兒子衛伉因爲犯罪被誅殺，其他幾個兒子也因爲大大小小的罪過被削減封爵和俸祿。衛子夫還經常告誡太子劉據，要儘量多做讓武帝滿意的事情，按照武帝的旨意行事，不要自己擅作主張，以免獲罪。與嫉妒心重的陳阿嬌不同，對於武帝的後宮生活，衛子夫從來不加干涉。

凡此種種，使得她雖然久已不受武帝寵幸，但仍受到尊貴的禮遇，武帝對她也沒有什麼不滿。

武帝晚年時多疑、猜忌，聽信讒言，對皇位問題有一種特殊的敏感。太子劉據被小人江充製造的「巫蠱之禍」陷害，被迫在京城起兵自衛。起兵時，他派人去告訴母親衛子夫。衛子夫一直不願主動干預朝政，但當兒子被逼上絕路時，她不能眼睜睜放著不管。於是，她默許了劉據的行為。後來，劉據被視為謀反，在武帝親自派去的軍隊的圍剿下，最終自刎而亡。武帝把衛子夫看作同謀，雖然沒有殺她，但收回了她作為皇后的象徵——玉璽和綬帶，也就是廢黜其皇后之位。她和他，最終恩斷義絕。衛子夫自殺身亡。

衛子夫的遺體最初被裝在一個小棺材裡，安放在長安城南的桐柏亭。武帝的曾孫宣帝即位後，改葬衛子夫，追諡為「思后」，設置了三百戶人家的園邑為陵園，派專人守護。

西漢．拂袖女舞俑

西漢繁榮時期，樂舞藝術得到蓬勃發展，長袖舞便是當時盛行的舞蹈之一。

閩越攻東甌

越族在中國的南部，分為幾個不同的國家，彼此之間經常爆發戰爭。在閩越國攻打東甌國時，武帝聽取了剛剛被選拔為官的嚴助的建議，發兵援助東甌國，不僅統一整個越族，也擴大了漢朝的版圖。

閩越與東甌

中國南方的越族主要分爲兩大支：南越和東越。南越主要指現在的廣東、廣西、湖南南部、越南北部越族居住地區；東越主要指現在的浙江、福建的越族居住區。東越又分爲兩支，分別由閩越王無諸和東海王搖帶領。他們的先人都是春秋末期越王勾踐的後代，姓騶。秦始皇統一天下後，廢除無諸和搖「王」的封號，立他們爲君長，把他們管轄的地區設置爲閩中郡。秦朝末年，各個諸侯紛紛反叛秦朝，無諸和搖也率領自己手下的越人歸附了當時的鄱陽縣令、人稱「鄱君」的吳芮，跟著他和其他諸侯一起與秦兵作戰。

在反秦的各地勢力中，來自楚地的項羽最有號召力，掌握著號令諸侯的大權。但項羽並不重視無諸和搖，沒有封他們爲王，無諸和搖心裡不服氣，堅決不歸附楚王。等到劉邦率領的漢軍進攻項羽時，無諸和搖就歸附了劉邦，幫助他一起攻打楚軍。

西漢．錯金銘文銅虎節

南越王墓出土，上有「王命命車徒」五字銘文。此件虎節應為南越王趙胡調兵遣將的兵符。趙胡為南越國第二代國君，他臣服於漢朝十二年，卻從未朝見過武帝。

漢朝建立後，爲了獎賞諸將，劉邦重新把無諸封爲閩越王，管轄閩中地區，把都城建在東冶。到了漢惠帝三年（西元前一九二年），又重新提起建國時越人的功勞，主管這件事的官吏說：「閩人搖的功勞最多，他的人民都願意歸順他。」於是，惠帝就重新把搖封爲東海王，把都城建在東甌，所以搖又被稱爲東甌王。

浮海救東甌

漢景帝三年（西元前一五四

年），以吳王劉濞爲首的七個諸侯國起兵反叛，史稱「七國之亂」。叛亂的直接原因是景帝聽從御史大夫晁錯的建議，決定削減各諸侯國的封地，也就是「削藩」。於是吳王劉濞以「誅晁錯，清君側」爲由，號召其他諸侯一起發兵。爲了壯大力量，劉濞想讓閩越跟著自己共同起兵。但閩越沒有同意，而東甌卻跟從了劉濞。後來，在周亞夫、竇嬰等人的指揮下，漢朝軍隊平定了七國之亂，吳王劉濞戰敗逃亡。這時，東甌被漢朝重金收買，背叛了劉濞，在丹徒將其殺死。這樣，東甌雖然也參加了叛軍，但也算將功補過，沒有再受到漢朝的追究。

劉濞的兒子子駒逃到了閩越。他和東甌結下了殺父之仇，便常常勸說閩越攻打東甌。於是，到了漢武帝建元三年（西元前一三八年），閩越派軍隊攻打東甌。東甌的實力不如閩越，戰爭爆發沒多久，國內糧食短缺。東甌向武帝請求援助。武帝徵求太尉田蚡的意見。田蚡說：「越人彼此之間相互攻打是一件很平常的事，而且他們反覆無常，不值得朝廷去救援。況且，從秦朝開始就已經拋棄他們，不把他們當作從屬國了。」但中大夫嚴助卻不同意田蚡的看法，他說：「怕只怕我們的力量太小，不足以去救助；或者德行太淺，庇護不了他們。如果能做到的話，爲什麼要拋棄他們呢？秦朝快滅亡時，把咸陽都拋棄了，更別說拋棄越國了。如今，這個小國是因爲走投無路才向天子求救的。如果天子不救助，東甌就只能滅亡了。我們漢朝是要統治整個天下的，如果連一個小國都保護不了，怎麼談得上統治天下呢？」

於是，武帝派嚴助拿著符節到會稽調遣軍隊支援東甌。會稽太守原本想抗命不發兵，嚴助就斬殺了一個司馬來威懾他，太守這才發兵，從海上趕路，前往東甌。閩越軍隊聽說漢朝出兵了，心生膽怯，還沒等漢兵到達就撤退了。爲了永保安寧，東甌請求舉國搬遷到漢朝。武帝把他們安置在江淮一帶。後來，武帝又分別統一了閩越和南越，將整個越地劃入了漢朝的版圖。

漢．提鏈銅壺

這是一件越族人使用的盛酒器。越族人廣泛分布在江南和嶺南各地，秦始皇統一六國後，設置郡縣對百越加以管理。漢武帝時將郡縣增加到九個，中原的先進生產工具和技術也大量傳入百越地區。這件銅壺的器型就是越漢兩族雜居、互相影響的表現。

竇嬰與田蚡

魏其侯竇嬰和武安侯田蚡分別屬於武帝時的兩大外戚勢力：竇嬰是武帝的祖母竇太后的侄子，田蚡則是武帝的母親王太后的哥哥。竇嬰性格耿直，有軍事才能，但做事不知變通；田蚡野心勃勃，好弄權術，以私怨陷害竇嬰。他們的地位浮沉，反映了兩個外戚家族的興衰。

竇嬰其人

竇嬰是一個倔強、耿直的人，在皇帝面前敢於說出自己的想法，而不怕招致災禍。當年景帝曾想把皇位傳給弟弟梁王，竇嬰就馬上進諫說：「漢朝的天下是高祖的天下，皇位父子相傳是漢朝的規定，怎麼能傳給弟弟呢？」這讓喜歡梁王的竇太后很不高興，甚至將竇嬰從竇氏籍中除名，不准他入朝請安。竇嬰便託病辭職回家了。

景帝三年（西元前一五四年），爆發了七國之亂。景帝任命竇嬰爲大將軍，前去平亂。竇嬰率領軍隊駐紮在滎陽，監督討伐齊國和趙國的軍隊，爲平定七國之亂立下了大功。戰爭結束後，景帝爲表彰他的功勞，封他爲魏其侯。竇嬰名聲大振，天下的游士、食客紛紛前去投奔他，做他的門客。竇嬰也喜歡結交賓客，勢力愈來愈大。

景帝四年（西元前一五三年），景帝立栗姬的兒子劉榮爲太子，任命竇嬰爲太子傅，也就是太子的老師。景帝七年（西元前一五〇年），劉榮被廢，作爲老師的竇嬰多次在景帝面前力爭挽回，但都沒有用。於是，倔脾氣的竇嬰乾脆藉口生病，隱居在藍田縣南山下，好幾個月都不去上朝。他的許多門客勸他，他都不聽。後來有一個叫高遂的人對他說：「讓將軍您富貴的人是皇上，能夠親信將軍的

西漢．長信宮燈

河北滿城漢墓出土。這是一座中山靖王劉勝與其妻竇綰的合葬墓，此件宮燈便是竇綰墓的陪葬品之一，器身上有「長信」銘文。長信宮為劉勝祖母竇太后居住的宮殿，而竇綰是竇太后的族人。

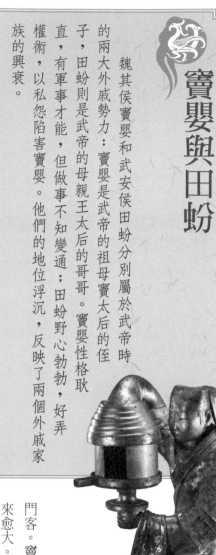

人是太后。如今您作爲太子的老師，太子被廢掉，您力爭而沒有效果，但也沒有以身殉職，卻稱病引退，每天摟著歌姬美女逍遙快活，隱居起來不理朝政。這樣看起來，您是在有意彰顯皇上的過錯。如果皇上和太后都發怒了，聯合起來整治您，恐怕會遭受滅族之災啊。」竇嬰聽了有點害怕，於是又重新回去上朝，景帝才沒有再追究他的「罷朝」行爲。

此件絲綢織品出土於長沙馬王堆漢墓一號墓中。墓主人名辛追，是西漢初期長沙王利蒼之妻。

竇太后曾經建議景帝讓竇嬰做丞相，但景帝很猶豫。他覺得竇嬰太驕傲自滿，辦事輕率任性，難以擔當丞相的重任，於是就任用了衛綰做丞相。

田蚡其人

如果說竇嬰的顯赫除了是因爲竇太后的關係外，還有他自己的軍功，那麼田蚡的顯赫大概就是由於他與王太后的親戚關係了。其實，田蚡應該算是竇嬰的晚輩。景帝時，竇嬰當大將軍的時候，田蚡只是個小小的郎官，經常到竇嬰家裡去陪從宴飲，跪拜起立嚴格按照禮儀的要求，好像自己是竇家的兒孫一樣。到景帝晚年，田蚡的地位愈來愈高，任太中大夫。武帝登基後，田蚡被封爲武安侯。

建元元年（西元前一四〇年），丞相衛綰因病被免職，武帝要重新任命丞相和太尉。田蚡有意爲相，便想盡辦法提升自己的名望。他對賓客恭謙有禮，並把一些在家閒居的知名人士舉薦到朝廷做官，增加個人勢力。而他最大的對手就是當時地位顯赫的竇嬰。這時，一個叫籍福的人勸他說：「竇嬰已經顯貴很長時間了，天下人都想去歸附他。現在您的地位剛剛開始興旺，還比不上竇嬰，如果皇上任命您做丞相，您不如讓給竇嬰，自己做太尉。其實丞相和太尉的地位是相等的，這樣，您既得到了高官，又贏得了讓賢的好名聲，不是一舉兩得嗎？」田蚡覺得有道理，就向王太后委婉地表達了這個意思，讓她暗示武帝。於是，武帝任命竇嬰爲丞相，田蚡爲太尉。

竇嬰當上丞相後，籍福去向他祝賀，並勸他說：「您的天性是喜歡好人，憎惡壞人。現在好人頌揚您，所以您當上了丞相。可是壞人也有很多，您憎惡壞人，他們一定會詆毀您。如果您能夠同時接納好人和壞人，相信您的地位一定會保持得很長久。如果不能，恐怕很快就會遭到別人的詆謗而丟官。」竇嬰對這番話很不屑，覺得這是虛僞小人的做法。

竇嬰和田蚡都崇尚儒家學說，恰逢武帝實行新政，尊崇儒學，但好景不長，喜愛黃老之學的竇太后干涉朝政，罷免了許多尊儒的官員，竇嬰和田蚡也都被罷免，只能以侯爵的身分在家閒居。

田蚡雖然不再是太尉，但由於王太后的緣故，仍然得到武帝的親信，經常與武帝議論朝政，也多被採納。田蚡也因此愈來愈驕橫。竇太后去世後，武帝重新任命田蚡爲丞相，他的地位扶搖直上。田蚡向武帝奏事，往往一坐就是大半天，年輕的武帝也總是聽他的話。田蚡經常舉薦自己信賴的官員，其中有些人從閒居在家被直接提升爲二千石的高官。武帝有一次問他：「你任命的官員夠了沒有？我自己還要用幾個人呢。」

竇、田結怨

竇太后去世後，王氏外戚的力量擴大，田蚡愈加尊貴。而竇氏外戚的力量則削弱了，竇嬰與武帝愈來愈疏遠，權勢日減，以前對他阿諛奉承的人都跑到田蚡那裡。只有一個人對他還跟以前一樣，那就是灌夫將軍。

灌夫是竇嬰當年做大將軍時的舊部，作戰非常英勇，在平定七國之亂時立有大功，並名揚天下。灌夫性情剛強直率，喜歡行俠仗義，從不當面奉承地位比自己高的人，對自己看不慣的人和事總是忍不住冷嘲熱諷。他與竇嬰的關係很好，在趨炎附勢者紛紛離開竇嬰跟從田蚡時，只有他與竇嬰交好更勝從前。

有一次，灌夫喪服在身，去拜訪當時已經做了丞相的田蚡。田蚡隨口說道：「我原本想和你一起去拜訪魏其侯竇嬰的，碰巧你正在服喪，不方便去。」灌夫說：「難得丞相肯賞臉光臨魏其侯家，我雖然在服喪，又怎敢推辭呢？我會告訴魏其侯，讓他準備好筵席，請丞相明天早點光臨。」田蚡答應了。灌夫回去後，就把跟田蚡的約定告訴了竇嬰。竇嬰和夫人特地買了許多酒肉，連夜把房間打掃乾淨，安排陳設筵席，一直忙到天亮。第二天一大早，竇嬰就派人到大門口等著迎接田蚡。直到中午，田蚡也沒來。竇嬰問灌夫：「丞相難道忘了這件事？」灌夫也很不高興，就到田蚡家裡去看看。原來田蚡前一天只是隨口答應了灌夫，根本沒打算眞的去竇嬰家，這會兒還在睡覺呢。灌夫進去拜見，說：「丞相昨天賞臉答應訪問魏其侯，魏其侯夫婦準備了一夜，從早上到現在還不敢吃一點東西。」田蚡這才想起來還有這件事，吃驚地道歉說：「我昨天喝醉了，把跟你講的話都忘了。」於是駕車往竇嬰家裡去，但在路上田蚡還是慢吞吞的，這讓灌夫更加生氣。到了竇嬰家，飲酒正酣時，灌夫起身跳舞，然後邀請田蚡也一起跳，但田蚡不願意，灌夫就說了些諷刺他的話。竇嬰趕緊把灌夫拉出去，並親自向田蚡謝罪。

又有一次，田蚡看上了城南的一片土地，想佔爲己有。這塊地屬於竇嬰，田蚡就派籍福去向竇嬰請求把這塊地讓給自己。竇嬰很不高興，怨恨地說：「我雖然年紀大了，也被皇上棄之不用，丞相雖然尊貴，但就可以仗勢侵佔別人的東西嗎？」竇嬰堅決不答應。灌夫聽說了這件事，也很生氣，大罵籍福。籍福怕竇嬰和田蚡結仇，回去後就騙田蚡說：「魏其侯老得快要死了，丞相就再等待一段時間吧。」不久，田蚡聽說是竇嬰和灌夫故意不把地給自己，也發怒說：「竇嬰的兒子曾經犯過殺人罪，是我救了他的命。他現在竟然吝惜這幾頃田地。況且這關灌夫什麼事？」從這以後，田蚡就與竇嬰、灌夫結了怨。

後來，田蚡曾經向武帝揭發過灌夫家人在潁川作惡多端的事實，灌夫也掌握了田蚡的一些不法行爲，如收受賄賂等。幸虧他們二人的賓客經常從中調和，仇怨才不至於徹底爆發。

竇、蚡之死

元光四年（西元前一三一年）夏天，田蚡娶燕王的女兒做夫人。王太后下了詔令，讓列侯宗室都去祝賀。竇嬰邀請灌夫一起去，灌夫推辭說：「我以前就因爲喝醉酒得罪過丞相，而且我和他之間還有仇怨。」竇嬰不聽，強迫他一起去。到了田蚡家，酒酣耳熱之際，田蚡起來給客人敬酒，客人們都離開坐席伏在地上，表示不敢當。過了一會兒，竇嬰也起來給大家敬酒，但只有他的一些老朋友行此大禮，大部分客人只是稍微欠欠身，就算表示了敬意。灌夫看在眼裡，很生氣，於是他也起身敬酒。敬到田蚡時，田蚡欠身蹲著說：「喝太多了，不能再喝了。」灌夫用嘲笑的語氣說：「您是貴人，請乾了這一杯。」但田蚡就是不肯喝。灌夫接著敬酒，敬到臨汝侯灌賢時，灌賢正在和程不識說悄悄話，不答理灌夫。灌夫大罵灌賢：「你平時把程不識詆毀得一錢不值，現在長者來給你敬酒，你卻學女孩子的樣子跟他咬著耳朵說悄悄話。」田蚡過來解圍，對灌夫說：「程不識和李廣將軍都是東西宮的衛尉，你今天當眾羞辱程將軍，難道不能給李將軍留點面子麼？」灌夫脾氣上來了，才不管那麼多，他大吼道：

「今天我就準備好送死了，哪管什麼姓程姓李的？」其他客人見勢不妙，紛紛站起來，藉故告辭了。竇嬰也拉著灌夫要走。田蚡發怒說：「都是我放縱灌夫，讓他得罪人。」於是下令把灌夫扣押起來。籍福趕緊起來替灌夫謝罪，按著他的脖子讓他給田蚡道歉，但灌夫不肯。田蚡向武帝上奏，說灌夫在酒席上罵人，犯了大不敬罪，並追究他以前的罪行，派人分頭拘捕灌夫的宗族親戚，都判了死罪。

竇嬰覺得很對不起灌夫，因爲是他硬要灌夫去參加筵席的，於是決心一定要把灌夫救出來。他的夫人勸他說：「灌夫得罪了丞相，冒犯的是太后家，怎麼能救得出來呢？」竇嬰說：「我的侯位是我用軍功掙來的，即使丟了，也沒什麼遺憾的。但我不能讓灌夫一個人去死，而自己獨活。」於是，竇嬰瞞著家人偷偷上書給武帝，武帝召見了他。竇嬰把灌夫喝醉酒的事情向武帝做了彙報，認爲這只不過是酒席上的小事，罪不至死。武帝也這樣覺得，就讓他到王太后那裡去解釋。竇嬰和田蚡一起到了王太后那裡。竇嬰極力讚美灌夫的優點，說他只是喝醉了說錯話，丞相是在小題大做。田蚡卻極力列舉灌夫的惡行。竇嬰看這樣行不通，就開始轉而揭發田蚡的過失。田蚡一邊爲自己辯解，一邊攻擊竇嬰說：「我所喜愛的是音樂、狗馬、田地和房舍。但魏其侯和灌夫卻喜歡召集天下豪傑壯士，對朝廷心懷不滿，暗自希望天下發生變動，好讓他們建功立業。我眞不明白他們想幹什麼。」

武帝聽了他們倆的話，向眾大臣詢問誰說的對。大臣們畏懼田蚡的勢力，都唯唯諾諾，不敢發表意見。武

察舉制度

西漢王朝建立之初，朝廷公卿和地方郡縣官員大都從列侯以下的貴族中選任，是典型的「高門政治」。武帝時期，大體完成由「高門政治」向「選賢政治」的轉變。武帝透過一系列詔令和措施，革除靠資歷出身而取官的陋習，廢除列侯拜相之制，削奪丞相的除吏權，建立以察舉制為核心、以徵辟制等多種途徑為輔的選官制度。其實文帝就曾詔令諸侯王、公卿、郡守舉薦「賢良能直言極諫者」。

武帝即位後，下令中央和地方的主要行政長官「舉薦賢良方正直言極諫之士」。元光元年（西元前一三四年），他又下詔策試賢良，並明確規定郡國須察舉的人數，後又規定郡守不薦舉者，論罪免官。對被舉薦人的考試方法有對策、射策兩種，對策命題，射策抽題。考試內容，儒生學者考經學，官吏考章奏。根據考試成績的優劣，酌情任用。察舉的科目很多，有孝廉、茂才、賢良方正、文學、明經等。察舉標準，也就是著名的四科取士：德行、博學、法令練達、剛毅有武略。

帝很生氣。郎中令石建私下把竇嬰和田蚡兩個人的情況向武帝做了彙報。武帝派人徹查灌夫，發現竇嬰爲灌夫說的好話有不少不符實情，有欺君的嫌疑，就把竇嬰也關進了監獄。竇嬰曾經接受過景帝的遺詔，詔書說：「如果有不方便的事情，你有權力直接向皇上發表議論。」如今事態緊急，竇嬰只好向武帝提起這份詔書。但宮廷的檔案裡沒有這份詔書，詔書只藏在竇嬰家裡。於是，又有人彈劾竇嬰僞造先帝的遺詔，應被判死刑。元光四年（西元前一三一年）十月，灌夫和他的家屬全部被處決。竇嬰聽說後一氣之下中風，不吃飯，只想尋死。後來聽說武帝並沒有殺他的意思，他才開始吃飯和治病。但這時，又有許多誹謗他的流言蜚語傳到了皇上的耳朵裡。於是，同年十二月的最後一天，武帝下令在渭城處死竇嬰。

竇嬰死後，田蚡就患病了，嘴裡總是大呼小叫，說自己有罪。他的家人請了巫師來給他看病，巫師說看到竇嬰和灌夫兩個人守在田蚡身邊，想要殺他。沒多久，田蚡也死了。

後來，淮南王劉安謀反的事情敗露，武帝在追查時發現，劉安上一次來朝覲見時，當時任太尉的田蚡曾親自到灞上迎接劉安，並對他說：「皇上還沒有太子，大王在各諸侯王中最賢明，又是高祖的嫡孫，如果皇上駕崩，肯定是由您來繼承皇位。」劉安聽了很高興，就送給田蚡很多金銀財寶。其實，武帝自從竇嬰死後就有點後悔，覺得田蚡有許多做得不對的地方，只是礙著王太后的面子不好說。這次發現田蚡曾收受淮南王的賄賂，武帝憤怒地說：「如果田蚡還活著，我一定要將他滅族。」

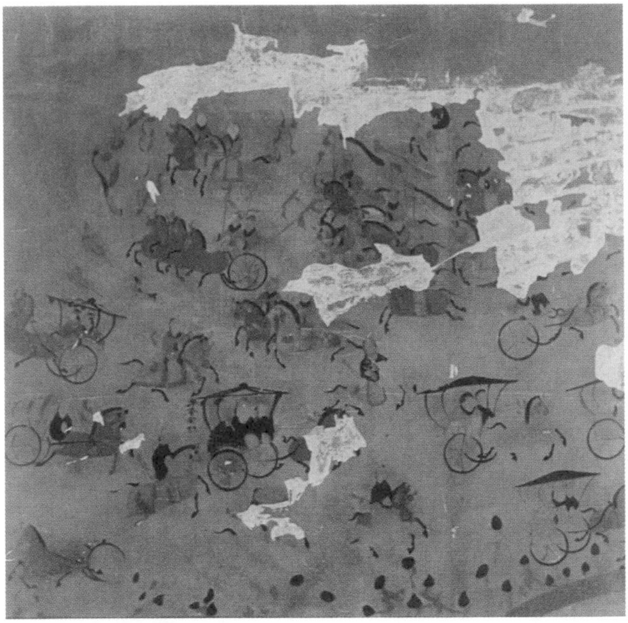

漢．舉孝廉圖

此圖為漢墓壁畫。秦漢選官為察舉制，孝廉、茂才等常科和特科成為察舉制實踐的具體途徑。

漢代的爵位制度

「爵」原指古代行禮的酒器，後來被作為身分等級的標誌。漢代的爵位制度包括宗室封爵和功臣封爵兩大類。

宗室封爵

宗室封爵是給皇親貴族封爵，包括各諸侯王。分封制源於周朝。西周滅商後，周天子把一些同宗族的親戚、子弟和功臣，以及堯、舜、禹的後代分別封到各地爲諸侯。諸侯們承擔著保衛王室的任務，同時定期向朝廷納貢，並前來述職。後來，各諸侯與周王室的關係日益淡薄。等到了東周，周天子幾乎形同虛設，再也不能號令諸侯。而各諸侯之間開始互相征戰，這就是春秋戰國時期。秦始皇統一天下後，爲了避免出現周朝的情況，廢除分封制，推行郡縣制。但這也使得朝廷在遇到外敵時缺乏外援，只能孤軍奮戰。

漢朝滅秦後，高祖劉邦吸取秦朝的教訓，重新啓用分封制，以此來加強漢室宗族的力量，同時安定撫慰天下，讓同室宗族輔佐和捍衛朝廷。劉邦分封了九個同姓宗族的諸侯王，另外還分封了一些異姓諸侯王。不過，隨著天下逐漸安定，劉邦開始逐漸翦除異姓諸侯王，確立了「非劉氏不王」的政策，不是劉氏宗族而稱王的，天下人可以共同討伐他們。劉邦還確立了王侯爵位的世襲制度。

漢．白虎瓦當

漢長安城遺址（今陝西西安西北）出土。西漢瓦當以「延年益壽」、「長生無極」等吉祥語為裝飾內容，動物紋樣多採用「四神」：青龍、白虎、朱雀、玄武。

剛開始的時候，漢朝廷對各諸侯王的管制和約束很少，諸侯王幾乎是完全自治的，這使得諸侯與王室之間的關係日益疏遠，有些諸侯驕奢淫逸，乃至陰謀策畫叛亂。朝廷逐漸意識到諸侯國勢力愈來愈強大，會對漢室造成威脅，於是開始慢慢削弱諸侯國的勢力。

文帝曾在賈誼的建議下，對諸侯國採取強硬政策，削減過於龐大的諸侯國疆土，重新調整某些王國的版圖，使之處於朝廷的控制之下。景帝接受了晁錯的建議，進一步削藩，爆發了七國之亂。武帝在主父偃的建議下實行推恩令，即讓各諸侯將自己所受的恩澤推廣，把手中較大的國邑分給自己的兒子們。這樣做大大削減了各個諸侯國的疆域版圖，削弱了他們的勢力，從此再也沒有哪個諸侯國可以與朝廷抗衡了。漢中央政府所設置的八、九十個郡則錯雜在各諸侯國之間，像犬牙一樣互相交錯銜接，佔據著各個險要的關塞和有利地勢，進而加強了中央集權。

西漢・彩繪漆案及杯盤

古人以「鐘鳴鼎食」來形容富貴人家生活奢華，敲著鐘，列鼎而食。從這件陪葬的食具，可以想見西漢初期諸侯王生活的精細奢華。長沙馬王堆漢墓出土。

功臣封爵

功臣封爵實行二十等爵制，按照從低到高的順序，可以大致劃分爲四類：小爵、大夫級爵、卿級爵和侯級爵。小爵包括：一級公士、二級上造、三級簪裊、四級不更。大夫級爵包括：五級大夫、六級官大夫、七級公大夫、八級公乘、九級五大夫。卿級爵包括：十級左庶長、十一級右庶長、十二級左更、十三級中更、十四級右更、十五級少上造、十六級大上造、十七級駟車庶長、十八級大庶長。侯級爵包括：十九級關內侯、二十級徹侯（武帝時，爲避諱武帝的名字「徹」，改稱通侯或列侯）。

二十等爵制起源於秦國商鞅變法。商鞅規定，秦國的士兵只要斬獲一個敵軍軍官首級，就可以獲得一級爵位（公士）、田一頃、宅一處和僕人一個。斬殺的首級愈多，獲得的爵位就愈高。這種規定是爲了鼓舞士兵的士氣，增強戰鬥力。

漢代繼續沿用二十等爵制度。漢代歷史上有很多因功而被封侯的人，例如淮陰侯韓信、潁陰侯灌嬰、條侯周亞夫、魏其侯竇嬰、長平侯衛青、冠軍侯霍去病、博望侯張騫。漢初剛剛封侯時，由於經歷戰亂，大城市的人口稀少，因此，這些侯爵的封邑大的不過萬戶，小的只有五、六百戶。過了幾代以後，老百姓都重新回到家鄉，戶口日益增加，侯爵們的封邑也愈來愈大，有的人竟達到四萬戶，他們的財富也隨之迅速聚斂。一些侯爵的後代日益驕傲自滿，忘記了祖先創業的艱難，經常做一些違法的事情。到武帝時，許多世襲的侯爵都因爲犯法而被剝奪了封號。

匈奴的興衰

匈奴是中原北方的遊牧民族，性格剽悍，自周朝以來就經常與中原地區發生戰爭。匈奴在冒頓單于統治時期臻於鼎盛，並曾經圍困漢高祖劉邦。此後，漢朝就長期奉行與匈奴和親的政策。但匈奴人常常破壞合約，侵犯漢地。這是一項對武帝外交軍事的艱難考驗。

匈奴性格

匈奴是位於中原北方的一個遊牧民族。遊牧文明與農耕文明有很大區別，匈奴的民族性格與中原地區的人也有很大不同。他們以放牧牲畜爲生，主要有馬、牛、羊，另外還有駱駝、駃騠等中原地區比較少見的牲畜。爲了給牲畜提供豐富的水草，匈奴人逐水草而居。在水草荒蕪的季節，牲畜會挨餓，匈奴人就會面臨食物危機。匈奴人的生活基本上受自然條件的制約很深，於是他們經常到食糧豐富的中原地區掠奪資源。

匈奴人崇尚武力，匈奴孩子從小就能夠騎羊，拉弓射箭，射鳥、鼠等小動物。等到他們長大一點，就可以射狐狸、兔子。匈奴男子騎術高超，在沒有戰爭的時候，他們隨意放牧，射獵禽獸。如果發生了戰爭，每個男子都要演習和作戰，人人皆兵。他們使用的長兵器主要是弓箭，短兵器主要是刀和鐵柄小矛。作戰的時候，形勢有利就積極進攻，形勢不利就果斷撤退，並不把逃跑看作丟人的事。從最高領袖單于到普通的匈奴人，都吃牲畜的肉，穿獸皮做的衣服，披戴毛的皮襖。在這裡，體格強壯的人才會受尊敬，因爲他們能爲國作戰，是「有用」的人，而「尊老愛幼」的思想似乎並不被他們接受。吃飯時，年輕力壯者吃肥美的食物，而老年人和體弱者卻只能吃剩下的。匈奴地區和中原地區的風俗、道德觀迥異，父親去世後，兒子可以把後母娶過來做妻子。一個人去世，其他兄弟也可以娶死者的妻子。

帶鏈雙鹿紋銅牌

銅牌上有雙鹿作交配狀，反映了匈奴民族的生育崇拜。

冒頓單于

自周朝以來，匈奴就經常與中原發生戰爭。秦始皇時，將軍蒙恬曾與匈奴作戰，收復了大量土地，對匈奴形成極大的威脅。蒙恬去世後，匈奴才又重新恢復了力量。而匈奴最強盛的時候正是在秦末漢初，這要歸功於他們的領袖冒頓單于。

冒頓原本是匈奴的太子，後來，他的父親頭曼單于喜歡的閼氏（單于的妻子）生了個兒子，頭曼就想廢掉冒頓，立這個小兒子爲太子，於是把冒頓送到鄰國月氏國做人質。冒頓到了月氏後，頭曼就加緊進攻月氏，想借此除掉冒頓。月氏人想要殺掉冒頓，冒頓找機會偷偷跑回了匈奴。頭曼覺得他很勇猛，就讓他率領一萬名騎兵。冒頓恨父親，想要報復。他製作了一支會響的箭，在訓練部下的時候發布命令說：「響箭往哪兒射，你們的箭就往哪兒射，不聽命令者處死。」他帶人外出打獵的時候，有人不向響箭所射的方向射箭，冒頓馬上處死了他。後來，冒頓用響箭親自射向自己的好馬，他的部下有的不敢跟著射，冒頓立即處死了這些人。再後來，冒頓又親自用響箭射殺自己的妻子，他的手下又有人不敢跟著射，冒頓又立即處死了他們。

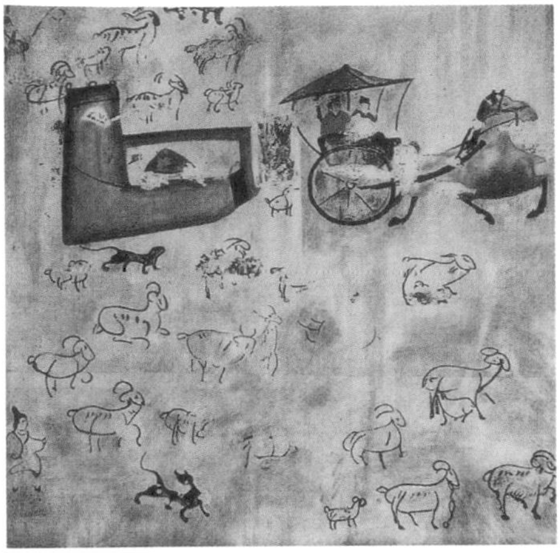

西漢·匈奴牧羊圖

匈奴人，過著遊牧生活，其衣食住行大多也仰賴於畜牧及相關產品。匈奴人的食物以畜肉、乳漿和奶酪為主，以皮、革、裘等為衣，以氈毯為帳幕住處。

這以後，不管冒頓把響箭射向哪裡，手下人都毫不猶豫地跟著射。於是，冒頓知道報仇的時候到了。有一天，他跟著父親去打獵，趁機用響箭射向父親。他手下的人聽到聲音，都跟著向頭曼單于射箭，頭曼就這樣死於亂箭之下。冒頓當上了匈奴的單于。

冒頓不僅驍勇善戰，亦具有謀略。他做了單于之後，一心想要消滅鄰國月氏和東胡。當時東胡很強大，聽說冒頓殺死了自己的父親做了單于，就派使者向冒頓索求頭曼在世時騎的千里馬。冒頓徵求大臣們的意見，大臣們都說：「千里馬是匈奴的寶馬，不能白白給他們。」冒頓說：「怎麼能爲一匹馬而得罪鄰國呢？」於是就把千里馬送給了東胡。這讓東胡人覺得冒頓很怕他們，於是不久，他們又派使者對冒頓說，想得到單于的一個閼氏。冒頓徵詢大臣們的意見，大臣們都說：「東胡太無禮了，

西漢．「單于天降」瓦當

「單于天降」一詞表現了單于對天的崇拜。此片瓦當出土於陰山南麓，是呼韓邪單于入塞歸漢後在塞內居住的館驛的建築用材之一。

竟然要求娶閼氏！我們應該去攻打他們。」冒頓說：「怎麼能爲一個婦人得罪了鄰國呢？」於是就把自己喜歡的一個閼氏送給了東胡。這下，東胡王更加肆無忌憚，趁機向匈奴邊境進軍。東胡和匈奴之間有一片長達一千多里的荒蕪土地，沒有人居住，兩個國家在這片地的兩邊修建有哨所。東胡派使者對冒頓說，想要完全佔有這片土地。冒頓再徵求大臣們的意見，有的大臣說：「反正這是一塊空地，給不給他們都行。」冒頓大怒說：「土地是一個國家的根本，怎麼能給他們呢？」於是處死了那些主張給土地的大臣，發兵攻打東胡。由於他之前總是妥協退讓，東胡一開始很輕視他，沒有對他加以防備。結果，冒頓帶領匈奴軍隊大敗東胡，斬殺東胡王，將東胡的土地、百姓和牲畜都收歸己有。征服東胡回來以後，冒頓即攻打月氏並獲勝，又向南兼併了樓煩、白羊河南王，收復了秦朝時被蒙恬鎮守的土地。匈奴的勢力範圍迅速擴大，力量也逐漸增強。當時在中原地區，正是劉邦和項羽對壘之時，他們無暇顧及匈奴，於是在冒頓統治下的匈奴於這段時間變得非常強大。

謀臣中行說

漢初，漢朝與匈奴奉行和親政策。有一年，文帝又要送皇族的女兒到匈奴做閼氏，派宦官中行說跟著一起去。中行說想要推辭，但朝廷強迫他一定要去。中行說表示：「如果一定要讓我去，將來會給漢朝帶來災禍。」中行說到了匈奴之後，就投靠了單于。單于十分信任他，在許多方面都聽從他的意見。

最初，匈奴人很喜歡漢朝的衣服和食物。中行說提出：「匈奴的人口還及不上漢朝的一個郡，可是卻很強盛，原因就在於衣服和食物與漢人不同，不用依賴漢朝。如今匈奴人改變習俗，喜歡漢朝的東西。漢朝只要拿出十分之二的東西，匈奴就會完全被漢化了。可是，如果你穿著這種衣服在草叢中騎馬奔跑，衣褲一下子就會破裂損壞，這說明漢朝的衣褲不如匈奴人的皮襖堅固。」中行說還建議把得到的漢朝食物都扔掉，以此來表明這些食物不如匈奴的乳製品方便美味。

中行說還經常和從漢朝來的使者辯論。漢使說：「匈奴輕視老年

匈奴政權結構

匈奴政權結構最主要的特點就是軍制與政制的結合，是遊牧性質的軍事政權。單于是部落聯盟的最高首腦，總攬軍政及外交大權，由左、右骨都侯輔政。諸大臣由貴族擔任，世代相襲爲官。左、右賢王是匈奴政權在地方上的最高長官。因爲匈奴尚左，所以左賢王是單于的繼承人，經常讓太子擔任。左、右賢王之下有左、右谷蠡王和左、右大將等，他們既是部族首領，也是軍事將領。部族首領之下，又有千長（千騎長）、百長（百騎長）、什長等中下級帶兵長官，分領數量不等的騎兵，指揮作戰。匈奴最強盛的時候，軍隊由二十四部族組成，各部族的兵力，多者萬人，少則千騎，總計有騎兵三十萬。

這種軍事編制使匈奴兵民合一，聚結大量人馬，隨時可以舉國出征。他們對外掠奪和壓迫鄰近各族，統治被征服地區；對內則保護人民的私有財產，維護社會秩序。

人。」中行說就說：「按照你們漢朝的習俗，凡是被派遣去駐守邊疆的人將要出發時，他們年老的父母是不是都要拿出暖和的衣服和豐美的食物來給他們送行？」漢使說：「是啊。」中行說又說：「匈奴人把戰爭看做是最重要的事，那些年老體弱的人不能戰鬥，所以把好吃的東西讓給年輕體壯的人，也是爲了保護自己，這怎麼能說是蔑視老年人呢？」漢使又說：「匈奴的父母子女竟然睡在同一個氈帳裡；父親死了，兒子竟可以娶自己的後母爲妻。這太缺乏禮儀。」中行說反駁：「匈奴的君臣關係簡單，在危急的時刻，人們就一同作戰；在和平的時候，人們就放牧，受到的約束很輕。父親、兄弟死了，活著的人娶死者的妻子，這是爲了避免宗族滅絕。如今，漢朝的倫理關係雖然嚴格，但親屬關係愈發疏遠，甚至相互殺害。由此禮儀也產生了不少毛病，使君臣之間相互怨恨。貴族們爲了建造高大華美的住宅，耗盡了民力。老百姓不得不在緊急的時候去練習戰鬥，寬鬆的時候勞累地耕作勞動，還得受到剝削。唉，住在土石房子裡的漢人，你們雖然戴上了帽子，學會了禮儀，又有什麼用呢？」如果漢朝使者還想說什麼，他就截住話頭說：「你們不要多講了，只管讓漢朝送來又多又好的衣服和糧食就行了。如果送的不齊全或者不好，那麼等到秋天農作物成熟的時候，匈奴就要騎馬去踐踏你們的農作物了。」

中行說還教會了單于身邊的人計算、核查人口和牲畜數量的方法，並日夜教導單于率軍偵查與漢朝作戰的軍事要塞。在他的幫助下，匈奴吸收了漢朝的一些先進技術，實力進一步增強了。

馬邑之謀

漢初，由於天下剛剛穩定，也由於高祖劉邦曾被匈奴圍困造成陰影，於是漢朝一直對匈奴奉行和親的妥協政策。而武帝則透過馬邑之謀，與匈奴徹底斷絕了和親關係，並開始了大舉征討匈奴的歷程。

漢匈和親

漢朝剛剛建立的時候，朝廷派韓王信在馬邑建都。匈奴大舉攻擊馬邑的時候，韓王信投降，匈奴進一步南下，到達晉陽。高祖劉邦親自率軍攻打匈奴。當時正值寒冬，有三分之一的士兵竟然把手都凍掉了。匈奴首領冒頓單于假裝兵敗而逃，誘漢軍深入。漢軍追擊冒頓，冒頓把自己的精銳部隊隱藏起來，只顯示出老弱殘兵。於是漢軍全部出動，以步兵爲主，大概有三十二萬人，向北追擊匈奴。由於步兵走得慢，劉邦領著先鋒部隊先到平城，步兵還沒有完全趕到。冒頓指揮他的四十萬精銳騎兵把劉邦包圍在白登山，致使漢軍在七天之內得不到軍糧補給。

劉邦暗自著急，於是派人去賄賂冒頓的閼氏，送給她豐厚的禮物。閼氏就對冒頓說：「兩個君王不應該相互圍困。如今即使得到漢朝的土地，您也不能住在這裡。況且漢王是有神靈保佑的，請您考慮一下吧。」冒頓本來和韓王信的部下王黃、趙利約定時間會師，但遲遲不見這兩個人出現，因此懷疑他們和漢王勾結。再加上閼氏的勸說，於是冒頓就把包圍圈打開了一個缺口。劉邦命令士兵們都拉滿弓，箭頭朝外，從這個缺口處衝出去與大軍會合。之後，匈奴和漢軍都撤兵了。有了這一次經歷，劉邦見識到了匈奴的實力，心中留下了陰影，不敢與匈奴直接對抗，於是開始採取和親的策略。

雖然漢朝一直按照合約定期將皇

西漢．「單于和親」瓦當

西漢王朝不能壓制匈奴之患時，往往採取和親的籠絡政策。漢朝初期的高祖、文帝都曾採取與匈奴和親的政策，這件瓦當是西漢與匈奴和親的實物。

族的女兒送到匈奴做閼氏，並奉送大量的粗絲棉、絲織品、酒、米和食物，但匈奴還是違反約定，不時騷擾漢朝邊境。冒頓還曾經寫信給呂后，出言不遜，有侮辱之詞。呂后憤怒地想要攻打匈奴，但漢朝的將領們說：「憑著高祖的賢能和勇武，尚且被圍困，咱們還不是匈奴的對手啊。」呂后這才作罷。

無功而返

武帝早已厭倦了和親政策的妥協和匈奴的言而無信。加上漢朝經過文景之治，國力大增，已經有實力與匈奴抗衡，於是他決心終止和親政策，開始策畫大規模地征討匈奴。

馬邑是漢朝與匈奴交界處的一個重鎮，雙方在這裡開放市場，互相交易，因此商貿繁榮。元光二年（西元前一三三年），按照將軍王恢的建議，漢朝設下計謀，讓馬邑屬下的一個叫聶翁壹的人違反法令偷運貨物和匈奴交易，並假裝允諾匈奴可以帶著他們攻陷馬邑城。匈奴單于貪戀馬邑的財物，就相信了他，帶領十萬騎兵朝馬邑進軍。漢朝則事先將三十多萬軍隊埋伏在馬邑城附近，由御史大夫韓安國任護軍將軍，與其他四位將軍一起準備伏擊匈奴。匈奴到了距離馬邑一百多里的地方，看到這裡牲畜遍野，卻沒有人放牧，覺得很奇怪，就進攻當地的一個漢朝哨亭。當時正好有漢朝的雁門尉史在巡查，看到匈奴軍隊，就來保護這個哨亭，但寡不敵眾，被匈奴俘虜。他知道漢軍在馬邑設埋伏的計畫，匈奴要殺他時，他就投降了，把這個計畫告訴了單于。單于大吃一驚，說：「我本來也對這件事有點疑心。」於是就帶兵回去了。

漢軍本來準備等匈奴軍隊一進入馬邑，就放士兵出來攻殺。但等了半天也沒見到匈奴軍隊的影子，後來才知道單于已經撤兵了。王恢負責襲擊匈奴軍隊的輜重，但由於畏懼匈奴的力量，不敢出兵，後來被處死。

馬邑之謀雖然最終沒有成功，但它在漢朝與匈奴的關係史上卻是一個重要的轉捩點。從此以後，漢朝與匈奴的關係正式破裂。匈奴更加肆無忌憚地攻擊漢朝邊境的要塞，無數次入侵漢朝的邊境。而武帝也下定決心正式與匈奴開戰。也正是從這裡開始，衛青、霍去病等一批名將開始了他們抗匈衛國的壯偉征程。

匈奴古墓壁畫

雜技可以說是中國自古即有的娛樂項目。自漢以來，沿著絲綢之路傳入中原許多新的表演形式，這些形式被融合進中原地區的傳統技藝，形成了多姿多彩、風格各異的雜技藝術。

大將軍衛青

衛青是皇后衛子夫的弟弟，他出身卑微，雖然是依靠外戚關係踏上仕途，但憑藉自己建立的卓越軍功封侯，並被拜為大將軍。衛青率軍七戰匈奴，全部獲勝，為漢朝北拒匈奴立下了汗馬功勞。雖然軍功卓著，但他並不貪心驕傲，而是禮遇兵士，嚴於律己。在同時代和後代人眼中，他都不愧為一名出色的軍事將領。

奴婢之子

衛青出身卑微，是小官吏鄭季與平陽侯曹壽家的奴婢衛媼私通所生，從小就在平陽侯家裡做僕人。他小的時候曾經回到父親家裡，可是同父異母的兄弟們都把他當奴僕看待。衛青受不了這種侮辱，只得重新返回平陽侯家裡爲奴。衛青曾經跟著別人去過甘泉宮，有一個脖子上套著鐵圈的犯人看到他的面相後對他說：「你將來會成爲貴人，做官一直做到封侯。」衛青不相信，笑著說：「我是人家的奴僕，能夠不被打罵就知足了，怎麼會有封侯的可能呢？」

衛青長大後，做了平陽侯家裡的騎奴，經常騎著馬跟隨平陽公主出行。建元二年（西元前一三九年）春天，衛青的姐姐衛子夫被武帝看中，進了皇宮，受到皇上的寵愛。當時的皇后陳阿嬌沒有兒子，嫉妒心重，將衛子夫視爲敵人。阿嬌的母親館陶長公主聽說衛子夫有了身孕，怕她奪取女兒的地位，想要懲罰她，又不好直接動手，就找了個藉口，派人去逮捕衛青。衛青當時在建章宮做事，還沒有什麼名氣。長公主抓來衛青，把他拘禁起來，想要殺死他。衛青的朋友公孫敖帶著一些壯士把他救了出來，他才躲過一劫。武帝聽說這件事後，出於對長公主的厭惡和對衛青的同情，就召見了衛青，任命他爲建章監，加侍中官銜，並賞賜了他同母的

衛青像（？至西元前一〇六年）

自元光六年（西元前一二九年）起，武帝命衛青領兵征伐匈奴，前後共七次，皆取得了輝煌的勝利。

兄弟們。不久，衛子夫因爲生了兒子被封爲皇后，衛青也陞官做了太中大夫。

七戰匈奴

衛青雖然是由於依靠皇后衛子夫的姐弟關係而被封官，但他後來的顯貴完全是憑本事贏得的。他對漢朝最大的貢獻在於抗擊匈奴取得的赫赫戰功。他曾經率兵七次與匈奴作戰，每一次都打勝仗，這在戰爭史上也是少見的。他被封侯、被拜爲大將軍完全是由於自己的軍功。

衛青第一次與匈奴交戰是在元光六年（西元前一二九年）。他出任車騎將軍，從上谷出塞攻打匈奴。除了他之外，太僕公孫賀任輕車將軍，從雲中出塞；太中大夫公孫敖任騎將軍，從代郡出塞；衛尉李廣任驍騎將軍，從雁門出塞。四位將軍各率一萬騎兵，共同攻打匈奴。衛青的部隊到達蘢城，斬殺了幾百名敵人。公孫賀戰績平平，無所失也無所得。公孫敖損失了七千騎兵。李廣被匈奴捉住，全軍覆沒，後來隻身逃了出來。公孫敖和李廣作戰失利，損失慘重，按照漢朝的律令當斬，兩人出錢贖罪，成爲平民。雖然這次對匈奴的戰役從整體上看是失敗了，但四支軍隊中唯有衛青的部隊打了勝仗，而且這是漢朝決心與匈奴作戰以來取得的首場勝利。雖然實際戰果不佳，但戰略影響卻十分巨大，畢竟它向匈奴宣示了漢朝強硬的態度——那個只知和親、退讓的時代已經過去了。

第二次與匈奴作戰是在元朔元年（西元前一二八年）。這一年，匈奴騎兵大舉南下。秋天，衛青任車騎將軍，帶領三萬騎兵從雁門出塞攻打匈奴，斬獲匈奴數千人，有效地鼓舞了漢軍的士氣。也正是在這一年，衛青的姐姐衛子夫被立爲皇后。衛青用戰績證明了他絕不只是一個憑藉裙帶關係的無爲之徒。

第三次與匈奴作戰是在元朔二年（西元前一二七年）。這一年，匈奴

中華第一關雁門關

雁門關位於山西省代縣西北，有「天下九塞，雁門為首」之說。西漢時，雁門關內外風雲多變，衛青、霍去病、李廣多次率兵從雁門關出塞，抗擊匈奴。

殺死了遼西太守，擄走了漁陽郡兩千多人，並打敗了韓安國將軍的部隊。武帝命令李息將軍從代郡出塞攻打匈奴，同時任命衛青爲車騎將軍，從雲中出塞，向西進軍，到達高闕。衛青占領了河套一帶，到達隴西，俘虜了幾千名敵人，繳獲了幾十萬頭牲畜，趕跑了匈奴單于手下的白羊王、樓煩王。於是，漢朝就在河套一帶設立了朔方郡。在這次戰役中，衛青戰功卓著，被封爲長平侯，並賜以三千八百戶的封邑。衛青手下的校尉蘇建也有功勞，被封爲平陵侯，並賜一千一百戶的封邑。漢朝廷同時派蘇建監督修建朔方城。衛青的另一個校尉張次公也被封爲岸頭侯。武帝在表彰衛青的詔令中說：「匈奴違背天理，擾亂人倫，蔑視長輩，欺凌老人，專門進行盜竊，在各個蠻夷國之間行騙，策畫陰謀，多次憑藉武力入侵我朝邊境。因此，朝廷派遣軍隊和將領征討匈奴的罪惡。《詩經》上說：『討伐玁狁（匈奴的祖先），一直追到太原』、『出動眾多的戰車，來到朔方修建城池』。現在車騎將軍衛青率軍渡過西邊的黃河，殺死敵人二千三百人，繳獲了他們全部的戰車、輜重、牲畜和財產，因此被封爲侯爵。衛青又往西平定了河套一帶，捕獲敵人三千零七十一人，繳獲馬、牛、羊等牲畜一百多萬頭，全軍毫髮無傷地凱旋。爲此，再加封衛青封邑三千戶。」武帝如此詳細地列舉衛青的功勞，可見他對衛青的戰績非常滿意。

第四次與匈奴作戰是在元朔五年（西元前一二四年）。衛青帶領三萬騎兵，從高闕出塞攻打匈奴。他的手下還有四位將軍，分別是：游擊將軍蘇建、強弩將軍李沮、騎將軍公孫賀、輕車將軍李蔡。另外，李息和張次公也率軍從右北平出塞，一起進攻匈奴。匈奴派出右賢王迎戰衛青的軍隊，但他過分輕敵，認爲漢軍肯定到不了自己鎮守的地方，便和手下人飲酒作樂，喝得大醉，把禦敵的任務拋到九霄雲外去了。漢軍兵分三路，於夜晚時分到達右賢王所在的地方，悄悄地對他形成了合圍之勢。右賢王驚慌失措，丟下大軍，只帶著他寵愛的一個小妾和幾百名精壯騎兵，突出漢軍的包圍圈，連夜倉皇向北逃去。漢軍輕騎校尉郭成等人追趕了幾百里，可惜沒追上。群龍無首的匈奴軍隊大亂，很快就潰敗了。衛青率領的漢軍共俘獲了十多名匈奴小王、一萬五千多名士兵，還有成千上萬頭牲畜，攜帶著這豐厚的戰果勝利凱旋。

武帝聽聞捷報，非常興奮。爲了表彰衛青的赫赫戰功，他派使者拿著「大將軍」的官印前去迎接衛青，在衛青還沒有回到朝中時，就直接在軍隊中封衛青爲大將軍。這是漢朝軍隊的最高統帥，從此，其他的將軍都歸於衛青的指揮之下。不過，武帝還嫌不夠，又要封衛青的三個兒子爲侯爵，衛伉爲宜春侯，衛不疑爲陰安侯，衛登爲發乾侯。可是，這三個孩子年紀尚幼，而且並沒有什麼功勞，衛青覺得不妥，想要推辭，但武帝堅決要這樣做，可見武帝對衛青的器重程度。除此以外，衛青手下的一批將領也都得到了封賞。至此，衛青達到了他軍事生涯的巔峰。

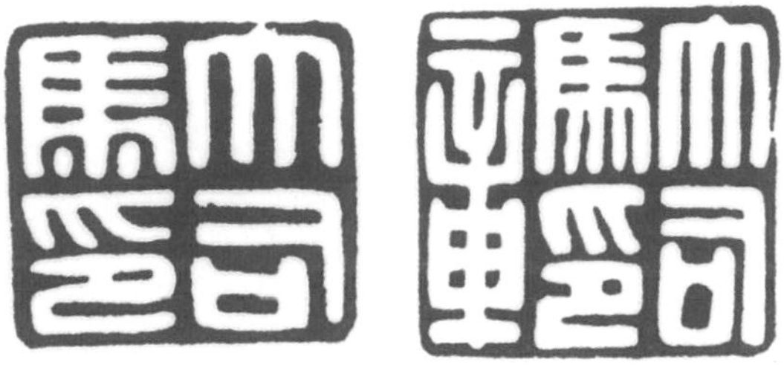

大司馬印和大司馬印章

元狩四年（西元前一一九年），武帝將大司馬改為榮譽性的官號，冠於大將軍、驃騎將軍、車騎將軍前。最初被授予這個官號的都是功勳卓著的大臣，如衛青為大司馬大將軍，霍去病為大司馬驃騎將軍。

第五次和第六次與匈奴作戰都發生在元朔六年（西元前一二三年），時間相隔一個多月。這一年的春天，衛青爲大將軍，公孫敖任中將軍、公孫賀任左將軍、趙信任前將軍、蘇建任右將軍、李廣任後將軍、李沮任強弩將軍，全部歸衛青統轄。大軍從定襄出塞攻打匈奴，共斬殺幾千名敵人，獲得勝利。一個多月後，全軍又再次從定襄出塞，斬殺敵軍一萬多人。

第七次與匈奴作戰是在元狩四年（西元前一一九年）的漠北大決戰。這是漢匈作戰史上極爲重要的一戰，在此之前，由於衛青及漢軍全體將士的汗馬功

漢代陽關烽燧遺址

陽關位於今敦煌市西南七十公里處，是武帝「列四郡、據兩關」的兩關之一，亦是絲綢之路上通往西域南道的咽喉之地。烽燧亦稱烽火台，殘高四．七公尺。

衛青印

勞，匈奴的力量被大大削弱，已經被迫退居茫茫沙漠的北邊。武帝決定派兵越過沙漠，直搗匈奴王庭，以期徹底剷除匈奴的勢力。衛青成爲這次戰役的首要將領之一。他和年輕的霍去病分別率領五萬名騎兵，兵分兩路夾擊匈奴，他們越過了沙漠，與單于展開了面對面的決戰。單于見戰局不利，趁著天黑，在漫天沙塵的掩護下偷偷溜走了。這次戰役後，匈奴有很長一段時間都不能再與漢朝抗衡。衛青由於戰功卓著被封爲「大司馬」。

武帝時期與匈奴發生的主要戰役，幾乎都與衛青有關。他是讓匈奴聞風喪膽的大將軍，他用他的驍勇戰績爲一個強盛漢朝的崛起立下了汗馬功勞。

名將之德

由於戰功出眾，衛青的地位漸高，權勢漸重，但他並沒有得意忘形，而是嚴於律己，對人寬厚，贏得了極好的口碑。

衛青雖然手中握有大權，但並不濫用權力，嚴格遵守自己的本分，凡事都想得很周到。在二出定襄的戰役中，右將軍蘇建、前將軍趙信的軍隊遇上了匈奴單于的大軍。雙方整整打了一天的仗，但畢竟寡不敵眾，蘇建和趙信的軍隊眼看就要全軍覆沒了。這時候，趙信猶豫了。他原本就是匈奴人，後來投降漢朝，被封爲翕侯。現在形勢這般危急，匈奴又派人來誘降他，於是他帶著八百多名騎兵歸順了單于。另一邊，蘇建的士兵全部陣亡，只剩下他一個人逃回了衛青這裡。按照漢朝的軍事律令，蘇建的行爲已經是一種罪，衛青就和幾個部下商量如何處置蘇建。有人建議殺掉蘇建，以顯示大將軍的威嚴。但也有人不同意，認爲蘇建是由於寡不敵眾才失敗，他雖然隻身返還，但總比投降了好。跟蘇建一起戰鬥的趙信投降了，得以活命；如果殺了蘇建，豈不是讓士兵們覺得投降比不投降還好嗎？如果以後再打了敗仗，士兵們不都要紛紛投降以求自保了嗎？所以不能殺蘇建。兩派觀點爭執不下。面對這種情況，衛青顯得很謹慎，他下令把蘇建拘禁起來，送到武帝那裡。最後，武帝並沒有殺蘇建，而是讓他交了贖金，將其貶爲庶民。

衛青戰功赫赫，卻從未依仗功勞驕傲自滿，依然保持一顆謙遜的心。衛青由於戰功被拜爲大將軍後，爲了進一步表彰他，武帝還要加封他的三

募兵

西漢初期延續秦以來的以郡縣徵兵制爲主體的兵役制度，即每個男子到了規定的年齡都要傅籍，就是在政府登記作爲一個壯丁。在徵兵的範圍內，服役期爲兩年。當時西漢政府的常備軍極少，每有戰事，皇帝便下詔令各地郡國軍隊應徵，集結於指定地點，經過編組後出征。作戰規模一旦超出應徵軍隊的承受力，就只能採取臨戰時募兵的補充方式。

漢匈戰爭激烈進行之時，募兵制是郡縣徵兵制的主要補充方式。當時，失去土地、背井離鄉的大批無業遊民或失業貧民，是主要的募兵源。因爲國家對應募人員給予豐厚的物質賞賜，使兵源不斷增加，士兵的戰鬥力也因而增強。

個兒子爲侯爵。聽到這個消息，衛青堅決推辭：「我有幸在軍中服役，全都是仰仗陛下的神威。軍隊之所以取得勝利，是各位將軍、校尉共同奮力拚搏的結果。陛下已經給了我很大的榮耀，我的兒子們年紀尚幼，也沒什麼功勞，怎麼敢接受這樣的封賞？」但在武帝的堅持下，衛青的三個兒子還是被封了侯。

衛青非常關心、體恤士兵，士兵們也都樂於在他的麾下效命。遇到敵人，衛青總是身先士卒；晚上，等到士兵們都休息了，他才回自己的營帳休息；退兵時，他在後面做掩護，等士兵們都渡過河，他自己才過河。皇太后賞賜給他的金錢，他全都賜給了部下。和他同時代的人都稱讚他有古代名將之風範。

太史公司馬遷也曾經提到，蘇建曾建議衛青豢養門客，但衛青謝絕了，說：「皇上對大臣們養門客深惡痛絕。作爲臣子，我只要遵守法律、恪守自己的職責就行了，何必去養門客呢？」由此可見衛青的自律。

後來，衛青娶了武帝的姐姐平陽公主。平陽公主原來的丈夫曹壽去世了，想再找一個列侯與她匹配。公主和身邊的人商量長安城裡哪個人可以做她的丈夫，大家都說大將軍衛青可以。平陽公主覺得不行，笑著說：「這個人是從我家裡出去的，以前經常作爲我的護衛騎著馬跟從我，現在怎麼能讓他做我的丈夫呢？」身邊的人都勸她說：「現在大將軍的姐姐是皇后，他的三個兒子都是侯爵，他的富貴威震天下，公主不能小覷他啊。」於是，平陽公主就答應與衛青成親。她把這件事告訴了衛子夫，衛子夫又向武帝稟報，武帝也同意了。

縱觀衛青的一生，可以說他是一位極其出色、德才兼備的軍事將領，不僅成就了自己的輝煌，也在漢代軍事史上寫下了氣壯山河的篇章。

少年英雄霍去病

霍去病是一位少年英雄，十八歲就開始征戰匈奴，曾有過「匈奴未滅，無以家為」的豪言壯語。他戰功卓著，堪比衛青，封狼居胥，成就了一番偉業。他也有少年人任性桀驁、不懂體恤士兵的缺點。

少年將軍

霍去病是衛子夫的姐姐衛少兒的兒子，衛青的外甥。他很小的時候就進宮當了武帝的侍從，受到武帝寵愛。霍去病擅長騎馬、射箭，在元朔六年（西元前一二三年）衛青二出定襄攻打匈奴的戰役中，當時年僅十八歲的他兩次都跟隨衛青出戰。衛青奉武帝的詔令，分撥給霍去病一些壯士，封他爲剽姚校尉。年輕英勇、天不怕地不怕的霍去病帶領著八百名勇猛的騎兵衝鋒在前，把大軍遠遠甩在後面。他們奮勇作戰，斬殺敵人二千零二十八人，當中有匈奴的相國、高官，還有一個單于祖父輩的人籍若侯產，活捉了單于的叔父羅姑比，殺死和俘虜的匈奴人數超過了自己的損失，獲得了勝利。這次戰爭結束後，武帝非常欣賞霍去病的表現，稱他的功勞兩次在全軍中都是第一，因此封他爲冠軍侯，並賜二千五百戶的封邑。十八歲的霍去病獲得了如此高的榮譽，可見他的少年天才和武帝對他的喜愛。

元狩二年（西元前一二一年）春，武帝任命霍去病爲驃騎將軍，攻打匈奴。驃騎將軍是漢軍中僅次於大將軍的官銜，這對年輕的霍去病來說，又是一個很大的榮耀。他率領上萬名騎兵從隴西出塞，長途輾轉，經過了隸屬於匈奴的五個小王國。一路上如果有匈奴人歸順，他就下令不掠奪他們的財物，繼續前行，因爲他的目標是抓住單于的兒子。一直轉戰了六天，在越過焉支山一千多里的地方，終於遇到了匈奴的軍隊。霍去病的騎兵與匈奴人短兵相接，殺死了匈奴的折蘭王、盧胡王，活捉了渾邪王的兒子、匈奴的相國、都尉，共斬殺敵方八千多人，大獲全勝。凱旋後，武帝非常高興，又加封霍去病二千戶封邑。

同年夏天，驃騎將軍霍去病再次領命攻打匈奴。他和合騎侯公孫敖從北地出塞，分路進發。博望侯張騫和郎中令李廣從右北平出塞，從另一個方向進攻匈奴。李廣帶領四千名騎兵最先到達匈奴的領地，匈奴左賢王帶領幾萬名騎兵包圍了李廣的軍隊，雙方交戰兩天，李廣的騎兵損失了大半，匈奴也傷亡慘重。隨後，張騫帶著一萬名騎兵趕到，但這時匈奴已經撤兵。張騫犯了行軍滯留的罪，理應處死，後來他出錢贖罪，成爲平民。在另一條戰線上，霍去病已經帶兵深入匈奴領地之中，但公孫敖迷了路，沒有及時趕去與霍去病會合。霍去病少了外援，但絲毫沒有退縮。他越過居延山，經過小月氏，攻打祁連山，捉住了酋塗王，俘獲匈奴的五個小王、單于的妻子和兒子共五十九人，另外還俘獲了匈奴的相國、將軍、都尉等共六十三人，殺死敵軍三萬零二百人，有二千五百人投降。最後算下來，匈奴的軍隊大概減少了十分之三，力量被大大削弱。回朝後，武帝再次封給霍去病五千戶的封邑，並對他的部下都給予了封賞。這個時候，

霍去病像

霍去病（西元前一四〇年至西元前一一七年）這位武帝時期傑出的軍事將領懷著「匈奴未滅，無以家為」的豪情壯志，六次率軍征戰匈奴，殺敵俘虜無數，被武帝親封為「冠軍侯」。

霍去病在漢朝軍隊中的地位逐漸突顯出來。他的士兵、馬匹和武器都是精挑細選出來的，別的將軍都比不上。在戰鬥中，他總是敢於衝鋒陷陣、深入敵境，帶著他那些精壯的騎兵衝鋒在前，爲大軍開路，因此日益得到武帝的賞識和親近，其地位幾乎與衛青不相上下。

封狼居胥

元狩二年（西元前一二一年）秋天，匈奴單于因爲渾邪王屢次被霍去病的軍隊打敗，損失上萬人，非常生氣，想要召見渾邪王，趁機把他處死。渾邪王聽到這個消息後很害怕，就同休屠王等人商量要投降漢朝。他們派使者到漢匈兩國的邊境去和漢朝約定投降的事。當時，李息正率兵在黃河邊上修築城池，見到渾邪王的使者，不敢擅自做決定，馬上命人火速將這一消息呈報武帝。武帝知道後，既想招降渾邪王，又怕他是假裝投降來襲擊漢朝，於是命令霍去病帶領軍隊去接管渾邪王帶來的兵馬，他相信霍去病有能力控制好局勢。霍去病渡過黃河後，與渾邪王的部隊遠遠地相

互觀望。這時，渾邪王軍隊裡的很多人又不想投降了，急欲逃跑。霍去病當機立斷，馬上率兵衝進匈奴的軍隊，把那些想要逃跑的人全部殺死，共殺了八千多人。然後，他讓渾邪王一個人乘車到武帝巡行的地方去，自己則帶著剩下歸順漢朝的匈奴人渡過黃河，這些人共有十萬之多。回到長安後，武帝相信渾邪王是眞心歸降，於是封他爲漯陰侯，賜給他一萬戶封邑。渾邪王的一些部下也被封了侯。武帝對霍去病圓滿完成了任務讚賞不已，表揚他接連出戰，不辭辛苦，使黃河邊塞地區大致上消除了匈奴的隱患，得以長時間保持安定和平，於是又加封霍去病一千七百戶封邑。

霍去病墓前的馬踏匈奴石像

石馬四蹄之間緊夾著一個仰面朝天、面容驚恐的匈奴武士，這座石像是對霍去病一生功績的高度褒揚。

在元狩四年（西元前一一九年）的漠北大決戰中，霍去病也立下了大功。他率領漢朝的軍隊和歸順漢朝的匈奴軍隊，攜帶少量物資，越過大沙漠，殺死和俘虜了大量敵軍，使敵人的軍隊減少了十分之三。在戰役取得勝利後，霍去病在狼居胥山舉行了祭天儀式，以此來慶祝勝利。從此，「封狼居胥」便成了一個成語，表示一個人立下了赫赫戰功。這次戰爭後，武帝又加封給霍去病五千八百戶封邑，並任命他爲大司馬。從此以後，霍去病的地位逐漸超過了衛青，許多以前對衛青阿諛奉承的人都跑去投奔霍去病。

人無完人

霍去病平時不愛說話，總是一副胸有成竹的樣子，做事情很有氣魄，敢於去做別人不敢做的事情。他很有自信。有一次，武帝想教給他孫子和吳起的兵法，他回答說：「作戰的時候只要講究具體的策略就行了，不必拘泥於古人的兵法。」武帝想爲他修建一幢好一點的房子，讓他過去看看，他說：「匈奴未滅，無以家爲也。」他的這種氣魄深得武帝的喜愛。

霍去病是一位傑出的軍事將領，但在待人接物上，他與謙遜、仁慈的舅舅衛青不同。霍去病不懂得體恤將士。他率軍出征，武帝常派人送給他幾十輛車的食物作爲犒勞。他回來的時候，爲減輕負擔，就扔掉了很多沒吃完的米和肉，但他軍中有些士兵卻在忍饑挨餓。他在塞外打仗時，士兵們由於缺少糧食，有的餓得站都站不起來了，可是霍去病仍然在蹋球作樂，不去撫慰士卒。

霍去病有時候還容易衝動行事。李廣將軍的兒子李敢曾經是霍去病的部下，在漠北大決戰中是他的得力部將。李廣自殺後，李敢與衛青發生衝突，打傷了衛青。霍去病知道後，怒火中燒，他沒有去找李敢理論或找人裁決，而是在一次狩獵中衝動地用箭射死了李敢。

元狩六年（西元前一一七年），年僅二十三歲的霍去病去世了。武帝對他的死感到非常悲痛，調遣了邊境五個郡的鐵甲軍，從長安到茂陵霍去病墓排列成陣，爲他修建的墳墓像祁連山一樣雄偉，以此來紀念他。霍去病死後，他的兒子霍嬗繼承了侯爵。但霍嬗也在很年輕的時候就去世了。霍嬗沒有子嗣，他死後，爵位就被廢掉了。

霍去病死後十一年，即元封五年（西元前一〇六年），衛青也去世了。漢朝兩位抗匈的名將先後殞逝，無疑是武帝巨大的損失。衛青共出擊匈奴七次，斬殺、俘虜敵軍五萬多人；霍去病出擊匈奴一共六次，其中前兩次是跟隨衛青，後四次都是以將軍的身分出戰，共斬殺、俘虜敵軍十一萬多人。他們叔侄二人重創匈奴，使漢朝在很長一段時間內不必擔憂北方邊境的安全，這也爲武帝在南方滅東越、南越，在東方平定朝鮮時能夠無後顧之憂。

霍去病墓地面建築

霍去病墓位於茂陵東側約一千公里處，封土南北長約一百公尺，東西寬近六十公尺，高十八公尺，依照山勢而建，封土上怪石嶙峋，蒼松翠柏交相掩映。

漠北大決戰

元狩四年（西元前一一九年）的漠北大戰是漢朝與匈奴作戰史上的一場經典戰役。在這次戰鬥中，衛青和霍去病這兩位將軍率軍越過浩瀚的大沙漠，直搗匈奴腹地，差一點就活捉了匈奴單于。此戰之後，匈奴的元氣大傷，漢朝也疲於征戰，兩國的戰爭暫時告一段落。而衛青與霍去病的地位在漠北戰役後也發生了微妙的變化。

沙漠大戰

在二出定襄的戰役中，翕侯趙信投降了匈奴，受到單于的重用。他經常爲單于出謀劃策，認爲匈奴以一望無垠的大沙漠作爲天然屏障，在北方的自然環境中佔據優勢。他覺得漢朝軍隊一定無法越過這片沙漠，就算越過了也一定會耗盡體力，無法戰鬥。而武帝也恰恰猜到了趙信和單于的這點心思，於是和眾將軍商議道：「趙信和匈奴單于一定認爲我不敢越過沙漠去發動進攻，所以他們在漠北的戒備不會很嚴密。我們何不趁此機會進行突襲？一定會大獲全勝。」將軍們都表示贊同。

於是，元狩四年（西元前一一九年）春天，武帝下令，命大將軍衛青、驃騎將軍霍去病分別率領五萬名騎兵分頭進攻匈奴。除騎兵之外，還派了幾十萬名步兵以及運送物資的人緊隨其後，全力保障部隊的戰鬥力和供給。

大將軍衛青從定襄出塞，他的副將有：郎中令李廣任前將軍，太僕公

漠北之戰

經此一戰之後，匈奴單于北逃，出現了「漠南無王庭」的局面，危害漢朝百餘年的匈奴邊患已獲得解決。

馬政

戰國後期至漢代，是軍隊陸戰兵種構成發生歷史性變革的時代，以車兵、步兵爲主體的兵種構成逐漸被以騎兵、步兵爲主體的兵種構成所取代，騎兵成爲軍隊中的主要突擊力量。

這種變化的產生是由所面臨的軍事問題決定的。周邊諸民族，特別是北方匈奴，成爲中原王朝的心腹之患。朝廷爲了對付匈奴，開始創建騎兵部隊；而騎兵時代的來臨，則始於武帝反擊匈奴的戰爭。

馬政是建立強大騎兵軍隊的根本。一方面，統治者高度重視戰馬的飼養和繁殖，設立專門的「馬苑」，並對之進行嚴密防護；另一方面，統治者鼓勵民間養馬，嚴禁良馬出境，以防爲敵人所用。至武帝即位之初，馬政已大有成效，「眾庶街巷有馬，阡陌之間成群」。武帝甚至不惜出動大量兵力征討大宛，尋求品種優良的汗血馬，以改良馬種。這些正是漢朝騎兵部隊得以組建，並取得對匈奴作戰勝利的前提。

孫賀任左將軍，主爵趙食其任右將軍，平陽侯曹襄任後將軍。這四位將軍統一聽從衛青的指揮。五萬騎兵浩浩蕩蕩向沙漠進發了。這時，沙漠另一邊的匈奴單于和他的謀臣趙信卻並不著急。趙信對單于說：「漢軍就算越過了沙漠，人和馬也一定筋疲力盡了，我們就在這兒等著坐收漢軍的俘虜就行了。」單于覺得有理，於是下令所有的精兵都等候在沙漠的北邊，只等著疲憊不堪的漢軍過來。

這時，衛青率領的部隊已經越過了沙漠，遠遠地觀察到單于列陣等候的士兵。於是，他命令軍隊馬上進入戰鬥狀態，把戰車排列成環形，派身強力壯、尚未感到疲憊的五千名騎兵去抵擋匈奴軍隊。匈奴軍隊也看到了漢朝的軍隊，於是命令一萬餘名騎兵朝漢軍衝去。這時已是黃昏，太陽馬上就要下山了，而天邊又恰好刮起了狂風。沙漠裡風的威力比平原地區大百倍，狂風捲著黃沙和石頭撲面而來，讓人睜不開眼睛。這下子，在沙漠中交戰的漢軍和匈奴軍隊都看不清楚對方了。衛青沒有退縮，而是藉此機會派兩支分隊從左右兩翼夾擊匈奴，目標直指單于本人。本來單于聽了趙信的話，以爲漢軍千里迢迢越過沙漠，肯定早已沒有力氣打仗了，可沒想到衛青率領的漢軍依然這麼健壯勇猛，絲毫沒有疲累的樣子，而且漢軍的人數多於自己，天氣又這麼惡劣。單于擔心這麼纏鬥下去會對自己不利，於是在天就要黑的時候乘著一輛六匹騾子拉的車，由幾百名精壯騎兵護衛著，拚死衝開漢軍的包圍，向西北方逃去。由於天色昏暗、風沙漫天，雙方又處在激戰之中，所以沒有人注意到單于逃走了。兩國的軍隊還在奮力廝殺著，雙方死傷人數差不多。後來，一個被漢軍抓住的匈奴俘虜說單于已經趁天黑逃走了，漢軍於是派出輕騎兵連夜追趕，匈奴的軍隊也趁機四散逃走。天快亮的時候，漢軍已追出了二百多里，但最終還是沒有抓到單于。不過，漢軍的戰績也還不錯，雖然自己也有損傷，但一共斬殺、俘虜匈奴士兵將近萬人。漢軍一直追到趙信城（趙信降匈奴後所築之城），把城裡囤積的大批糧食運回來補充軍需，運不完的就全部燒燬。

本來，按照戰術安排，在衛青與匈奴單于激戰的時候，李廣和趙食其應該率兵從東進軍，與衛青配合，共同夾擊單于。但由於對地形不熟，他們在沙漠中迷了路，沒有及時趕到。等到衛青結束戰鬥，帶兵回到沙漠以南，才遇到他們。衛青詢問了他們迷路的情況，並派使者把這件事稟報給武帝。按照漢朝軍法，軍隊滯留延誤戰鬥的，軍官要被判死刑。衛青派人到李廣那裡責令他手下的校尉去受審。李廣說：「校尉們沒有錯，是我自己迷了路，我親自去受審。」到了衛青的幕府中，李廣感歎自己與匈奴打了一輩子仗，卻沒有得到應有的回報，不能再受此辱，於是拔刀自殺了。趙食其被帶回京城，判了死罪。他出錢贖罪，被貶爲平民。

此役結束後，匈奴單于逃得很遠，以致於匈奴國人有十幾天都不知道單于的下落。於是，匈奴的右谷蠡王自封爲單于。不過，原來的單于最終還是回來了，重新整合了軍隊，右谷蠡王這才去掉了自封的單于稱號。

代有才人出

在大將軍衛青率兵力戰匈奴單于的時候，驃騎將軍霍去病也帶領著五萬騎兵從代郡出塞迎戰匈奴。他的手下沒有副將，於是把李廣的兒子李敢任命爲大校，暫且充當副將。霍去病帶領軍隊越過大沙漠，捉住了單于的近臣章渠，殺死了匈奴小王比車耆，又與匈奴左賢王發生戰鬥。翻過離侯山，渡過弓閭河，捉到屯頭王、韓王等三人，以及匈奴的將軍、相國、都尉等八十三人，一共斬殺和俘虜匈奴達七萬多人，遠遠超過了大將軍衛青的戰果。在行軍的過程中，霍去病在狼居胥山祭天，在姑衍山祭地，以此來慶祝勝利，從此留下了「封狼居胥」的千古美名。

回到長安後，武帝表彰霍去病的戰功，加封他五千八百戶封邑，並把他手下的一批作戰出色的將士都封了侯。右北平太守路博德跟隨霍去病到達余山，共斬殺、俘獲敵軍二千七百人，被封爲符離侯，並賜一千六百戶封邑。北地都尉邢山跟隨霍去病出征，俘虜了匈奴小王，被封爲義陽侯，並賜一千二百戶封邑。以前投降漢朝的匈奴小王復陸支、伊即軒此次隨霍去病出征有功，分別被封爲壯侯和眾利侯。從驃侯趙破奴、昌武侯安稽隨霍去病出征有功，每人各加封三百戶封邑。校尉李敢繳獲匈奴的戰旗和戰鼓，被封爲關內侯。校尉徐自爲被授予大庶長的爵位。另外，霍去病軍隊中受到賞賜的小軍官和士兵也有很多。

漢北戰役之後，武帝的兩員大將衛青與霍去病之間的地位和關係發生了微妙的變化。與霍去病及其部下被重賞的情形不同，漢北大戰的另一大功臣衛青這次卻並沒有得到加封，衛青的部下也沒有得到什麼賞賜。這次戰役之後，漢朝軍隊中的馬匹數量大大減少。當初，衛青和霍去病的軍隊出塞時，邊塞上的官吏記載的馬匹數量是十四萬匹。等到他們收兵返回，馬匹的數量卻只剩下三萬匹，可見戰鬥之慘烈。朝廷增設了「大司馬」的官位，這是軍隊的最高領導職位，衛青和霍去病都當上了大司馬。武帝還特地頒布了法令，使霍去病的官階和俸祿與衛青相等。從此以後，衛青的權勢日益減退，而霍去病的地位則愈來愈崇高。

從元光六年（西元前一二九年）衛青首次出征匈奴到元狩四年（西元前一一九年）的漢北大決戰，十年間，在大大小小的各場戰役中，漢軍共斬殺匈奴約十八萬人，投降的匈奴有四萬餘人。另外，漢軍還繳獲了匈奴的牲畜約三百萬頭，並收回了大片的土地。在匈奴面前，武帝統治下的漢朝廷再也不是妥協退讓，而是展現強者之姿，令匈奴人悲歎：「亡我祁連山，使我六畜不蕃息；失我焉支山，使我婦女無顏色。」不過在同時，漢朝的損失也是巨大的。十幾萬名士兵和二三十萬匹戰馬犧牲在戰場上，戰爭所需要的巨額財力物力支持加重了國家和人民的負擔。所以，在漢北大決戰之後，匈奴和漢朝雙方都需要休養生息，保持力量。於是，兩國之間的戰爭暫時告一段落。

酒泉

酒泉位於甘肅省酒泉市酒泉公園內。這眼泉原名金泉，世傳武帝元狩二年（西元前一二一年），霍去病抵禦匈奴打了勝仗，武帝遣使賜一罈美酒以犒賞。霍去病遂將酒倒入金泉之中，邀眾將士共飲，故更名酒泉。

飛將軍李廣

李廣曾經是令匈奴避之唯恐不及的「飛將軍」。他非常體恤士兵，被司馬遷讚為「桃李不言，下自成蹊」。然而，雖然軍功卓著，他卻始終沒有被封侯，這是他一生最大的遺憾。

漢之飛將軍

唐代詩人王昌齡曾經感慨：「但使龍城飛將在，不教胡馬度陰山。」詩句裡的「飛將」指的就是飛將軍李廣。李廣出生於一個軍人世家，他的先祖李信是秦朝時候的著名將軍。李廣從小就練習箭術，武藝高強。漢文帝時，匈奴大舉入侵蕭關，李廣以良家子弟的身分參軍，抗擊匈奴。由於他善於騎馬射箭，斬殺了很多敵人，因此被任命為中郎。李廣曾經跟隨文帝出行，每當他衝鋒陷陣、立下赫赫戰功的時候，文帝就對他說：「可惜你生不逢時，假如你在高祖的時候，被封個萬戶侯豈在話下？」

景帝剛登基時，李廣任隴西都尉，後來被調任騎郎將。七國之亂的時候，李廣跟隨太尉周亞夫攻打吳、楚兩國的軍隊。他在昌邑城下奪取了敵軍的戰旗，於是聲名遠揚。但因為梁王私自授予了他將軍綬印，所以回朝後，朝廷並沒有再封賞他。後來他被調任上谷太守，經常與匈奴作戰。

當時有人哭著對景帝說：「李廣的才氣天下無雙，但他總是與匈奴硬拚，恐怕總有一天會發生意外。」於是景帝就把李廣調任為上郡太守。後來，李廣又先後做過隴西、北地、雁門、代郡、雲中等北方各郡的太守，都由於對匈奴作戰時勇敢無畏而威名遠揚。

西漢．李廣騎射圖

李廣出身行伍，戰功赫赫，兩次擔任九卿級別的官職，七次出為邊郡太守，先後效力於文帝、景帝、武帝三朝，與匈奴七十餘戰，以善騎射、有勇略、能戰而著名於世。

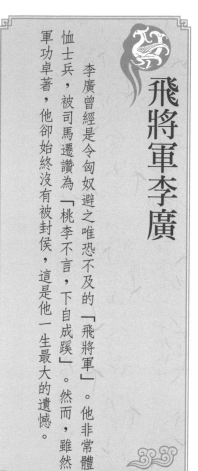

西漢·銅雁魚燈

山西朔縣漢墓出土。雁在中國古代是一種信鳥，多用於締結婚姻的納彩或大夫相見時的禮品。「魚」與「餘」同音，象徵豐收富裕。此件銅燈寄託了西漢人追求美好、富裕生活的願望。

李廣作戰不僅英勇，而且足智多謀。有一次，景帝派一名宦官跟從李廣學習作戰本領，宦官領著幾十名騎兵在路上發現了三個步行的匈奴人，就上去進攻。結果，三個匈奴人用箭射傷了宦官，還殺了騎兵。宦官逃回到李廣那裡，李廣於是帶領一百名騎兵去追趕那三個匈奴人。李廣命令騎兵從左右包抄，自己親自取箭射殺，最終射死了兩個，活捉了一個。當將士們把俘虜捆好準備回營時，突然發現遠處有幾千名匈奴騎兵。匈奴軍隊也發現了李廣，害怕他是漢軍大軍派來誘敵的，於是不敢輕舉妄動，而是擺開陣勢，伺機而動。李廣手下的騎兵都十分驚恐，想要縱馬逃跑。李廣攔住他們說：「我們距離大軍有幾十里遠，如果逃跑，匈奴人輕而易舉就能把我們殺光。如果停下來不走，匈奴人一定以爲我們是誘敵之兵，反而不敢來攻打。」於是，他命令騎兵繼續前進，一直走到離匈奴兵兩里遠的地方才停下來，然後又命令大家下馬，並解下馬鞍。騎兵們說：「敵人人數如此多，而且距離我們這麼近，如果下馬，萬一他們來攻打怎麼辦？」李廣鎮定地說：「如今我們不跑，還解下了馬鞍，他們一定會更相信我們是誘敵的部隊。」事實也的確如此，匈奴看到李廣的軍隊如此鎮定，便堅信漢朝的大軍就在後面，於是不敢輕易發動進攻。後來，有一個匈奴將領騎馬跑出陣來，李廣就帶著十多名騎兵上前射殺了那個將領，然後又回來解下馬鞍。當時天色已近黃昏，李廣乾脆命令士兵們都放開馬，躺下來休息。匈奴人更覺得奇怪了，始終不敢上前來。到了半夜，匈奴人害怕漢軍埋伏在附近並趁天黑發動偷襲，便撤兵了。李廣憑藉著機智和鎮定，雖然沒有大軍支援，但他的軍隊依然安然無恙。第二天早上天亮後，李廣帶著他的士兵安全地回到軍營。

武帝時，在一次與匈奴的作戰中，由於寡不敵眾，李廣被匈奴軍隊抓住了。匈奴單于早就聽說過李廣的大名，下令說：「如果抓住李廣，一定要活著送過來。」當時李廣負了傷，於是匈奴人在兩匹馬之間拉上一個網子，讓李廣躺在裡面。李廣閉著眼假裝昏厥過去。走了十多里之後，

西漢．祭祀貯貝器

這是一隻古代滇人的貯錢罐，器蓋上鑄人們殺牲祭祀豐收的景象。此件貯貝器於一九五七年在雲南晉寧石寨山出土，今藏於中國國家博物館。

他從眼縫中看到旁邊經過一個匈奴少年騎著一匹好馬，於是趁人不備，突然縱身躍起，把騎馬少年推了下去，自己縱馬朝南奔去。匈奴出動了幾百名騎兵前來追趕。李廣一邊騎馬，一邊拿起馬上的弓箭射殺追趕過來的匈奴騎兵，這樣一連奔馳了幾十里，終於脫險。

李廣身材高大，兩條手臂尤其長，善於射箭幾乎是天賦。李廣口才遲鈍，不是能言善辯的人，平時也很少說話。他和別人聚在一起遊戲放鬆的時候，常常在地上畫出一排排軍隊，然後跟別人依次來射箭，根據射中的行列的寬疏程度來罰酒。這是他所鍾愛的遊戲，因爲射箭就是他最大的樂趣。作戰時，他面對步步逼近的敵軍從來不會心慌。在敵人沒有走進他的射程範圍之內時，他絕不放箭；而只要他射出箭，敵人都會應聲倒下。由於李廣的英勇，匈奴人非常懼怕他，稱他爲「飛將軍」，不敢與他直接交戰。

關於李廣還有一個著名的故事。有一次他外出打獵，遠遠地看到草叢中好像有隻老虎，便拿出箭用力射去。射完後，遠處沒有動靜，李廣覺得一定是射死了老虎，便走過去看，結果發現原來那不是老虎，而是一塊大石頭。而他放出的箭竟然深深地射進了石頭裡，拔都拔不出來，可見李廣力量之大。怪不得匈奴人提起他的名字就會心驚膽戰。

桃李不言，下自成蹊

李廣是一位關愛、體恤士兵的好將領，他十分廉潔，家裡沒有多餘的財產，如果得到賞賜，就立刻分給部下。在軍隊中，他和士兵們一起吃飯。行軍途中，有時候糧食和水短缺，如果發現了水源，在士兵們沒有全部喝水之前，李廣就滴水不沾；如果士兵們沒有全部吃飯，他就粒米不進。他對待士兵很寬厚，因此士兵們都樂意聽從他的指揮，爲他效勞。

武帝時，李廣曾經做過未央宮的衛尉。而那時，程不識是長樂宮的衛尉。程不識以前和李廣一樣，都曾做過邊郡的太守，統率軍隊鎮守邊防。但他和李廣的帶兵方式不同。李廣的軍隊沒有嚴格的隊列和陣勢，總是靠近水草豐沛的地方駐紮，士兵們都覺得行動便利。晚上不用派人打更巡視，軍中各種文書簿冊都以簡化爲原則。總而言之，在李廣的軍隊中，士兵們會感覺很輕鬆。與此不同，程不識的軍隊則管理非常嚴格，在隊伍的編制、行軍行列、軍隊駐營等方面有一整套嚴格的章程。軍隊每時每刻都要操練，士兵們得不到足夠的休息。他們二人帶兵的效果都很顯著，戰績也都不錯，不過士兵們還是更願意跟隨李廣。

爲什麼李廣的軍隊看起來紀律「鬆懈」，在作戰時卻依然能團結起來，取得好的戰績呢？司馬遷認爲，這是由於李廣優秀人品的感召作用。一個身居高位的人，如果自己的行爲端正，自然會影響手下的人，不用明確地下命令，人們也會自覺地以他爲榜樣，奉守自己的職責。就像桃樹和李樹，雖然自己不會開口告訴人們自己結的果實多麼好吃，但時間長了，人們自然會發現他們美味的果子，來採摘的人會很多，慢慢地就會在樹下踩出一條路來。李廣關愛士兵，事事以身作則，他的行爲本身就是軍隊的紀律和榜樣，士兵因而會凝聚到他的身邊。

李廣難封

唐初著名詩人王勃在他一氣呵成的名篇《滕王閣序》中哀歎自己的懷才不遇：「時運不濟，命途多舛。馮唐易老，李廣難封。」李廣人生最大的遺憾，那就是終生未得封侯。漢代爲表彰軍功，一般依據在戰爭中的表現來論功行賞，戰功彪炳的將士都可以獲得大大小小、不同等級的爵位。然而，殺敵無數、令匈奴聞風喪膽的飛將軍李廣卻始終沒能被封侯，這不僅在當時頗令人費解，一直到現在也還是個謎。

西漢．陶騎兵俑
騎兵胯下的馬高大雄健，可能是從西域引進的品種。

按照軍功，李廣早就達到了封侯的標準，他的英勇善戰更是人人皆知。在一次與匈奴左賢王的戰鬥中，李廣帶領四千騎兵抵抗匈奴的四萬騎兵。他派自己的兒子李敢帶著幾十名騎兵衝進匈奴的軍隊，又從左右兩翼突擊出來，打散了敵軍的陣形。然後，李廣命令士兵排成圓形陣形，面朝外，拉滿弓，他自己用大黃弩弓一連射死了匈奴好幾個副將，匈奴軍隊便亂了陣腳。在敵我力量懸殊巨大的情況下，他帶領士兵堅持了將近一天，直到援軍趕到。漢朝軍隊裡的人都非常欽佩他的勇敢。

李廣也想不通自己爲什麼不能被封侯，特別是當他的堂弟李蔡都被封了侯的時候。李蔡和他都曾服侍過文帝和景帝。武帝元朔五年（西元前一二四年），李蔡任輕車將軍，跟隨衛青攻打匈奴，戰後由於戰功卓著被封爲樂安侯。李蔡的聲名跟李廣相差很遠，都被封了侯，而李廣卻始終得不到爵位。不僅如此，他的官職也一直很低，而李蔡後來則成了代國的丞相。有一次，李廣在與星象家王朔私下聊天時感慨萬千：「自從漢朝開始攻打匈奴以來，我沒有一次不參加戰鬥，但是如今，連各部隊校尉以下的軍官、才能平平的人，都有幾十個因戰功被封了侯的。我李廣不比別人差，卻連一點點封地都得不到，這是爲什麼呢？難道是我命中注定不該封侯嗎？」王朔問他：「將軍請仔細想一想，有沒有做過什麼讓自己後悔的事？」李廣說：「我曾經做過隴西太守，羌人有一次造反，我用計引誘他們來投降，總共來了八百多人。可是後來我騙了他們，把他們一下子全殺了。迄今爲止，這是我做過的唯一後悔不已的事情。」王朔就說：「殺害已經投降的人，這是最大的過錯了。將軍您就是因爲這個原因而不能被封侯啊。」

自盡而死

在元狩四年（西元前一一九年）的漢北戰役中，李廣任前將軍，跟隨衛青作戰。衛青命令李廣的部隊和右將軍趙食其的部隊合併，從東路進軍。東路是一條迂迴繞遠的行軍路線，而且水草稀少，他們對地形也不熟悉。李廣向衛青請求說：「我的職位是前將軍，應該衝鋒在前，大將軍爲什麼改令我從東路出征呢？況且我自從成年後就一直與匈奴交戰，到今天才有機會直接與單于交手，希望大將軍命我做前鋒，先與單于決一死戰。」在此之前，武帝曾私下交代衛青，認爲李廣年紀大了，不要讓他直接與單于交戰。於是，衛青拒絕了李廣的請求。但李廣堅持不與趙食其的部隊合併，並用辭職相脅。衛青還是不爲所動，讓人寫了文書送到李廣部隊的幕府，命令說：「趕快到右將軍的部隊裡去，按照文書上的要求辦。」李廣這才帶著部隊與右將軍趙食其會合，從東路出征。由於沒有嚮導，在茫茫大漠裡，他們的軍隊迷了路，沒能及時趕過去與衛青配合攻打匈奴。戰鬥結束後，衛青向南越過沙漠的途中，才遇到李廣和趙食其。按照漢代軍法，他們倆犯了行軍滯留的罪，是要被判死刑的。衛青要向武帝上書彙報這個情況，派人到李廣的部隊責令其部下前去受審。李廣說：「我的部下沒有錯，是我自己迷了路。我親自去受審。」

到了衛青帳下，李廣慨然說道：「我這一生與匈奴作戰七十多次，如今有幸跟隨大將軍出發，與單于交戰，可是大將軍卻調我的部隊走遠路。我迷了路，這難道不是天意嗎？何況我已經六十多歲了，不能再受那些刀筆吏的侮辱了。」說完便拔刀自盡了。消息傳來，李廣手下的將士都悲痛萬分。老百姓得知李廣已死，無不爲之落淚。

後來，李廣的兒子李敢因父親的死怨恨衛青，打傷了衛青。衛青隱瞞了此事，但是卻被霍去病所知。霍去病衝動之下，用箭射死了李敢。因當時霍去病受寵，武帝就爲他隱瞞了眞相，說李敢是被鹿撞死的，這又是一段後話了。

李廣的一生就這樣悲壯地結束了。他戎馬倥傯，保家衛國，戰功卓著，得到了百姓深深的愛戴。雖然他始終未被封侯，但他爲漢朝北拒匈奴做出的貢獻卻是誰都不能抹殺。

李廣墓

此墓位於甘肅天水，為李廣的衣冠塚，墓中埋有一盔、一袍、一靴，墳前有一座高達六公尺的碑塔。李廣墓建於何時，史無記載。

張騫出使西域

出使、連通西域諸國是武帝時期一件了不起的大事，這也是中國歷史上第一次與西方有了廣泛、深入的交流。而張騫就是這個偉大事業的先行者。他兩次出使西域，曾先後被匈奴扣押共十二年卻始終不改初衷。他以堅強的意志和不屈的精神，為漢朝與西域之間的交流做出了不朽的貢獻。

一使西域

在張騫之前，由於交通不便等原因，中原地區的人幾乎對西域一無所知。武帝繼位不久，不願再奉行和親政策，策畫要消滅匈奴。這時，他從投降的匈奴人那裡得知，匈奴攻破了月氏，用月氏王的頭顱做喝酒的器皿，月氏人被迫逃離故土，與匈奴有深仇大恨。武帝決心聯合月氏攻打匈奴，他選派了當時任郎官的張騫為使者，往西出使月氏。

建元三年（西元前一三八年），張騫與堂邑父兩個人帶著一百多人從隴西出發，開始了第一次出使西域的歷程。當時，到月氏去必須經過匈奴境內。張騫等人從匈奴國經過時，被匈奴人抓了起來，送到單于那裡。單于生氣地說：「月氏在我的北邊，漢朝怎麼能派使者去那裡呢？如果我想派使者到南邊的越地去，漢朝能同意嗎？」於是，單于把張騫和他的使團扣留在匈奴，命張騫娶匈奴女子為妻，希望時間長了張騫就會歸順匈奴。日子一天天過去，張騫被迫留在匈奴長達十年。但他始終沒有背叛漢朝，依然時刻等待機會逃出匈奴。

一開始，匈奴對張騫看管得非常嚴。但是時間一久，對他的戒備慢慢就鬆懈了。張騫終於等到了一個合適的機會，帶著隨從逃出匈奴。但他沒有忘記自己出使西域的使命，繼續向西前往月氏。張騫等人走了幾十天，終於來到大宛國。大宛國王早就聽說漢朝十分富饒，很想與之交往，但苦於沒有機會。這次見到漢使，自然非常高興，問張騫：「你們要到哪裡

西漢．玉酒杯

漢代人很喜歡飲酒，漢墓中經常可見各式飲酒和儲酒的酒具。當時的酒沒有經過蒸餾，酒精含量低，所以古文獻中記載漢人如何豪飲，並不代表他們酒量有多大。

去？」張騫說：「我們奉漢朝天子之命出使月氏，不料途中被匈奴扣留，現在剛剛逃出來。希望大王能派人引導我們去月氏。如果得到您的幫助，等我們回到漢朝，一定加以厚報。」大宛王同意了，派人護送他們到了康居國，康居人又護送他們到了月氏。

月氏國原來在敦煌、祁連一帶，後來被匈奴打敗，一批月氏人就向西遷移，打敗了西邊的大夏國，在嬀水北面建都，被稱爲大月氏。還有一批人留在原來的地方，被稱爲小月氏。張騫一行人到了大月氏國。這時候，由於大月氏征服了大夏，占領了肥沃的土地，物產豐富，盜賊不興，人民生活安定。大月氏王安於享樂，又覺得現在距離匈奴很遠，就沒有向匈奴復仇的意思。張騫想要與月氏結盟、共抗匈奴的願望落空了。

漢西域三十六國之一的蒲犁國王城遺址

遺址位於今新疆喀什，因城基是大石嶺，城牆又以石塊壘砌而成，所以又名石頭城。

回歸漢廷

張騫在月氏待了一年多後出發返回漢朝。他沿著崑崙山、阿爾金山的北邊向東走，想要從羌人居住的地區繞行回長安，沒想到又被匈奴人抓住了，並被扣留在匈奴一年多。這時，原來的匈奴單于去世，左谷蠡王打敗了單于的太子，自封爲單于，匈奴國內一時大亂。張騫趁機帶著他的匈奴妻子以及隨從堂邑父一起逃回了漢朝。這一年已經是元朔三年（西元前一二六年），離他從長安出發已有近十三年之久。回到長安後，武帝表彰他的功勞，封他爲太中大夫，封堂邑父爲奉使君。

張騫性格堅強，有毅力，待人寬厚坦誠，大宛、月氏、大夏等國的人都很喜歡他。堂邑父原本是匈奴人，擅長射箭，每當途中食物匱乏之時，他就射獵禽獸來作爲食物。張騫出發時帶領了一百多人，等到回來時只剩下他和堂邑父兩個人。這期間經歷的艱難困苦可想而知。

回朝後，張騫向武帝詳細描述了西域諸國的情況，包括地理位置、生產方式、生活習性、特產、與匈奴的關係等。例如，大宛在匈奴的西南方，漢朝的正西方，離漢朝大約有一萬里。那裡的人們主要從事農耕，種植稻和麥，產葡萄酒，盛產好馬，特別是有一種汗血寶馬，據說是天馬的後代。大宛的百姓約有幾十萬人，兵器以弓和矛爲主，人們擅長騎馬射箭。另外，張騫還描述了康居、烏孫、奄蔡、大月氏、大夏、安息、條支、黎軒（即羅馬帝國）等國的情況。

張騫還特別提到了身毒國，也就是印度。他說，在大夏國的時候，看到了漢朝生產的東西，當地人說是從身毒國買的。張騫認爲，身毒國應該離漢朝不遠，現在要出使西域，如果從北邊走，很容易被匈奴俘虜；如果能開通經過身毒國往西域去的道路，就會方便很多。武帝聽了張騫對西域諸國的描述，很感興趣，也希望能往西宣揚漢朝的天威，於是同意了張騫的建議，派出四路使者探索經身毒國往西的道路。不過由於地理環境的阻礙，這幾條路最終沒有打通。

二使西域

回到漢朝後，張騫曾經跟隨大將軍衛青攻打匈奴。他在匈奴待了十幾年，對那裡的地理環境較爲熟悉，知道哪裡有戰馬所需要的水草，所以爲軍隊帶來了很大的便利，戰後被封爲博望侯。但在一次攻打匈奴的戰役中，由於張騫犯了行軍滯留的罪，按律當斬，後來張騫出錢贖罪，成爲平民。儘管如此，武帝還是經常向張騫諮詢有關西域的事情。

在一次交談中，張騫向武帝談到烏孫國國王昆莫的事情。昆莫的父親與匈奴人打仗，兵敗被殺，當時還是嬰兒的昆莫被丟棄在野地裡。可是他並沒有死，有鳥叼著肉來餵他吃，狼來給他餵奶。當時的匈奴單于看到這一幕，暗自認爲昆莫有神明相助，於是收養了他。昆莫長大後，單于經常派他領兵打仗，他也屢建戰功，單于就把昆莫父親原來的子民重新交給昆莫管理，讓他戍守在匈奴國的西邊。單于死後，昆莫帶領他的百姓遠離匈奴，不願再去朝拜新的單于。匈奴曾多次派兵攻打昆莫，但都以失敗告終，於是更加認爲昆莫是神人，不敢輕易進攻。張騫向武帝建議：「如今匈奴被漢朝打得很疲憊，渾邪王歸降後，他原來的領地還沒有人住。蠻夷都貪圖漢朝的財物，現在何不趁機用豐厚的禮物來拉攏烏孫王昆莫，讓他往東來，住在渾邪王原來的領地上，使他與漢朝結爲兄弟之國，這就相當於斬斷了匈奴的一隻臂膀。而且聯合了烏孫以後，大夏等國都可能受此影響，被招爲屬國。」武帝覺得很有道理，於是任命張騫爲中郎將，帶領三百人，每人兩匹馬，另外還帶了數萬頭牛羊以及價值幾千萬的錢財布帛，再次出使西域。武帝還給張騫配了很多副使，可以由張騫調遣派到除烏孫國之外的別的國家去。

元鼎二年（西元前一一五年），張騫第二次出使西域，到了烏孫國。

烏孫王昆莫用接見匈奴單于的禮節來接見張騫，這讓張騫很不高興。他知道蠻夷貪財，就對昆莫說：「我這裡有許多漢朝天子贈送給大王的禮物，如果大王不拜謝，這些禮物我就拿回去了。」昆莫這才起身行禮拜謝賞賜。接著，張騫說明了來意：「烏孫國如果能往東遷移到渾邪王的土地上，漢朝就把一位公主嫁給大王做夫人。」當時昆莫已經很老了，整個烏孫國已經分裂成三部分，只有一部分還在昆莫的統治下。昆莫並不瞭解漢朝的實力，況且他一直以來都臣服於匈奴，離匈奴又近，他的大臣們都害怕匈奴，不想遷走。烏孫國的另一部分歸昆莫的二兒子大祿統治。大祿性格強悍，善於作戰，手下有一萬多名騎兵。昆莫的大兒子本是太子，很早就去世了，臨死前請求父親把自己的兒子岑娶立爲太子。昆莫答應了，這讓大祿很不滿，想要殺掉岑娶。昆莫怕岑娶打不過大祿，就讓他帶著一萬多名騎兵到別處去居住，也就形成了烏孫國的第三部分。這樣，在張騫到來時，昆莫國王事實上已經不能號令整個國家，所以他聽了張騫的建議後，也無法給出一個明確的答覆。

張騫派他的副使分別前往大宛、康居、大月氏、大夏、安息、身毒、于闐等周邊國家。他自己則準備回國。烏孫國派出嚮導和翻譯護送他，也派出一些使者跟隨張騫回去，以加深對漢朝的瞭解。

張騫回到漢朝後，被提升爲大行，位列九卿，一年多後就去世了。

烏孫國的使者來到漢朝後，看到漢朝人口眾多、物產豐富，到處是一片繁榮景象，就把這些情況報告給烏孫王昆莫，於是烏孫國開始重視與漢朝的交往。張騫第二次出使西域的目的最終達到了。又過了一段時間，張騫派往各國的副使也都相繼回國，各國使臣也隨同前來，與漢朝交流。從此，漢朝與西域諸國的關係日趨密切。

張騫由於出使西域而聲名遠播。在他之後，漢朝派往西域的使者爲了贏得外國的信任，都自稱爲「博望侯」，可見張騫在西域的聲望。

張騫出使西域辭別武帝

此圖為敦煌壁畫，表現的是武帝帶領群臣到長安郊外，為出使西域的張騫送行的情景，圖中持笏跪地辭行的是張騫。

經營西域

張騫兩次出使西域之後，漢朝與西域諸國的交往逐漸密切。為了鞏固漢朝在西域的影響力，武帝採取了一系列措施，包括征討樓蘭、姑師，與烏孫和親，在西北邊郡實行屯田制度，在西域設置一些管理機構等等。這些措施有效地加強了漢朝對西域的控制。

征討樓蘭、姑師

自從張騫由於出使西域而獲得尊貴的榮譽之後，就有很多人，無論是官吏還是平民百姓，爭先恐後地請求成爲漢朝的使者到西域去。武帝覺得出使西域是個苦差事，有這麼多人想去不容易，於是無論申請人出身如何，只要請求去，都會被批准。可是這些人裡面有不少是出於邪念才來請求當使者的，他們把皇上賜給西域國家的財產布帛等私吞爲己有，而且回來後向武帝胡亂編造在西域的見聞，說得天花亂墜。但是，這些吹牛的人往往能被封爲大官，而那些老老實實的人卻只能做小官，這就使得造假之風愈演愈烈。

同時，西域的國王接待了這些素質不高的使者，心生厭惡，又覺得反正漢朝軍隊遠在天邊，就處處爲難。這些使者受到虧待，回來就盡力渲染這些國家的短處，調唆武帝出兵攻打他們，這其中就包括樓蘭和姑師兩個國家。

樓蘭和姑師都是小國，位於西域的最東

玉門關遺址

玉門關約建於武帝元封四年（西元前一〇七年），位於今甘肅敦煌市西北約九十公里處的戈壁灘上，是古代絲綢之路北路必經的關隘。現存的玉門關遺址呈方形，城垣完整，黃土夯築。

邊，是漢朝前往西域諸國必經的地方，地理位置十分有利。他們都曾是匈奴的屬國，由於對漢使不滿，就又歸附於匈奴，經常在路上攔截、攻擊漢朝前往西域的使者。爲了使通往西域的路更加暢通及安全，武帝決定出兵攻打這兩個國家。

元封三年（西元前一〇八年），武帝派從驃侯趙破奴率七百騎兵攻打樓蘭，俘虜了樓蘭王，不久又攻破了姑師。不過，由於姑師靠近匈奴，漢軍雖然取勝，還不能徹底予以控制。天漢二年（西元前九九年），武帝又派投降漢朝的原匈奴將領介和王率兵再次攻打姑師，沒想到匈奴出來干預，派出幾萬名騎兵來支援姑師，漢軍只好撤退。過了幾年，到了征和三年（西元前九十年），武帝又派馬通、介和王率軍兵分兩路夾擊姑師，終於取得了徹底的勝利，姑師國王投降，表示願意臣服漢朝。

征討樓蘭、姑師的勝利震懾了烏孫、大宛等西域諸國，使他們看到漢朝的威力，爲漢朝控制西域奠定了良好的基礎。

與烏孫和親

張騫第二次出使西域的目的，就是聯合烏孫國共同對付匈奴。不過，當時烏孫王昆莫還不瞭解漢朝，所以比較猶豫，於是就派使者來漢朝親眼看看。使者們來到長安，看到漢朝的富庶，回國報告給昆莫，昆莫便有意與漢朝來往。然而就在這個時候，匈奴聽說從前歸附於自己的烏孫開始與漢朝來往，感到很憤怒，想要進攻烏孫。昆莫覺得國家有危險，得趕緊找盟軍，於是向武帝進獻了一千匹好馬，請求與漢朝和親，這就相當於答應了聯合漢朝對抗匈奴。武帝聽到這個消息當然很高興，就把江都王劉建的女兒細君公主嫁給了昆莫。昆莫封細君公主爲右夫人。匈奴聽說了這一消息，也送去一位公主嫁給昆莫。昆莫不敢違抗，就封這位匈奴公主爲左夫人。

細君公主到了烏孫國後，沒有忘記自己肩負著聯合兩個國家的使命，經常舉辦各種宴會來招待烏孫國的達官貴人，並賜給他們許多漢朝的財物，以此拉攏，使他們對漢朝抱有好感。細君公主可說是一位盡職盡責的漢朝使者。但是，由於烏孫與漢朝的生活習慣差異很大，昆莫王又已年老，細君公主常常思念故鄉。古代很多被送去和親的女子都有這樣悲苦的命運，她們用自己一生的幸福去換取國家的和平與發展。

烏孫國的倫理觀也與漢朝有所不同。昆莫王覺得自己年紀大了，就想把細君公主再許配給自己的孫子岑娶。細君公主一開始不同意，寫信請求武帝讓她回國。武帝也很無奈，但為了國家大計，他勸說細君：「就按照他們國家的習俗辦吧，我們將來還要聯合烏孫一起消滅匈奴。」於是，細君公主同意嫁給岑娶。

昆莫死後，岑娶當了烏孫王。武帝之後，漢宣帝時，烏孫配合漢軍攻打匈奴，大獲全勝。這既實現了張騫第二次出使西域的目標，也使得細君公主的犧牲沒有白費。

徙民屯田

邊郡屯田制度是武帝的一大發明，是一項一舉兩得的政策，既有利於農業生產，又有利於邊防建設。屯田有民屯和軍屯兩種形式。民屯是國家徵募一些普通的百姓到邊境地區去種田，這些百姓大多數是沒有土地的貧苦之人，如果留在原籍，自己也沒有生活來源，對國家也是負擔。把他們徵募到邊境種田，既解決了他們的生存問題，又為國家增收糧食，算是一舉兩得。當然，這些土地還是歸國家所有，並不是分給了這些百姓。朝廷專門設置了田官，負責管理屯田的事務。田官把土地以及種田所需要的農具、房屋、生活資源出租給這些百姓，每人大約可以分到二十畝地。

軍屯主要是駐守邊疆的士兵們按照相關規定來種田，按照軍隊的制度來進行管理。無論是民屯還是軍屯，他們的目的都是一樣的，就是為朝廷多生產些糧食，以備不時之需。如果內地受到自然災害的影響，糧食歉收，朝廷就可以從這些邊疆屯田的地區調運一些糧食到內地。當然，朝廷也會資助這些邊疆屯田，經常會有撥款，使這些地區有充足的財力進行糧食生產。

屯田的作用不僅僅是生產糧食，同時也鞏固了邊境地區的政治、軍事力量。首先，屯田必定會徵集大量人員居住在這個地區，這在人數上就會對鄰國產生威懾。另外，在一個地區進行大規模的農業生產，也就相當於深入開發、牢牢控制這個地區，別的國家想要來侵略，就沒那麼容易了。武帝的屯田制度主要在西北邊郡地區施行，而它也確實起了震懾匈奴的作用。自從漢朝在西域地區大規模屯田之後，匈奴對這一地區的控制就愈來愈薄弱了。

武帝時，曾數次大規模遷徙民眾來邊郡屯田。元朔二年（西元前一二七年），衛青、李息攻打匈奴，收復了河套地區，漢朝設置朔方、五原兩郡。為了鞏固對這一地區的統治，遷徙了十萬百姓來到朔方郡居住及屯田。元狩四年（西元前一一九年），山東地區遭受水災，糧食不足，出現了大量災民。朝廷開倉賑濟，但還不足以紓緩災情。於是，武帝就下令將大部分災民遷徙到隴西等邊郡地區，一共遷徙民眾達七十二萬五千人。元鼎五年（西元前一一二年），漢朝在上郡、河西等地設置了田官，於是又徵募了六十萬人來屯田。類似的活動還有許多。

武帝時期的屯田制度對後世影響很大。曹操就曾說：「孝武以屯田定西域，此先代之良式也。」也就是說，爲後世立下了很好的典範。曹操也曾模仿這一制度在許昌等地屯田。

設置管理機構

自從張騫兩次出使西域之後，漢朝與西域之間的交往日益密切。征討樓蘭、姑師勝利後，漢朝在酒泉（今甘肅酒泉）至玉門關一帶設立了亭障，作爲漢軍西進時供應糧草的驛站，並且也作爲平時防衛的哨所。後來，武帝又派貳師將軍李廣利兩次出征大宛，獲得勝利，從此更加強了對西域的控制，與西域的來往也更爲頻繁。於是，漢朝又在鹽澤（今新疆羅布泊）、樓蘭、渠犁（今新疆塔里木河北）、輪台（今新疆庫車東）等地也設置了亭障，同時設校尉管理當地的屯田，這可以說是漢朝在西域最早設置的軍事和行政機構。

武帝時期，並沒有專門設置管理西域事務的機構。後來，到了宣帝神爵二年（西元前六〇年），匈奴日逐王投降漢朝，於是宣帝設西域都護府，作爲漢朝專門管理西域事務的機構。都護府的最高長官是都護，其下有各級屬官。西域都護府負責向西域諸國傳達漢朝的號令，如果哪個國家反叛，也可以發兵征討。也就是說，西域都護府具有行政和軍事兩大權力。

北庭故城遺址

漢戊己校尉耿恭在此屯戍，唐時置北庭都護府，元設別失八里元帥府。此處遺址是屯田制度留下的歷史見證。

絲綢之路

絲綢之路最初是指連通中國與西方之間的一條陸上交通線，它從武帝時張騫出使西域開始繁榮，開啓了中西方最初的商貿、文化交流。時至今日，經歷了上千年的風風雨雨，絲綢之路已成為中西交流的一種象徵。

絲路路線

「絲綢之路」有廣義和狹義兩種內涵。廣義的絲綢之路泛指古代中國與西方進行貿易往來的通道，既有陸上的，也有海上的；既有直接向西進發的，也有向東、南、西南等方向出發的。狹義的絲綢之路則專指武帝時由張騫開闢的連通西域的陸上交通線。這裡所說的絲綢之路使用的主要是狹義的概念。

這條商路雖然早已存在，但它的命名卻是在近代。一八七七年，德國地理學家李希霍芬（Ferdinand von Richthofen）在《中國》一書中，將張騫開闢的橫貫東西的陸上交通線命名爲「絲綢之路」，指「從西元前一一四年（張騫第二次出使西域之後）到西元一二七年間，連接中國與河中（中亞地區）以及中國與印度，以絲綢貿易爲媒介的西域交通路線」。一九一〇年，德國史學家赫爾曼（Albert Herrmann）提出，應該把絲綢之路的西端進一步延伸到敘利亞。在中國的漢代，敘利亞曾屬於羅馬帝國。也就是說，中國在漢朝時與西方的交流已經到達了羅馬帝國。

商旅圖

此幅壁畫見於敦煌莫高窟第二百九十六窟，表現的是商旅在乾旱的絲綢之路上到達驛站水井時的熱鬧場面，反映了絲綢古道上東西交往的風貌。

之所以用「絲綢之路」來命名這條中西貿易路線，是因爲在西方人看來，絲綢幾乎就是中國的象徵。中國是世界上最早開始種桑、養蠶、生產絲織品的國家。到漢代時，絲綢的生產技術已經達到了非常高的水準。古希臘羅馬人用「賽里斯」（Seres，源自漢語中「絲」字的發音）一詞來稱呼中國，而這個詞的意思就是「絲之國」。在中西方的早期貿易交流中，絲綢還是最重要的商品之一。

武帝時，張騫兩次出使西域，歷經千辛萬苦，終於打通了漢朝與西域諸國之間的通道。此後，武帝曾派出大量使者前往西域。他們去的時候都帶著大批漢朝產品，回來時帶來大量西域特產，促進了中西方商品的交流。

不過在當時，西行是一件冒險的事。人們需要帶著大量金銀財物穿越草原和沙漠，還要提防強盜和匈奴人的掠奪。武帝之後，宣帝神爵二年（西元前六〇年），爲了保障絲綢之路上的安全，並加強對西域的控制，漢朝在西域設立了直接的管轄機構——西域都護府，配備專門的官員管理西域事務，其中包括中西商貿事務。有了安全保障，絲綢之路上的貿易往來日益繁榮。

漢代絲綢之路的路線大致是這樣的：從長安（今西安）出發，向西經過渭河流域、河西走廊、敦煌，出玉門關、陽關，這樣就進入了古代的西域地區。張騫第一次出使西域時，在路上被匈奴人抓住，於是回來的時候換了條路線。後來，人們把他去時候的路稱爲「北道」，回來時候的路稱爲「南道」。

這兩條路線所經的地區大致如下。北道：出玉門關，沿著塔克拉瑪干沙漠的北邊向西走，經過車師前王庭（今吐魯番西）、烏壘（今輪台東）、龜茲（今庫車）、姑墨（今溫宿）、疏勒（今喀什），越過蔥嶺，通往今天的俄羅斯、阿富汗、伊朗、伊拉克、敘利亞，最後到達地中海地區。南道：出陽關，沿著塔克拉瑪干沙漠的南邊向西走，經過鄯善（今若羌）、精絕（今民豐北）、拘彌（今於田東）、于闐（今和田南）等地，越過蔥嶺，經過西亞，最終到達今天的伊斯坦堡，也就是古代東羅馬帝國的都城。

絲路向西

絲綢之路促進東西方的經濟、文化交流甚巨。中國透過這條路向西方輸出的物品中，最重要的當然是絲綢。漢代時，中國人育蠶、製作絲綢的技術已經達到了極高的水準。據專家考證，漢代生產的蠶絲的直徑可以微至〇．〇二公釐至〇．〇三公釐，連現在的技術也無法達到這種程度：中國近代廣州生產的蠶絲直徑約爲〇．二一八公釐，近代日本生產的約爲〇．二七三公釐，法國約爲〇．三一六公釐。一個著名的例子是長沙馬王堆漢墓出土的素紗襌衣（紗是古代絲綢的一種），整件衣服重量只有四十八公克，薄如蟬翼，製作精美至極。這充分表現出漢代絲綢製品做工的專業水準。

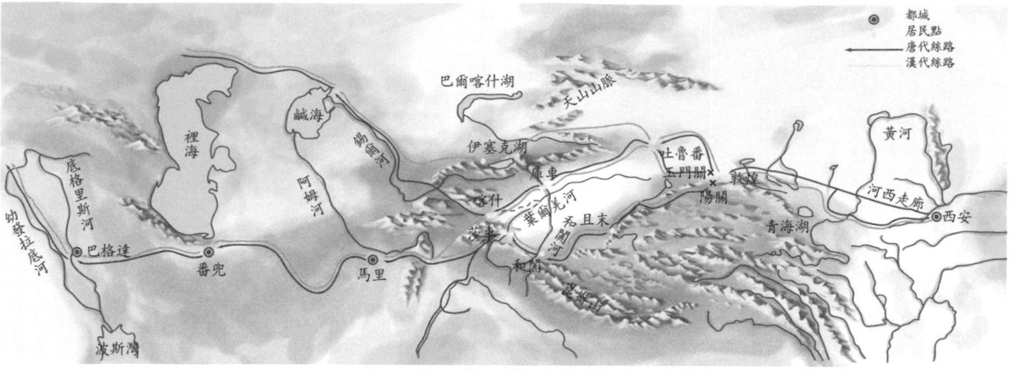

絲綢之路路線圖

在這條絲路上，各國使節頻繁往來，隨之而來的商旅、僧侶絡繹不絕。

來自中國的絲綢在西方受到了廣泛歡迎，其中古羅馬人對絲綢的狂熱就是一個最好的例子。古羅馬市場上絲綢的價格曾經達到每磅約十二兩黃金的天價。凱撒大帝有一次穿著絲綢做的衣服去劇場看戲，全場人都對這件衣服的精美華麗驚歎不已，於是競相效仿。古羅馬的貴族婦女紛紛以穿絲綢衣服爲榮，並以此作爲自己地位的象徵。由於絲綢價格高昂，導致大量黃金外流，加上女人們穿的絲製衣服有些透明，被視爲有違道德，古羅馬的元老院還曾下令禁止人們穿絲衣。不過，這正好說明了絲綢在當時的流行現象。

除了絲綢之外，中國的一些先進技術也經由絲綢之路傳到了西方。例如冶鐵技術。據《漢書・西域傳》記載，西域各國本不會鑄造鐵器，一直到漢朝使者來到西域，再加上一些投降西域的漢人，才慢慢教會他們鑄造、用鐵做兵器。另外，武帝時，貳師將軍李廣利第二次率兵攻打大宛，利用斷絕水源的方式圍困大宛都城，但後來大宛軍官來與漢軍談判時，聲稱已經找到了會鑿井的漢人。這說明鑿井技術是由中原帶到西域的。

經濟交流也帶動了政治交流。東漢時，班超曾派甘英出使大秦，也就是古羅馬帝國。甘英到達了今日的波斯灣。然後，在一六六年，大秦也派使臣來到洛陽，這是中國與歐洲國家的首次直接來往。

絲路向東

透過絲綢之路，不僅中國的商品和技術傳到了西方，西方的許多珍奇之物也向東傳到了中國。

在植物方面，葡萄、苜蓿和石榴是典型的例子。葡萄本是大宛國的特產，《史記》中記載，大宛人用葡萄釀酒，富裕的人家藏酒達萬餘石，這些酒可以存放許多年而不變質。大宛人喜歡喝葡萄酒，當地的馬吃苜蓿。漢朝使者從大宛回來時，帶回了葡萄和苜蓿的種子，於是武帝就下令在肥沃的土地上種植葡萄和苜蓿。

石榴也產自西域，它在古希臘神話中就出現了，被稱爲「忘憂果」，據說吃了它之後就能忘記過去的種種煩惱。荷馬（Homer）的史詩《奧德賽》（The Odyssey）中就曾記載，特洛伊戰爭結束後，奧德修斯帶著部隊返回故鄉，途中經過忘憂果之島，軍隊中的三名水手吃了忘憂果——也就是石榴之後，連家都不想回了，只想一直待在這個島上。最後，奧德修斯只得把他們捆綁在桅桿上，才勉強帶著他們回到故鄉。石榴是張騫出使西域時帶回來中國的。

在動物方面，最有名的當然是汗血寶馬。這種馬來自大宛國，武帝爲了得到牠們，不惜發動戰爭，派貳師將軍李廣利兩次討伐大宛，終於帶回了被稱爲「天馬」的汗血寶馬。另外，鴕鳥（古代稱大鳥）也是在漢代傳入中原。《史記》記載，安息國派使臣來漢朝時，送來了大鳥卵，也就是鴕鳥蛋。武帝還曾下令在太液池中放置許多動物的雕像，其中就有大鳥。

另外，西域的一些樂器也藉著絲綢之路傳入中土。例如箜篌就是武帝時從西域傳入中原。宮廷樂師李延年經常根據西域的曲調創作出一些新曲子，在宮廷中演唱，大受歡迎。

除此以外，西域的芝麻、蠶豆、地毯、氈子、大秦珠、琥珀、魔術等，也紛紛經絲綢之路傳入漢朝，使漢人大開眼界，進一步加深了中西方之間的瞭解。

漢代是絲綢之路的開創期和最初繁榮期。在其後的歷史中，絲綢之路幾經繁榮，又幾經衰落。到了今天，狹義的絲綢之路已經幾乎廢棄，但廣義的中西交流之路卻已大開。武帝通西域、開絲路的創舉，意義可謂非凡。

駝隊

這是一幅刻在野外岩石上的巖畫，作者已不可考。石上有兩匹駱駝清晰可辨，背上馱有貨物；中間有一位趕駝人，似乎正在吆喝引導駝隊，他身後一犬正奔走於駝隊之間。

漢武通西南

除了北方的匈奴、南方的越國，武帝還積極發展與西南夷之間的關係，使以夜郎、滇國為首的西南諸國臣服於漢朝，將大漢的威望進一步擴展到周邊國家。

夜郎設郡

西南夷包括許多小國家，其中勢力最大的是夜郎和滇國。關於夜郎國，有個眾所周知的成語叫「夜郎自大」，用來比喻某個人坐井觀天、視野褊狹。它的來源就與這個漢朝西南方的夜郎國有關。元狩元年（西元前一二二年），武帝派出的漢使到了夜郎國，夜郎國國君不瞭解漢朝的廣袤，問使者：「漢朝與我們夜郎國，哪個大？」可見他們偏安一隅，消息閉塞。

建元六年（西元前一三五年），漢朝派王恢攻打東越，東越人殺死了他們的國王郢，以求和解。王恢便派出番陽令唐蒙出使南越，想趁勢使南越也歸附漢朝。唐蒙到南越後，南越人拿蜀地出產的枸醬來招待他。唐蒙問這是哪兒來的，南越人說是從西北邊的牂牁江來的。唐蒙回到長安後，向來自蜀地的商人打聽詳細的情況。商人說：「只有蜀地才出產枸醬，很多當地人拿枸醬到夜郎去賣。夜郎靠近牂牁江，江面很寬，足夠行船。南越用財物收買了夜郎。」聽到這裡，唐蒙就向武帝上奏說：「南越疆域廣闊，名義上對漢稱臣，實際上卻是一州的君主。如果從長沙、豫章前去攻打南越，水路不通，難以前行。我聽說靠近牂牁江的夜郎國擁有精兵十萬，如果漢軍乘船從牂牁江漂流而下，趁南越不備而攻之，這是制服南越的一條奇計。」唐蒙建議在夜郎設郡，以便漢軍通過夜郎攻打南越。武帝同意了唐蒙的建議，任命他做郎中將，率領一千名士兵及一萬多名攜帶糧食輜重的士卒前往夜郎，會見夜郎侯多同，多同同意唐蒙在夜郎設郡。於是，武帝下令將夜郎設爲犍爲郡。

西漢．吊俘矛

此青銅矛出土於雲南晉甯石寨山，可能是滇人使用的儀仗用具。矛葉下角以鎖鏈懸吊著兩個俘虜，俘虜赤身裸體，低垂著頭，長髮下披，雙臂倒剪在背後，綁縛的雙手懸吊在鎖鏈上。

夜郎設郡之後，西南夷的許多小國也紛紛接受漢朝的恩賜，同意接受漢朝的管理。武帝曾派司馬相如以郎中將的身分到西南去，使邛、筰等國家也歸附於漢朝。

滇王稱臣

滇國的開國君主是戰國時楚國的將軍莊蹻。他率領楚軍征服了滇池附近縱橫幾千里的土地，本想回國報告楚王，但恰逢秦國攻佔了原屬於楚國的巴郡、黔中郡，莊蹻沒法回國，於是返回滇池地區，自封爲滇王。

西漢．納貢場面貯貝器

器身上築有立體人物一周，人物呈行進狀，可以分為七組，為首一人盛裝帶劍或披氈，其後跟隨負物或牽牛、羊、馬的從者，表現的是滇王統率下的各民族來向滇王進貢或獻納的情景。此器出土於雲南晉甯石寨山。

張騫第一次出使西域回來，曾向武帝建議開闢從身毒國（印度）前往西方的道路。武帝派出許多人向西南方進發，尋找身毒國。這些使者到了滇國，滇王嘗羌把他們留下來，派了十多批人爲他們尋找西行的道路，但最終沒有找到。

南越反叛時，武帝派軍以犍爲郡（夜郎）的名義調集南夷國家的軍隊去討伐南越。且蘭國的國君擔心自己的軍隊被調走後，附近其他國家會趁機攻打自己，就背叛了漢朝，殺死漢朝的使者和犍爲郡的太守。漢朝於是派兵進攻且蘭，殺死且蘭王，平定叛亂，並設牂牁郡。當南越的叛亂也被平息後，西南夷諸國都看到了漢軍的威力，不敢再恣意妄爲，紛紛向漢朝稱臣，請求設郡。於是，漢朝在西南又設了越西郡、沈黎郡、汶山郡和武都郡。

滇王擁有幾萬人的軍隊，他附近有勞寖、靡莫兩國，與滇王同姓，他們經常勸說滇王不要歸順漢朝。勞寖和靡莫也曾多次攻擊漢朝的使者和官兵。元封二年（西元前一〇九年），武帝調派巴蜀兩郡的軍隊消滅了勞寖和靡莫，逼近滇國。因爲滇王曾幫助過漢朝的使者尋找西行的道路，所以漢軍沒有殺滇王。滇王沒有退路，就向漢朝投降，並入朝拜見了武帝。武帝將滇國設爲益州郡，並賜給滇王王印，讓他依然統治他原來的人民。就這樣，武帝確立了漢朝在西南方的控制權。漢朝的版圖進一步擴大了。

張湯和他的家族

武帝繼位後，一方面推崇儒學，提倡儒家的「仁愛」治國；另一方面也推崇法治，為國家制定出嚴格的律法，並因此培養出一批執法嚴格的法官，也就是酷吏，張湯就是其中頗具代表性的一位。

審判老鼠

張湯從小就表現出法吏之才。他的父親是長安的縣丞，有一天要出門，就讓張湯好好看家，當時張湯年紀還很小。父親回家後，發現家裡的肉被老鼠偷吃了，很生氣，就用鞭子狠狠地打張湯。張湯覺得是可惡的老鼠害自己挨了打，於是決定向老鼠討公道。他找到家裡的老鼠洞，把罪魁禍首老鼠和剩下的肉都挖了出來，然後按照司法程序斷案審判，先列舉出老鼠的罪行，然後審問、拷打、記錄供詞，並反覆進行審問，直到覺得案件已經釐清，就當堂宣布判處老鼠死刑。張湯的父親無意間看到了這一幕，又看到張湯所寫的判決文書條理清晰，引證律法得當，幾乎與斷案多年的熟練官吏不相上下，大吃一驚，於是開始讓他學習律法知識。父親去世後，張湯開始在長安做官，當了很久的小官吏。

周陽侯田勝曾經被關進長安監獄，張湯竭盡全力把他救了出來。田勝出獄後，爲了感謝張湯，把他引薦給許多權貴人物。張湯的仕途逐漸順暢起來，再加上他確實有出色的法律才能，於是步步高陞。

田蚡任丞相時，經常向武帝推薦張湯，並讓他經手處理了許多重要的案子。原皇后陳阿嬌用巫蠱術詛咒衛子夫的案子，就是武帝派張湯去查辦，阿嬌在此案中被廢黜了皇后之位，並打入冷宮。武帝對張湯辦的這個案子很滿意，就把他升爲太中大夫，不久又升爲廷尉。張湯執法非常嚴格，所以被稱爲「酷吏」。他和另一位性情相似的同事趙禹一起，爲漢朝制定

西漢・彩繪陶儀仗俑

此件陶俑為江蘇徐州北洞山楚王墓中的陪葬品。墓中埋葬的楚王為西漢楚國第五代楚王劉道，墓葬絕對年代為武帝元光六年（西元前一二九年）或稍晚。

了各式各樣嚴酷的法律，在執法時毫不留情，刻意使用嚴法來管束官員。

天子腹心

張湯逐漸得到了武帝的重用，而他也非常瞭解如何討好武帝。當時，武帝正對儒家思想有濃厚的興趣，張湯就用儒家學說來解釋一些法律條文。如果有需要向武帝稟報的案件，他就先為武帝分析案情，記下武帝提的意見，把武帝認為是對的地方作為判案的依據。如果武帝指責他哪裡做得不對，他就馬上認錯謝罪，並列舉一些賢能的官員，自責說：「他們早就向我提過相似的意見，我卻沒有聽進去，我真是太愚蠢了。」武帝看他這麼誠懇地反省，往往就原諒了他。

在審理案子的時候，他也會暗自揣摩武帝的意思。如果覺得武帝想要嚴辦，就派一些執法嚴酷的官吏來處理；如果覺得武帝想要從寬處理，就把案子交給一些執法平和的人來辦。這樣，慢慢地，武帝覺得張湯總是能瞭解自己的心意，就愈來愈重用他，把他升為御史大夫。

張湯善於利用律法來打擊豪強勢力，借助嚴格的執法來穩定國家的局勢。例如，匈奴渾邪王來投降後，漢軍藉機大舉進攻匈奴，戰爭耗費了國家大量的財力。而這時，山東又恰好發生了水災和旱災，災區的百姓流離失所，需要政府救濟，國庫一時吃緊。於是，張湯奉武帝的旨意頒布法令，鑄造銀錢和五銖錢，使國家壟斷鹽和鐵的經營權，以此打擊富商，增加政府的收入。由於他執法嚴格，遇到不合法令的事必定嚴懲不貸，所以律法往往能產生有利的效果。武帝由此更加重視他。

張湯審鼠石像

張湯之死

張湯執法嚴酷，又善於媚上，因此得罪了不少人。一個叫李文的人曾經跟張湯結怨，於是經常尋找張湯的把柄，用來攻擊張湯。張湯對此非常惱怒。張湯有個下屬叫魯謁居，知道了這件事，就指使另外一個人向武帝呈上一封緊急奏章，揭發李文做的壞事。武帝把這個案子交給張湯審理，於是張湯藉機除掉了李文。他知道這件事是魯謁居策畫的，但當武帝詢問時，他卻故作驚奇地說：「這大概是李文的門客跟他有仇才這樣做的吧。」後來，魯謁居生病了，住在鄉下，張湯親自前去探病，甚至為他按摩腿腳。

趙王曾經因為張湯執法嚴格、打擊商賈的事與張湯結仇，便尋機想報復他。得知了魯謁居的事，於是向武帝上書說：「張湯是地位很高的大臣，魯謁居只是個小吏，但張湯卻幫魯謁居按摩腿腳，他們一定做了什麼不可告人的事。」武帝派廷尉調查這件事。沒過多久，魯謁居病死了，他有個弟弟受到牽連，被關押在導官署。張湯正好到導官署辦事，看到魯謁居的弟弟，為了不惹麻煩，便假裝沒看見，打算偷偷想辦法救他。但魯謁居的弟弟以為張湯想要逃脫責任，心裡怨恨他，就向武帝告發，說張湯和魯謁居共同策畫誣告李文。武帝又派官員減宣處理這件事。減宣也曾與張湯有仇，就開始進行詳細的調查。

正在這個時候，文帝的陵墓被盜了。當時的丞相莊青翟跟張湯約好一起到皇上面前請罪。等到了武帝面前，張湯卻反悔了，覺得定期巡視皇家陵園是丞相的職責，跟自己沒有關係，於是就拒絕謝罪。這樣一來，張湯又得罪了丞相。

跟張湯有仇的還有三位長史：朱買臣、王朝和邊通。他們原來都比張湯的職位高，但後來張湯得寵，對待他們就非常傲慢，這使他們很不滿，也想伺機報復。這三個人和丞相莊青翟商量說：「張湯原來和你約好一起向陛下謝罪，接著又出賣了你，這是想藉機打壓你，好取代你的位置。我們得知一些張湯做的不法之事，可以用來打擊他。」於是，他們一起向武帝上奏，說張湯與商人田信勾結，在一些有關商業的法令頒布之前，事先偷偷告訴田信，讓他囤積貨物，然後牟得暴利，張湯就跟他分贓。

武帝聽了，就把張湯叫過來問，說：「我想做的事，商人們好像事先就知道，於是就及時囤積貨物，像是有人把我的想法告訴了他們似的。」張湯驚訝地說：「一定是有人這樣做了。」這個時候，減宣也向皇上彙報說張湯與魯謁居共謀陷害李文。於是，武帝開始懷疑張湯，派人審訊他。張湯堅持說自己是被誣陷的。他知道武帝已經不再信任他了，就寫信給武帝：「我張湯沒有一點功勞，當初只是一個小吏，承蒙陛下寵幸，讓我做了高官。但我確實是被那三個長史所陷害。」然後張湯就自殺了。

張湯死後，他家裡的財產只有五百金，都是俸祿和皇上的賞賜，沒有別的所得。他的兄弟子侄想要給他辦個隆重的葬禮，但被他的母親拒絕了，說：「張湯被謠言陷害致死，怎麼能厚葬呢？」於是就讓人用牛車拉著棺材，簡單地安葬了。武帝聽說了

腹誹之法

張湯有時把私人恩怨也滲入到法令之中，造成冤案，其中最典型的例子，當屬用「腹誹」之罪處死了顏異。

顏異當初是大司農，也就是管理國家財政的官員。當時，朝廷發行了一種用白鹿皮製作的昂貴貨幣，價值四十萬。武帝詢問顏異的意見，顏異覺得這種皮幣很不實用，武帝聽了不太高興。張湯原本就與顏異不和，又一向善於察言觀色，自然把武帝的反應銘記在心。後來，張湯聽說有一次顏異與客人聊天，客人談到最近頒布的一些法令時表達了一些不滿，顏異聽了，沒有說話，只稍微動了動嘴角。張湯便抓住這一點，向武帝上奏說：「顏異身爲重臣，發現法令有不妥當的地方，不向朝廷稟告，卻暗自在心裡咒罵，按律當處以死刑。」這就是說，顏異雖然沒說話，但卻在肚子裡誹謗朝廷的政策，也就是所謂的「腹誹」。這個判斷的邏輯是很荒唐的，但武帝竟然同意了張湯的判斷。從此，腹誹之法使得大臣們人人自危，都開始阿諛奉承，討武帝的歡心。

這件事，感慨道：「沒有這樣的母親，就生不出這樣的兒子。」於是他相信張湯是被誣陷的，又重新追究這件案子，處死了那三個長史，丞相莊青翟自殺。武帝爲了彌補張湯，便重用他的兒子張安世。

張氏家族

張湯死後，他的許多子孫在漢朝依然受到重用，張氏家族成爲漢代頗有勢力的非外戚家族。張湯的兒子張安世被昭帝封爲富平侯，宣帝時又被封爲大司馬，掌握兵權。

張安世爲官謹慎廉潔。有一次，他推薦一個人做官。那個人登門拜謝，張安世非常生氣且不安，認爲推舉賢能之人是分內之事，不可以接受私下的感謝，於是從此再也不接受這類感謝式的拜訪。還有一次，有個人覺得自己功勞很大，但總升不了官，就來向張安世毛遂自薦，請他幫忙。張安世對他說：「如果你眞的勞苦功高，陛下自然會知道。做臣下的怎麼能自己說自己的優點呢？」

張安世年老病危的時候，向宣帝上奏，請求撤銷自己的爵位，辭官告老還鄉。宣帝捨不得讓他走，對他說：「您是先帝時的大臣，對國家貢獻很大，我有什麼不懂的地方還要請教你。你現在請求撤銷爵位，是不是埋怨我怠慢了你？希望你能保重身體，好好治病，我還要指靠你呢。」張安世於是繼續在朝中爲官，直到去世。

張安世死後，他的子孫張延壽、張勃、張放等都在朝中得到重用，其中張放與成帝的關係非常親密。班固說，漢朝建立以來，被封侯者有數百人之多，但能長久保持自己的封號、長時間受到寵信的卻很少，都比不上張氏家族。可見，張湯和他的家族在漢朝的地位確實非同一般。

漢廷酷吏

武帝一方面弘揚儒學，提倡德治；另一方面重用酷吏，強化法治，這顯示出武帝全方位的治國方略。不過，嚴苛執法固然對保障社會穩定有一定的作用，但同時過於苛酷的律法也容易物極必反。

啓用酷吏

漢朝初年，爲了恢復生產，使百姓休養生息，漢朝政府主要採用「無爲而治」的治國方針，法網疏鬆。這種政策有利有弊，一方面減輕了百姓的壓力，另一方面也縱容了不軌之徒。因此，景帝之時，雖然仍以無爲之治爲主，但也間或啓用一些執法嚴苛的酷吏，以維護地方秩序，或達成某些特殊目的。

景帝時有一個著名的酷吏名叫郅都，他執法剛正不阿，從來不避諱皇親國戚，人送外號「蒼鷹」。濟南有一個大家族瞯氏在當地勢力很大，稱霸一方，把濟南郡搞得烏煙瘴氣。景帝就把郅都派去做濟南太守。郅都一到任，就拿瞯氏開刀，捕殺瞯氏家族裡的作惡者。郅都到濟南一年多後，濟南的治安環境大大改善。

景帝廢前太子劉榮、立劉徹爲太子之後，一直想要鞏固劉徹的地位，翦除隱患。恰逢劉榮涉嫌侵佔宗廟土地，於是景帝就特意派郅都前去追究。劉榮畏懼郅都，竟然選擇自殺。這也是景帝刻意使用酷吏，以達成特定政治目的的表現。

武帝即位後，一改「無爲」的作風，一方面倡導儒學，一方面強化法治。武帝本人就非常有法治的意識。武帝的妹妹隆慮公主臨死前把自己的兒子昭平君託付給了武帝，希望將來如果昭平君犯了死罪，武帝能赦免他。武帝面對垂危的妹妹，不忍拒絕，就答應了。後來，昭平君殺了人，按律當斬。大臣們都拿隆慮公主臨終遺言來爲昭平君說情，但武帝最終還是忍痛殺了他。

西漢・銅燈

西漢時期的青銅器以日常生活器物為主。

爲了強化法治，武帝下令制定一整套嚴謹、縝密的法律條文。張湯和趙禹奉命共同制定律法，而這兩個人刻意將法令規範得非常嚴格，乃至嚴酷。例如，僅死罪一項下面就有四百零九條劃分精細的不同類型的罪名，而法典中收錄過去的死刑案例就達一萬三千四百七十一件。

有了法律，自然要有執法之人。於是，武帝培養並啓用了一批酷吏，如張湯、寧成、王溫舒、義縱、杜周、周陽由、尹齊、楊僕、減宣等人。

西漢・雙龍出廓飾璧

古文獻記載了六種「瑞玉」：璧、圭、璜、琥、琮和璋，是禮儀上使用的玉器。至漢代時，只有璧和圭繼續作為禮器使用。

酷吏之功

武帝啓用酷吏作爲維護王權的工具，確實收到了效果。例如，武帝不滿原皇后陳阿嬌與其母館陶長公主的囂張跋扈，就派酷吏張湯去審理陳皇后巫蠱案。張湯鐵面無私，深究嚴查，把涉案人員一網打盡。武帝於是廢除阿嬌的皇后之位，將她打入冷宮。自從這個案子以後，武帝更加重視酷吏的作用。

酷吏也爲武帝打擊了地方豪強勢力。例如，爲了打擊河內郡的豪強，武帝任命酷吏王溫舒爲河內太守。王溫舒在用人方面很有一套，他專門選擇那些性格暴烈的人做助手，這些人往往都犯有隱祕的重大罪行，王溫舒掌握了這些罪行，以此爲把柄來控制他們，派他們去抓捕盜賊。如果他們中間有誰抓住了王溫舒想抓的人，這個人的罪行就不會被追究；而如果有誰不盡力辦案，王溫舒就用他掌握的把柄處死這個人，並滅掉這個人的家族。透過這種手段，王溫舒牢牢控制了他的手下。

王溫舒到河內上任時，命人準備五十匹私馬，從河內到長安設置了密集的驛站。他命令手下的人毫不留情地抓捕河內郡的豪強，在短時間內將郡中豪強全部捕獲。王溫舒向武帝上書，請求將這些人之中罪行大的滅族，罪行小的處死，而且沒收家裡的全部財產。這份奏摺剛送出去兩三天，武帝的批准文書就到達了，河內人都驚歎王溫舒辦案效率之神速、公文往返之迅捷，原來這就是他設置驛站的目的。處決了所有的犯人之後，血流成河，一直流了十多里遠。

武帝還利用酷吏來打擊意圖不軌的諸侯王。淮南王劉安一直蓄意謀反，當陰謀敗露後，武帝派酷吏減宣來審理淮南王謀反案。減宣明瞭武帝想要徹查嚴辦的心思，就盡力挖掘法律條文的枝微末節，甚至不惜毀謗。最終，淮南王自殺，他的王妃、兒子及許多門客都被滅族，淮南國也被廢爲郡。武帝稱讚減宣敢於判決疑難案件，可見，他是有意藉由酷吏來打擊諸侯勢力，以維護中央集權。

酷吏之弊

雖然酷吏對維護王權和地方穩定確實頗有成效，但弊端卻也十分明顯。酷吏們雖然執起法來毫不留情，但有時也不免主觀臆斷，扭曲律法以迎合武帝。酷吏杜周就是一個顯著的例子。他特別善於揣度武帝的心思，判決案件都以武帝的喜好爲依據。如果是武帝想要壓制的人，他就千方百計地重判，甚至陷害；如果是武帝想要寬大處理的人，他就把案子壓下來，尋找機會爲這個人開脫。有人曾經爲此批評他說：「陛下要你公平斷案，你卻不遵守律法，事事按照陛下的意思來審理案件，這是一個官吏該有的樣子嗎？」

杜周辯解說：「律法是怎樣產生的？正是以前的國君認爲是對的，就寫下來成爲當時的法律；後來的國君認爲是對的，就再寫下來成爲這個時候的法律。所以說現在的法律只要符合現在國君的意思就行了，爲什麼一定要按照古代的律法來斷案呢？」

一旦法令過於苛酷，到了百姓難以忍受的程度，就有可能激發犯罪的產生。在某些地區，官吏愈嚴酷，民間的暴力傾向也愈明顯。有的地方，幾千人結成團夥，自立名號，攻擊當地政府，掠奪兵器，搶奪糧食，劫走犯人，殺死官員，勢同叛亂。朝廷愈是鎮壓，反抗就愈激烈，以致於朝廷不得不頒布「沉命法」，規定地方上如果出現這樣的群盜，而官員卻沒有

西漢·持傘銅俑

此俑髮型為滇族特有的「髻椎」，俑的手中持一把懸掛著十二只銅鈴的大傘，很明顯是一位在主人身後執傘的奴隸。一九五六年雲南晉寧石寨十三號墓出土。

發現，或者發現了卻沒有抓到規定數額的盜賊，當地的有關官員都要被處死。這樣一來，地方官員人人自危，即使發現了盜賊也不敢上報，怕抓不到足夠的人，惹禍上身。如此一來，盜賊就更加猖獗，而地方官員則欺上瞞下，玩弄律法。

武帝晚年，由於長時間的嚴苛法令使民間苦不堪言，而常年戰爭、興建宮殿樓台、封禪大典等活動又使得國家開銷過大，人民負擔加重，導致漢朝社會動盪、政局不安，最終引起巫蠱之禍的宮廷悲劇。製造巫蠱之禍的罪魁禍首江充也頗有酷吏的「風範」。他與一幫爪牙在民間肆意製造冤案，用嚴刑拷打逼供，導致數萬人冤死。峻法和酷吏的弊端在武帝晚年臻於極致。幸好武帝及時悔悟，重新改革，才「有亡秦之失，而免亡秦之禍」。

以暴制暴並不是維護社會穩定的根本辦法。孔子說：「導之以政，齊之以刑，民免而無恥。導之以德，齊之以禮，有恥且格。」意思是說，如果一味地用嚴刑峻法來引導和規範黎民百姓，那麼百姓即使能免於犯罪，也不會有羞恥之心；只有用高尚的德行來教化百姓，用良好的禮儀來作爲人民的行爲規範，人民才會產生羞恥之心，並且會自覺地向善。一個英明的君主必須在禮與法之間尋求恰當的平衡點，武帝在他的執政生涯裡也不停地探索這個平衡點。

西漢・六山紋鏡

西漢・銅鏡

銅鏡為古代照面的用具，一般為圓形，照面的一面磨光發亮，背面大多鑄文字和花紋。此件銅鏡的背面為彩繪。

主父偃與推恩令

自從漢初恢復了秦朝廢除的分封制，日益膨脹的諸侯勢力就成為漢朝中央政權的一大威脅，甚至發生過諸侯叛亂的事件。武帝採用主父偃提議的推恩令，將諸侯的封地進一步分裂，進而削弱了單個諸侯的勢力。

相見恨晚

在遇到武帝之前，主父偃一直是個鬱鬱不得志的人。主父偃爲齊國人，家境貧寒。他早年學習縱橫家的理論，後來又學習《周易》、《春秋》和諸子百家的學說。當他在齊地的儒生中間遊學時，沒有人看得起他，甚至遭到排斥，不得不離開家鄉。後來，他來到北方的燕國、趙國等地學習，但還是受到別人的排斥。

元光元年（西元前一三四年），主父偃來到長安，想投靠達官貴人，但依然被拒於門外。於是，他乾脆直接上書武帝，陳述自己對一些政事的看法。他早上把奏摺送進皇宮，傍晚時分，武帝就召見了他。他在奏摺上總共談了九件事，其中八件是關於法律，一件則是關於攻打匈奴。主父偃反對與匈奴作戰，認爲兵器是不祥的凶器，戰爭是最下等的行爲，君王只要一發怒，就一定會造成屍橫遍野、血流成河的局面。武帝當時正在醞釀對匈奴的政策，看到這樣的奏摺非常欣賞。雖然武帝內心更傾向於攻打匈奴，但主父偃仍讓他感到相見恨晚，感歎道：「你原來在哪裡？我們爲什麼這麼晚才相見啊！」於是，武帝任命主父偃爲郎中，後來又提升爲謁者、中大夫，一年之中陞官多次。

推恩削藩

主父偃是藉由「推恩令」三個字眞正登上歷史舞台。要弄清楚推恩令，必須從諸侯分封制說起。

周朝實行諸侯分封制，也就是把國家的土地劃出一部分給皇家子弟，成爲他們的封國，以作爲屏障來護衛王室。但是東周以來，諸侯紛爭，分封制反而成了國家分裂的源頭。所以，秦始皇統一天下後，廢除分封制，在全國範圍內推行中央直接管理的郡縣制。漢朝建立後，又恢復了分封制，但對各諸侯的勢力顯然有所防範。景帝時，諸侯王勢力強大，成爲中央政權的潛在威脅。御史大夫晁錯力主削藩，即削減各諸侯王的土地，進而削弱他們的勢力。晁錯的建議剛一出爐，就遭到諸侯們的強烈反對，吳、楚等七個諸侯國以「誅晁錯、清君側」爲名，起兵叛變，這就是「七國之亂」。景帝爲了平息叛亂，只好將晁錯斬首。

到了武帝時，諸侯的勢力愈加龐大，武帝也深深地意識到削藩的重要性。但有七國之亂的教訓在先，他不敢輕易採用強硬的手段來削減諸侯的封地。怎麼辦才好呢？就在這時，主父偃爲他獻上了一條妙計。

主父偃說：「古代的時候，諸侯的土地大小不超過方圓一百里，朝廷容易控制他們。現在，有的諸侯擁有幾十座連綿不斷的城市，土地縱橫千里，平時就非常放肆，經常做一些驕奢淫逸的事情；如果遇到對自己不利的危急情況，他們就會聯合起來反叛朝廷。如果陛下頒布法令，強行削減他們的土地，那麼他們的反叛之心就會被激發出來，就會重蹈過去晁錯削藩計畫的覆轍。如今，差不多每個諸侯王都有十幾個兒子，但只有嫡長子才能繼承他的封地和爵位，而其他的兒子們雖然也是他的親生骨肉，卻得不到一點土地，這樣很不利於仁孝之道的發揚光大。陛下不妨下令准許諸侯王把自己的土地分給所有的兒子，讓兒子們都能憑藉土地來被封侯，以此來推廣諸侯王的恩典。這樣一來，那些諸侯的兒子們可以得到他們想要的土地，一定很樂意支持這個計畫；而陛下也可以藉此施加恩德，拉攏與皇室子弟的關係。更重要的是，這樣做實際上就把原來諸侯王佔有的那些面積很大的土地分裂開來，雖然表面上沒有削減他們的土地，但實際卻相當於削了地，也就削弱了諸侯的勢力。」

這眞是一個兩全其美的好辦法，既施恩於人，又能達到控制諸侯王的目的，武帝馬上就同意了。元朔二年（西元前一二七年）春，武帝下詔施

《博古葉子》

主父偃（？至西元前一二六年），齊國臨淄（今山東臨淄）人。此圖見於明代陳洪綬創作的木刻插畫《博古葉子》中，描述武帝採納主父偃的建議，頒布推恩令。

漢兵馬俑
出土於徐州獅子山楚王陵。關於兵馬俑的主人，目前主要有兩種觀點：墓中的楚王是在七國之亂中兵敗被殺的劉戊，或劉戊的前任楚王劉郢客。

行推恩令。詔令上說：「各個諸侯王如果願意推廣自己的恩德，把封地分給自己的兒子們，那麼就分條上奏，朕將親自制定這些新的封地的名號。」果然如主父偃所料，推恩令受到了諸侯王子弟的熱烈歡迎，實施起來非常順利。最後，幾乎所有的諸侯子弟都擁有了大大小小的封地，都被封爲侯爵。當然，武帝也在不知不覺中達到了削藩的目的。透過推恩分地，原先較大的諸侯國被分成了許多小的王國，諸侯王的力量被大大削弱了。武帝還在這些小國之間的關鍵地段設立了許多郡，相互銜接，直接歸中央管理，這樣實際上就切斷了各個小國之間聯合的可能性。於是，漢朝中央政府基本上就控制了所有的諸侯國。

在武帝統治期間，諸侯的勢力逐漸衰敗下去，這與主父偃的推恩令有著直接的關係。

主父偃之死

也許是因爲年輕的時候受人輕視，過了不少苦日子，所以富貴之後的主父偃有些貪財。由於他經常向武帝直言進諫，朝中許多大臣都害怕他這張嘴，於是經常賄賂他，送給他的錢財達到千金。有人勸主父偃說：「你不能太明目張膽了。」主父偃則不以爲然，回答說：「我從年輕的時候開始遊歷，至今已經四十多年了。從前我一直不得志，父母不把我當兒子看待，兄弟不肯收留我，朋友也拋棄我，我困頓的日子太長了。在我看來，大丈夫活著的時候不能吃上五鼎煮的美食，死了以後就會受到被五鼎烹煮的刑罰。我年紀大了，可還有很多沒享受過的東西，所以寧可倒行逆施、橫暴行事。」

元朔二年（西元前一二七年），主父偃向武帝揭發了齊王劉次景在內宮淫亂的事情，於是武帝任命主父偃做齊國丞相。齊國是主父偃的家鄉，到了齊國之後，主父偃把他的兄弟和年輕時候的朋友都召集來，發給他們許多錢財，且不無鄙視地說：「當初我貧困交加的時候，我的兄弟不給我吃的穿的，朋友不讓我進門。如今我做了齊國的國相，你們就跑到千里之外來迎接我。現在我宣布與你們絕交，以後不准你們再進我的家門。」主父偃任齊相後，齊王畏懼自殺了。

主父偃年輕的時候曾在燕、趙等國遊歷，掌握了燕王、趙王的一些把柄。他也曾向武帝揭發過燕王的一些不可告人之事，導致燕王劉定國被判處死刑。現在他又揭發了齊王，這讓趙王很不安。趙王很早就想扳倒主父偃，但當時主父偃還在朝中，受到武帝的重用，趙王不敢有什麼行動。等到主父偃去了齊國，趙王就派人上書給武帝，告發主父偃曾接受諸侯的賄賂，使許多諸侯子弟得以封侯。這時，齊王自殺的消息傳來，武帝非常生氣，認爲是主父偃威脅齊王，導致他自殺，於是把主父偃召回來，送交官吏治罪。主父偃承認曾接受諸侯的賄賂，但否認威脅齊王。其實武帝本來並沒有殺主父偃的意思，但公孫弘與主父偃有私怨，他慫恿武帝說：「齊王自殺，沒有子嗣，齊國只能被廢除爲郡，歸入朝廷。主父偃是這件事的罪魁禍首，陛下如果不殺主父偃，無法向天下人交代。」武帝這才下令將主父偃滅族。

主父偃位高權重的時候，數以千計的人前來投奔他。等到他死了，只有一個名叫孔車的人爲他收屍，不禁令人感慨。

明．崔子忠．伏生授經圖

此圖描繪伏生傳授弟子晁錯今文《尚書》的情形。畫中老者為伏生，伏案書寫者為晁錯。自秦始皇焚書坑儒後，到漢文帝時，除了做過秦博士的伏生，沒有人鑽研《尚書》。但伏生年逾九十，不能遠去京師，於是文帝派晁錯到伏生家中學習。

置滄海朔方郡

武帝劉徹北拒匈奴、通西南夷、征服兩越，將漢朝的版圖一再擴大。此外，他還在東方的朝鮮設立了滄海郡，在北方設立朔方郡，向普天之下宣揚大漢國威。

平定朝鮮

朝鮮在戰國時期曾屬於燕國。秦朝統一天下後，朝鮮位置處於秦東部遼東郡以外，成了一個境外的屬國。漢朝建立後，把朝鮮歸於諸侯國燕國管理。後來，燕王盧綰造反，投奔匈奴。一個叫衛滿的燕國人領著一千多名同黨，向東跑到朝鮮，自立爲王，不再聽從漢朝的指揮。

當時，漢朝剛剛平定天下，無力大舉作戰，收服各方蠻夷，於是就與衛滿約定，承認他是一國之君，但要朝鮮作爲漢朝的藩屬國來護衛漢朝，約束漢朝東部邊境的蠻夷，不讓他們擾亂邊境。如果有蠻夷首領想要到漢朝覲見漢天子，衛滿不能加以阻止。得到漢朝的承認後，衛滿憑藉軍事力量征服周邊其他小國，使朝鮮的力量大大增強，土地面積達到方圓幾千里。

元朔元年（西元前一二八年），朝鮮半島上的另一個小國穢貊的國君帶著二十八萬人歸降漢朝。於是，武帝派彭吳率軍進入穢貊、朝鮮，設立了滄海郡以管理朝鮮半島的事務。

但是，朝鮮王並沒有因此臣服於漢朝。到了衛滿的孫子右渠做朝鮮國王時，他從來不去覲見漢朝天子，周圍的小國如果想去，也加以阻攔。元封二年（西元前一〇九年），武帝派使者涉何向右渠傳達聖諭，右渠也不肯接受。涉何在回國途中殺死朝鮮的一位將軍，右渠很生氣，派人殺了涉何。於是，漢朝與朝鮮正式交戰。

同年秋天，武帝派樓船將軍楊僕和左將軍荀彘二人率軍共同攻打朝鮮，但由於朝鮮採用各個擊破的戰術，兩位將軍都沒能取勝。武帝又派使者去招降。右渠見到使者，磕頭謝

西漢．彩繪鳳鳥紋漆盤

漢代漆器多以黑、紅兩色為主，此件漆盤出土於長沙馬王堆漢墓。

罪說：「我本來是願意投降的，但是害怕兩位將軍欺騙我，將我殺害。現在既然使者來了，我願意投降。」於是，右渠派太子領著一萬多名朝鮮民眾向西渡河，歸順漢朝。但這些朝鮮人都攜帶著武器，在河對岸等待的漢朝使者懷疑他們是想造反，就命令他們不要帶武器。這樣一來，朝鮮太子也覺得漢朝可能是在欺騙自己，便不願意投降了，於是又帶著民眾返國。兩國之間的戰爭依舊持續。

由於楊僕與荀彘不能齊心協力，戰爭進行了很久都無法取勝。一直到元封三年（西元前一〇八年）夏天，朝鮮國內的大臣殺了國王右渠來向漢朝投降，戰爭才結束。漢朝平定了朝鮮，又在那裡設立了四個郡。

漢．陶跽坐俑

中國古代以兩膝著地、臀坐在小腿肚上為跽坐。

置朔方郡

朔方在今日內蒙古自治區東部，是漢匈交界處。設朔方郡的建議是主父偃提出來的，他認爲朔方土地肥沃，外有黃河天塹作爲護衛，對內可以節省轉運軍糧的人力物力，如果在這裡建郡，可以擴大漢朝的疆土，並有利於消滅匈奴。

然而，公孫弘說：「秦朝時就曾徵調三十萬人在黃河以北建築城池，但最終也沒能建成，於是就放棄了。」但武帝內心是傾向於建郡的，於是派朱買臣等人去與公孫弘辯論，列舉了建朔方郡的十項好處。公孫弘連一條建郡的弊端也說不出來，他明白了武帝的心思，就馬上謝罪，轉而支持建朔方郡。

元朔二年（西元前一二七年），衛青與李息率軍攻打匈奴，收復了河南地區（今內蒙古河套附近地區）。於是，武帝下令將這一帶設置爲朔方郡。從此，朔方郡成了漢朝與匈奴國境線上的一個重要邊塞。

武帝曾經視察邊境，帶領十八萬名騎兵到達朔方郡，並派使者郭吉向匈奴宣示軍威。郭吉見了單于，以激將和招降並用的口氣說：「南越王的人頭現在就掛在未央宮的正門上。如今，單于如果要和漢軍交戰，漢朝天子就率領軍隊在邊境等候著。如果單于不敢與漢軍交戰，就應該向漢朝稱臣，何必總是逃跑，躲在這連水草也很稀少的沙漠深處，這也太沒有作爲了吧。」單于聽了大怒，扣留了郭吉，但依然不敢與漢朝直接對抗。

朱買臣得志驕妻

朱買臣的故事頗具戲劇性。他曾經因為貧苦不堪被迫與結髮妻子離異，後來終於受到武帝的賞識，衣錦還鄉，不僅證明了自己的價值，也諷刺了嫌貧愛富的妻子。

朱買臣被休

朱買臣是吳地人，家境貧寒，他既不會耕田，也不會做生意，只能每日砍些柴拿去賣，才有飯吃。朱買臣喜歡讀書，一有時間便坐在樹下看書，甚至挑著柴趕路的時候，也喜歡一邊走一邊大聲地背誦書裡的句子。朱買臣的妻子也跟著他一起擔柴，聽到他背書，覺得很難堪，就多次阻止，讓他不要在路上背書。但妻子愈這麼說，朱買臣就背得愈大聲，好像生怕別人聽不到似的。他的妻子覺得很羞恥，於是求去，也就是要跟他離婚。

朱買臣笑著說：「我五十歲的時候就會富貴起來了，現在已經四十多歲了，你過了這麼久的苦日子，等我富貴以後，一定會好好報答你的。」他的妻子不爲所動，反而惱怒地挖苦他說：「像你這樣的人，最後肯定餓死在路邊的水溝裡，怎麼可能會富貴起來？」朱買臣留不住她，只得眼睜睜地看著她離去。

後來，朱買臣的妻子另嫁他人。朱買臣孤單一人，仍然堅持邊走邊背書的習慣。有一次，他擔著柴從一片墓地經過，正好遇見前妻與新丈夫來上墳。二人看見朱買臣孤苦飢餓的樣子，可憐他，就招呼他過來，給他飯吃，但心裡還是瞧不起他。

幾年後，朱買臣作爲小卒，跟著每年年終進京呈報地方年度考核文書的官吏去了長安。但文書呈上去很久都沒有回音，他們帶的糧食吃完了，無可奈何地淪落爲乞丐，境遇悲慘。

這時，朱買臣遇見同鄉嚴助，嚴助覺得他有才華，就向武帝推薦了他。武帝召見了朱買臣，聽他談論《春秋》和《楚辭》，很欣賞他，就封他做中大夫。這時朝廷正準備建朔方郡，公孫弘反對，武帝就派朱買臣去與公孫弘辯論，講述建朔方郡的好處，並說服了公孫弘。

但此後，朱買臣因犯了小罪，被罷官了。後來，漢朝要攻打東越，朱買臣趁機向武帝上書，陳述從會稽渡海進攻的計策。武帝同意了，於是任命朱買臣爲會稽太守，先到那裡做戰前的準備工作。

衣錦還鄉

武帝知道朱買臣是吳地人，而會稽就在吳地，於是特意封他做會稽太守。朱買臣感謝武帝的恩典，滿心歡喜地準備衣錦還鄉。

當初他被罷官後，曾經寄住在京城的會稽會館，讓看守會館的人供他飯吃。當被提升爲會稽太守後，他穿著以前的舊衣服，把太守綬印揣在懷裡，步行來到這個會館。當時，會館裡的人正圍在一起吃飯，沒有人抬頭看朱買臣一眼。朱買臣走進裡面的屋子，像從前一樣與看守會館的人一起吃飯。吃飽喝足後，他裝作不經意地露出一點懷裡的太守綬印。看守會館的人看見了，覺得奇怪，就上前從朱買臣懷裡把綬印拿出來仔細看，發現果然是眞正的會稽太守印。他大吃一驚，趕緊告訴其他人，但大家都醉意朦朧，根本不信。看守會館的人說：「不信的人可以來看看。」於是，有一位向來看不起朱買臣的人就進屋來，親眼看到了太守綬印，這才相信，屋裡的人都驚訝萬分，不好意思地來到朱買臣面前對他行禮。朱買臣這才擺出太守的架子，悠哉游哉地走到門口。過了一會兒，朝廷派來接朱買臣的馬車到了，於是他登上車前往會稽。

清．馬駘．負薪讀書

此圖描繪朱買臣在未得武帝賞識之前，家境貧寒，靠砍柴賣薪度日。在這樣艱苦的生活環境中，他還是一邊挑柴，一邊讀書。

會稽郡的官吏們聽說新任太守要來了，趕緊命令百姓打掃街道，官吏們一起到城外迎接，出動了一百多乘車輛。朱買臣進了會稽郡之後，無意間發現他的前妻與現在的丈夫也在路邊打掃街道，準備迎接新太守。於是，朱買臣停了下來，讓這對夫妻坐上後面的車，一起到了太守府，把他們安置在自己的館舍中，並供給豐富的飯菜。一個月後，他的前妻覺得羞愧，上吊自殺了。朱買臣贈給她丈夫許多錢財，厚葬了她。

名滿天下的淮南王劉安

淮南王劉安一直對漢朝懷有二心。但他並不是一個出色的政治家，既不能洞察天下大勢，又常常優柔寡斷，逆削藩奪權、儒家獨尊的歷史洪流而行，最終畏罪自殺。他同時又是西漢文壇上的一位重要人物，在當時可說是以風雅名滿天下，他組織門客編寫的《淮南子》一書成為中國文化史上一本重要典籍。

常懷二心

劉安的父親是淮南厲王劉長。劉長是高祖的小兒子，桀驁驕橫，在封地不用漢法，自訂法令。文帝在位時，他經常跟隨文帝一起去打獵，與文帝乘坐同一輛車，而且直接叫文帝「大哥」。文帝也很喜歡這個弟弟，甚至當他犯了殺人罪時，都赦免了他。但後來，劉長意欲謀反，陰謀敗露，朝中的大多數大臣都主張處死劉長。但文帝不忍心，免了他的死罪，將他發配到蜀郡。在押送的路上，劉長絕食而死。文帝非常傷心，爲了彌補，就封劉長的幾個兒子爲諸侯王，其中劉安爲淮南王。

父親死時，劉安才七、八歲，他始終怨恨漢朝廷，一直都有叛逆謀反之意。景帝時，吳、楚等七國叛亂，吳王想與劉安聯合，派使者來到淮南。劉安打算出兵，但他的國相不贊成，又不好直接反對，於是

此壁畫取材於淮南王劉安好黃白之術，召集道士、江湖術士煉丹藥的傳説。淮南王與八公（蘇非、李尚、田由、雷被、伍被、晉昌、毛被、左吳）在壽春北山築爐煉丹。煉丹成功後，一行人乘鶴上天。

用計騙劉安說：「大王如果一定要出兵，我願意擔任將領。」劉安相信了他，就授予他兵權。國相率領淮南國軍隊堅守城池，不肯出兵。這樣，在七國之亂被平定後，淮南國才得以保全。

劉安的愛好是讀書、彈琴，不喜歡騎馬、打獵等劇烈活動。他武力不足，就希望用德行來獲取百姓的信任。由於認爲父親是被朝廷害死的，劉安心裡一直存著反叛的念頭。建元二年（西元前一三九年），劉安到長安去朝見武帝。當時任太尉的田蚡去迎接他，私下裡對他說：「現在陛下沒有太子，大王您是高祖皇帝的嫡孫，施行仁義，譽滿天下。如果皇上去世了，皇位一定非您莫屬。」劉安聽了非常高興，就送給田蚡許多金銀財寶。從此以後，他的謀反之意更堅定了，暗中招攬各個地方有才能的人做賓客，策畫反叛的事情。

西漢．青玉角杯
此杯玉色青黃，形如犀角，是一件構思奇巧的西漢玉雕珍品。廣州象崗山南越王墓出土。

劉安有個女兒叫劉陵，天資聰穎，口齒靈便。劉安很喜歡也很信任劉陵，於是把她派到長安，讓她結交武帝身邊的人，好爲自己刺探消息。劉安的太子叫劉遷，他娶了武帝的母親王太后親戚家的女兒。劉安害怕策畫謀反的事被兒媳發覺，向武帝報告，就設下計謀想趕走這個兒媳。他和太子劉遷商量好，假裝對太子發怒，把太子和他的妻子關在一起，關了三個月。但在這麼長的時間裡，太子始終不親近他的妻子。妻子以爲太子不喜歡自己了，就主動要求回娘家。劉安於是就順水推舟地把這個隱患送回了長安。

劉遷是個驕橫無比的人。他學習劍法一段時間之後，就自以爲天下無敵了。聽說國內有個叫雷被的人劍法很好，就非要跟他比試。雷被一再推辭，但劉遷逼著他一定要和自己比劍。結果，劉遷技不如人，遭雷被刺傷。但劉遷不但沒有服輸，反而對雷被大發雷霆。雷被很害怕，正好當時漢朝廷在招募士兵去攻打匈奴，雷被就要報名參軍，好躲避劉遷。但劉遷在父親劉安面前說雷被的壞話，劉安便不准雷被參軍。雷被覺得自己大禍臨頭了，就偷偷逃到長安，向武帝上書說明此事。當時，漢朝與匈奴的戰爭是國家的頭等大事之一，漢朝律法規定，凡是阻撓人參軍攻打匈奴的，都將被視爲犯罪。於是，武帝命人查辦這件事。在調查的過程中，劉遷和劉安都牽涉在內。朝中有大臣主張逮捕淮南王劉安，劉安得到消息後很緊張。這時，劉遷獻計說：「如果朝廷派人來逮捕父王，父王可以事先讓衛兵拿著兵器站在身旁，一旦有意外，便刺殺朝廷使者，我們就可以藉機舉兵起事。」劉安同意了。武帝派中尉殷宏到淮南國去進行調查。殷宏見到劉安，只詢問他爲什麼不准雷被參軍，並沒有逮捕的意思，所以劉安也沒有按計畫刺殺殷宏。殷宏回到長安後，向武帝做了彙報。朝中依然有大臣堅持按阻撓抗擊匈奴的罪名處死淮南王劉安。武帝不同意，又派殷宏到淮南國去宣布赦免劉安。劉安只聽說有人請求處死自己，不知道已獲赦免，而且聽說朝廷的使臣已經前往淮南國，心裡很害怕，就又準備按照原先的計畫刺殺使者，然後起兵謀反。等到殷宏到來後，宣布赦免劉安，劉安才又把立即謀反的念頭壓了下去。可是，他從此卻對朝廷更加不滿。如果有人對他說朝廷的壞話，他便很高興；如果有人說漢朝天下太平，他就發怒，認爲是一派胡言。

西漢．磚雕

磚雕在中國有著悠久的歷史，最遲出現於戰國時代。至西漢時，隨著國力的強盛，大量建造宮殿、祠廟、陵墓，使得磚雕的應用也更加廣泛。此件西漢磚雕現藏於法國巴黎塞努斯基博物館（Musée Cernuschi）。

伍被勸諫

劉安麾下有個謀臣叫伍被。劉安經常和他一起查看地圖，策畫起兵的事。伍被雖然並不反對劉安謀反，但一直覺得時機未到。每當劉安衝動地想要馬上起事時，伍被總替他分析天下的形勢，勸他不要急於一時。

有一次，劉安召見伍被，要和他商量軍事，說：「將軍上殿。」將軍是天子才能委派的官職，伍被聽了，知道劉安又想著謀反的事，就勸他說：「上次陛下寬恕了大王，大王怎麼又說這足以亡國的話呢？我聽說，春秋時期伍子胥勸說吳王，吳王不聽他的話，伍子胥就感歎道：『我就要看著這姑蘇之台被夷爲平地，只有成群的麋鹿在上面遊蕩了。』如今，我也好像看到淮南國的宮殿裡即將長滿荊棘，露水都沾到了衣服上。」劉安聽了大怒，把伍被的父母抓了起來，關了三個月，然後又召見伍被，問他：「你現在肯聽我的話了嗎？」伍被仍然沒有改變初衷，他拿秦末起義與漢初七國之亂作對比，向劉安指出，秦朝的滅亡是由於暴政失去民心；而七國之亂的失敗是因爲漢朝天下太平，叛亂者不得民心。如今，淮南王的軍隊還比不上吳、楚的十分之一，而國泰民安的天下形勢比秦朝要好上太多。現在謀反，還不到時候。說完這番鬱積在心中的肺腑之言，伍被便淚流滿面，轉身離開大殿。

劉安有個庶出的兒子叫劉不害，比太子劉遷年紀大，但劉安不喜歡他，劉遷也不把他當兄弟看待。劉不害有個兒子叫劉建，才能出眾，心高氣傲。因爲自己的父親在家裡受歧視，因而十分怨恨淮南王劉安和太子劉遷，暗中策畫想要除掉劉遷，讓自己的父親取而代之。劉遷察覺到了他的念頭，就經常找他的麻煩，多次無緣無故地把他抓起來毒打一頓。劉建想要報仇。他聽說劉遷曾經企圖刺殺朝廷派來的中尉殷宏，就派人向武帝上書說：「良藥苦口利於病，忠言逆耳利於行。淮南王的孫子劉建很有才能，卻遭到太子劉遷的嫉妒，經常無辜地受到拷打。陛下可以把劉建召來詢問，他掌握著淮南王的全部祕密。」於是，武帝又派人調查這件事。

劉安聽說劉建給武帝上書，害怕他說出自己的謀反意圖，又想要馬上起兵，於是向伍被諮詢：「你說現在漢朝的天下太平不太平？」伍被回答說：「很太平。」劉安不高興，又問：「何以見得？」伍被於是分析道：「在倫理道德方面，君臣、父子、夫妻、長幼之間都很和睦融洽；在商業方面，到處是滿載貨物的富商，行走在通暢的大道上，貿易往來絡繹不絕；在政治方面，南越歸順，東甌投降，匈奴受挫，這都顯示出漢朝國力的強盛。這不是天下太平的表現嗎？」劉安依然很不服氣，又問：「現在漢朝最重視的將領是大將軍衛青，你覺得衛青是怎樣一個人？」伍被就將衛青優秀的軍事才能、身先士卒的優良品性、對戰士體恤關心的大將風度詳細地向劉安講述了一番，認爲衛青是一位罕見的名將。劉安聽到這裡，心裡也終於認同漢朝此時的強

西漢·石刻臥牛

此件石刻位於陝西興平茂陵旁的霍去病墓。石刻線條簡單，但造型生動傳神。

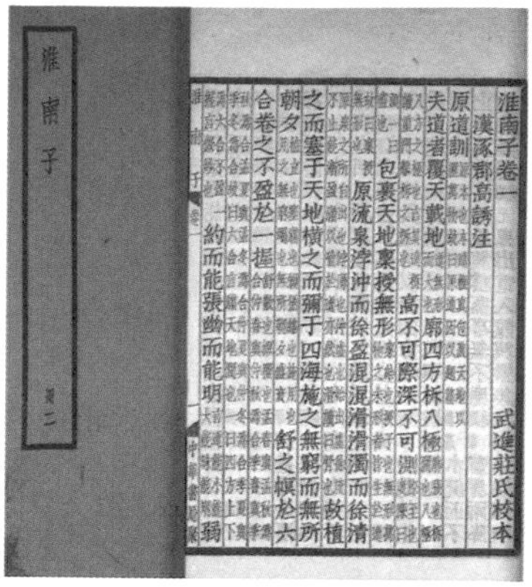

《淮南子》書影

《淮南子》又名《淮南鴻烈》，全書內容龐雜，將道、墨、法、陰陽和一部分儒家思想糅合起來，但主要宗旨傾向於道家。

大，於是沉默不語，算是再次向伍被妥協了。

淮南謀反

雖然劉安覺得伍被說得有道理，但他畢竟看到怨恨自己的劉建已經被武帝召去審問，如果劉建說出自己謀反的陰謀，武帝一定不會放過自己的。他想先下手為強。於是，他和伍被之間又展開了一次激烈的辯論。伍被仍然拚命拿七國之亂的例子勸劉安，說現在謀反時機未到。但劉安一意孤行，還向伍被闡述了自己起兵的計畫。伍被看到劉安心意已決，自己再勸下去恐怕會遭不測，只好服從。他知道，如果淮南王劉安真的要謀反，自己不可能脫離干係，那麼，唯一的出路就是謀反成功。一旦失敗，自己和劉安都要大禍臨頭。於是，他向劉安獻上了一條謀反計策。既然國家太平是謀反最大的阻力，那麼他的計策就是要擾亂國家安寧。他向劉安建議，可以偽造詔書，將各地的豪強勢力，以及家財萬貫的人遷徙到偏遠的朔方郡，這樣一來，他們一定不樂意，便會在民間引起動盪。然後，可以再偽造詔書，下令逮捕一些諸侯王的太子和受寵的大臣，這樣一來，諸侯王也會害怕並怨恨朝廷。如果民間產生了不安情緒，再加上諸侯王對朝廷的怨憤，這時候淮南王再起兵，也許還有希望獲勝。

劉安採納了伍被的建議，不過，他覺得伍被的計畫還不夠直截了當，於是乾脆派人偽造皇帝印璽以及丞相等各級官員的官印。他還派人假裝犯了罪，逃往長安，去侍奉大將軍衛青和丞相。一旦自己起事，這些內應就會刺殺衛青，然後勸說丞相屈服。這樣的話，整個國家就在自己的掌控之中了。

雖然劉安的計畫看起來很周全，但劉安的性格中卻恰恰有著猶豫不決的缺陷，也正是這一點導致了他最終的失敗。他害怕淮南國的國相和其他重要的大臣不同意謀反，就下令召見他們，想要伺機殺掉這些人。國相來了，但另外一些大臣沒有來，劉安就猶豫了，最後又放國相回去。此時，朝廷派人來調查劉建對淮南太子劉遷的指控，劉安不知道是否應該按計畫起兵，遲遲做不出決定。這個時候，太子劉遷又覺得自己這次一定沒法脫難，就對父親劉安潑冷水說：「現在起兵恐怕不合適，我情願去自首。」劉安聽了，心裡更加膽怯，就同意了。劉遷想要自殺，但沒死成。

看到劉安在關鍵時刻的猶豫表現，伍被知道這樣的人是不會成大事的。經過再三思量，他決定背叛劉安，向武帝告發淮南王的謀反陰謀。於是，武帝下令逮捕淮南國中參與謀反的人，包圍了淮南王宮，搜查出大量劉安謀反的證據，自知罪無可恕的劉安畏罪自殺了。他的王妃、太子以及參與謀反的人都被滅族。武帝本來想赦免伍被，但張湯認爲伍被爲劉安謀反出謀劃策，不能輕饒。於是，伍被也被殺了。淮南國被廢爲九江郡。

《淮南子》

雖然劉安在政治上失敗了，但他組織門客編寫的《淮南子》卻成爲傳世巨著。此書以道家思想爲主體，融合了儒、法、墨、縱橫等諸子百家的學說，形成一個兼容並蓄的龐大體系。

在哲學方面，《淮南子》強調道家思想和「無爲」的旨歸，這顯然和武帝推崇的獨尊儒術的思想背道而馳。

在政治方面，《淮南子》強調安民的重要性，認爲「爲治之本，務在於安民」，使百姓生活安定，國家才能長治久安。

在科學方面，《淮南子》涵蓋了養生、天文、地理等各個方面的知識。

在文學方面，《淮南子》收錄了許多中國古代著名的神話，如「共工與顓頊之爭」、「女媧補天」、「嫦娥奔月」等。另外，許多成語典故也出自《淮南子》，例如「見一葉落而知歲之將暮」（一葉之秋），「百川異源而皆歸於海」（百川歸海），「夫所以養而害所養，譬猶削足而適履」（削足適履）。

蹴鞠

蹴鞠是足球運動的雛形，起源於中國，戰國時就有，至漢代日漸興盛，並形成了一套競技形式。當時的「鞠」不是充氣的球，而是用毛填充而成的皮球。鞠場兩端各有六個「鞠域」（球門），仿照彎月形狀建造，約有半人高。比賽時，雙方各上場十二名球員，六個把守鞠域，其餘六人在鞠場與對方搶球。參賽人員應遵守比賽規則，裁判人員應公平、公正，不徇私情。對於比賽結果，所有參賽者應「端心平意，莫怨其非」，即不能隨便指責同伴或裁判。

蹴鞠既講究力量，也講究技巧，因此很受歡迎。驃騎將軍霍去病就很喜歡在戰爭餘暇時，在地上畫出球場，與士兵們一起玩蹴鞠。

衡山謀反

衡山王劉賜與淮南王劉安是親兄弟，也暗中支持並準備響應劉安謀反的計畫，當然，最後也是以失敗告終。

蕭牆之禍

衡山王劉賜有很多孩子，其中王后乘舒育有三子：太子劉爽、次子劉孝和女兒劉無采。另外，他的姬妾徐來生有四個孩子，另一個妃子厥姬也生了兩個孩子。一個大家庭內部往往是暗潮洶湧，而王侯之家更是如此。兒子們都想當太子，嬪妃們也都想母憑子貴，因此彼此之間爭權奪利，互不相讓。對於衡山王的家庭來說，這種爭奪不僅僅是在暗中進行的，有些還直接搬到了檯面上，於是，一幕幕家庭鬧劇就輪番上演了。

王后乘舒死後，劉賜立徐來爲王后。徐來與厥姬之間相互猜忌，誰也不讓誰。於是，厥姬向太子劉爽誣陷徐來，說：「你的母親乘舒是被徐來用巫蠱之術咒死的。」劉爽相信了，就開始怨恨徐來。不久，徐來的哥哥來見衡山王，劉爽與他喝酒，乘其不備用刀刺傷了他。這下可惹惱了徐來，於是她便經常在衡山王面前詆毀劉爽。

劉爽的妹妹劉無采是個生活作風不太檢點的人。她出嫁後又被休掉，於是就與家裡的奴僕和賓客通姦。劉爽看不過去，多次批評她。劉無采很不高興，也暗暗討厭劉爽。劉無采與劉孝都和王后徐來比較親近，於是他們三個人就聯合起來對付太子劉爽。劉孝覺得，如果劉爽被廢，自己就可以當太子了；而徐來則想乾脆一次廢掉劉爽和劉孝兩個人，讓自己的兒子當太子。三個人各懷鬼胎，不過目標倒是很一致。

有三個人在自己耳邊不時說壞話，衡山王劉賜不免對太子劉爽產生了壞印象，於是多次拷打他，這讓劉爽對父親很不滿。後來，衡山王劉賜

西漢・陶武士俑

徐州出土，今藏於中國國家博物館。

患了重病，臥床不起。劉爽找藉口說自己身體也不舒服，不去伺候父親。這下可讓那三個人抓住了機會，對衡山王說：「太子哪裡有病？我們見到他還面帶喜色，心裡巴不得您有個三長兩短呢。」衡山王大怒，想要廢除劉爽，立劉孝爲太子。徐來看出了他的意思，又設計陷害劉孝。徐來有一個擅長跳舞的女僕，被衡山王寵幸。於是她讓這個女僕與劉孝私通，這就有了劉孝的把柄。

太子劉爽也意識到自己以一敵三的處境十分不利，就想透過發生姦情來拉攏王后徐來。一次喝酒的時候，劉爽看到沒有旁人，就上前向徐來敬酒，趁機動手動腳。徐來發怒了，把這件事告訴了衡山王。衡山王把劉爽抓起來嚴刑拷打，劉爽則乾脆把家裡的這些醜事都告訴了衡山王，對他冷嘲熱諷。衡山王怕劉爽在外散播謠言，就把他囚禁在宮中。

國破家亡

衡山王劉賜經常侵佔別人的土地，朝中有官員請求逮捕他，武帝沒答應，但從此不准衡山王自己任命封國的官員，而改由武帝直接任命。這讓劉賜很不滿，於是，他也萌生了謀反的念頭。淮南王劉安想要造反，暗中拉攏衡山王，讓他響應自己。衡山王答應了，私下裡派人製造戰車、弓箭，並僞造天子印璽和各級官吏的官印。

元朔六年（西元前一二三年），衡山王向武帝上書，請求廢除太子劉爽，立劉孝爲太子。劉爽聽說後，就派自己的手下白嬴去長安，揭發劉孝與衡山王寵愛的女僕通姦一事。衡山王害怕白嬴說出自己謀反的事，就又向武帝控告劉爽不孝。於是，這一家人我告你，你告我，已經完全不顧家醜不可外揚了。

最終，當淮南王劉安的陰謀敗露後，衡山王被牽連而刎頸自殺。劉孝因爲通姦之罪被處死，王后徐來被控使用巫蠱之術害死乘舒被處死，太子劉爽因爲不孝的罪名也被處死，衡山王身邊其他參與謀反的人都被滅族，衡山國被廢爲衡山郡。國破家亡，徒留笑柄在人間。

西漢・彩繪漆碗

漢代墓葬中出土的漆器多為生活用品，特別是王侯貴族上層社會的生活用品。

影響深遠的幣制改革

貨幣是商品交換的媒介，對於國家經濟的重要性可想而知。因此，武帝財政改革的重頭戲之一就是幣制改革。為了使貨幣份量充足、打擊私鑄貨幣的謀私行為，武帝及其財政大臣們可謂挖空心思、絞盡腦汁。貨幣改革在經歷一波三折後，終於獲得了成功。

貨幣問題

中國古代的貨幣形式與現在不大相同。現在通行的貨幣是紙幣，面臨的最大問題是假幣；古代使用的主要是金屬貨幣，如金、銀，當然，最普遍的還是銅錢，面臨的最大問題是份量不足，例如銅錢上明明標的是「半兩」，可實際上只有四分之一兩，那麼鑄錢的人自然就能從中得利。

漢初的貨幣就面臨著這樣的問題，而且問題還比較嚴重。秦朝的貨幣比較重，一枚銅幣重半兩（二十四銖爲一兩，半兩爲十二銖）。漢朝建立後，開始鑄造比較輕的榆莢錢，重三銖，之後愈來愈輕。

文帝時，榆莢錢的弊端愈來愈明顯，於是文帝下令改鑄四銖錢，稍微加重了銅錢的份量。不過，雖然錢幣的實際重量只有四銖（六分之一兩），但幣面上標的幣值卻是「半兩」。另外，文帝還允許民間私人鑄錢。這個措施是爲了改善國家財政狀況，分散鑄幣權以提高貨幣流通速度。但事實證明，放任民間私自鑄錢的弊端遠遠大於利處，這也成爲漢朝貨幣問題的一大根源。

例如，有些鑄幣者爲了牟利，經常在銅裡面摻雜些價值低的鉛、鐵之類的金屬，導致貨幣貶值，危害經濟的正常運行。文帝時，有許多人依靠鑄幣發了大財，如寵臣鄧通依靠鑄造銅錢，家產勝過王侯。另外，有些諸侯王也靠鑄幣來累積財富、增進實力，進而圖謀不軌。吳王劉濞就是憑

秦半兩

秦始皇統一六國後，統一貨幣，在戰國秦半兩錢的基礎上加以改造，在全國通行圓形方孔的秦半兩錢。秦半兩的出現代表中國古代錢幣已趨成熟。

藉挖銅鑄錢，富比天子，最後發動了七國之亂。

初步改革

武帝意識到貨幣制度的混亂，因而十分重視改革幣制，將其作爲財政改革的重要手段。不過，這並不是一件容易的事，從建元年間開始，武帝就不斷在探索著合理的貨幣制度，其間經歷了種種曲折。

建元元年（西元前一四〇年），武帝剛剛即位就對貨幣進行了改革，把當時的「四銖錢」改爲「三銖錢」。到了建元五年（西元前一三六年），武帝又重新廢除了三銖錢，改爲四銖錢，而且與文帝時一樣，錢幣的面值標注爲「半兩」。這樣一興一廢，相當於又恢復了文帝時的原狀，問題自然沒有得到解決。

西漢．五銖金幣

西漢貨幣承秦制，仍以黃金為上幣，單位以斤計；銅錢為二等幣，用於民間交易。

元狩四年（西元前一一九年），出現了一次規模較大的貨幣改革。當時，由於戰爭消耗等因素，漢朝的國家財政出現了危機，大臣們建議透過重鑄貨幣來打擊民間的大商人，緩解國家財政緊張的狀況。

首先是發行了一種用白鹿皮做的昂貴貨幣。當時銅幣的一個首要問題就是幣值太小，導致物價飛漲。於是，大臣們乾脆製造出一種非常貴重的皮幣，這種一尺見方的白鹿皮貨幣價值四十萬錢。當然，這種珍貴的貨幣是無法在民間流通的，只能用在特殊場合，也就是在諸侯王或皇室宗族的其他成員向天子進獻貢品（主要是玉璧）的時候，必須用這種皮幣墊著才行。不過，也有人對這種做法提出異議。例如，當時的大司農顏異就認爲，諸侯們進獻的玉璧價值不過上千，墊著玉的皮幣反而價值四十萬，這不是本末倒置嗎？武帝聽了顏異的話很不高興。但顏異的話是有道理的，皮幣的使用範圍狹窄，不能算是徹底的貨幣改革。

在發行白鹿皮貨幣的同時，漢朝廷還發行了新的「白金」貨幣。這裡的白金並不是今天所說的鉑金，而是一種銀和錫的合金。這種白金錢按照等級高低分別由三種動物圖案代表：人們覺得天上飛的動物裡沒有什麼能比得上龍，於是把第一等的貨幣鑄上龍的圖案，圓形，重八兩，價值三千錢；地上跑的動物裡沒有什麼能比得上馬，於是把第二等的貨幣鑄上馬的圖案，方形，重六兩，價值五百錢；水裡游的動物裡，龜是吉祥的象徵，於是把第三等的貨幣鑄上龜的圖案，橢圓形，重四兩，價值三百錢。

當然，銅幣還是使用最廣的貨幣。這時，武帝又下令再次廢除半兩

西漢．五銖錢

武帝時鑄造五銖錢，通行全國。五銖錢是中國古代貨幣中較成功的一種，一直沿用到隋末，長達七百餘年。

錢，改鑄三銖錢，而且恢復秦始皇時期的「重如其文」制度，幣面價值與貨幣的實際份量相等。同時，武帝也意識到民間私自鑄錢是個大問題，於是下令禁止民間鑄錢，違者死罪。不過，在利潤的驅使下，許多百姓，包括一些官吏還是偷偷地私鑄錢幣，改革仍然沒有徹底成功。

統一鑄幣

元狩五年（西元前一一八年），武帝下令鑄造五銖錢。這時，鑄幣技術上已有所改良，進而可以較為有效地防止私鑄貨幣行為的發生。

三銖錢太輕，而且銅幣在使用的過程中還會有磨損，價值會愈來愈低，因此，改為份量較重的五銖錢。另外，由於之前的銅錢都是一面有字，一面無字，因此，盜鑄錢幣的人就想辦法把沒有字的一面磨薄，然後用磨下來的銅屑再造新幣。這樣，用同樣多的銅就可以多造一些錢幣出來，但錢幣的實際份量卻不足，鑄幣者就能從中大賺一筆。例如，一兩銅（二十四銖）本來只能造八枚三銖錢，但經過打磨，就可能造出十枚來，而每枚銅幣肯定就不足三銖了。武帝的大臣們為了解決鑄幣偷工減料的問題，在銅幣沒字的那一面上添上一道邊，這樣一來，如果有人打磨這一面，邊就會被磨掉，讓人一眼就能看出這是枚份量不足的錢幣。這個措施一施行便有了顯著成效，私自鑄幣的人果然減少了許多。不過，這次改革是在各個諸侯國分別進行的，還沒有形成全國統一的面貌，各個諸侯國內也可能出現謀私的現象。

同時，武帝嚴懲私自鑄錢的罪犯。在下令鑄五銖錢之後的五年間，僅是赦免那些因私自鑄錢而被判死罪的人，高達幾十萬，自首的有一百多萬人。至於那些確實被執行了死刑的人，就不可勝數了。除了被抓起來的，沒被抓起來的更多。天底下差不多家家戶戶都在鑄錢，不可能把他們全抓起來殺頭。於是，武帝派褚大、徐偃等人分批到各個諸侯國去巡視，檢舉揭發那些藉由鑄幣牟取暴利的商人和官員。

元鼎元年（西元前一一六年），有官員建議在京城使用「赤側錢」，也就是用紅色的銅來造邊的銅幣，並且規定一枚赤側錢相當於五枚普通銅錢，向京城繳納賦稅和進行公務時，必須使用赤側錢。赤側錢發行後，白金錢逐漸貶值，後來廢棄。不過，幾年之後，赤側錢也貶值了，不久也被廢。

古代貨幣形式

中國最早的貨幣形式是貝殼，商朝的時候就用貝殼作爲貨幣，因此，漢字中許多與「錢」有關的字都以「貝」爲偏旁，如「財」、「貪」、「貫」、「購」等。商朝後期開始出現金屬幣，逐漸取代了貝殼貨幣。

從商朝一直到戰國時期，各個地區、諸侯國的貨幣都不盡相同，例如趙國的鏟幣、齊國的刀幣、秦國的圓形方孔錢、楚國的蟻鼻錢等等。秦始皇統一中國後，也統一了貨幣，規定在全國流通原秦國的圓形方孔錢。自此，一直到民國初年，金屬貨幣都一直保持著這種圓形方孔的形式。另外，北宋時期，由於商業發達，貨幣流通量加大，一方面鑄幣用的銅開始緊缺，另一方面對於大規模交易來說，金屬幣用起來確實不太方便，於是，在一〇二三年左右，四川地區出現了中國也是世界上最早的紙幣——交子。

三年之後的元鼎四年（西元前一一三年），武帝終於頒布了拍板定案的貨幣改革措施。這一次，他下令嚴厲禁止各個諸侯國私自鑄錢，把鑄幣權收歸中央政府所有。中央政府授權上林三官（均輸、鍾官、辨銅三個部門）統一鑄造全國通用的錢幣，非上林三官鑄造的錢幣，一律不得使用。以前市場上流通的銅幣要全部銷熔，把這些回收的銅原料上繳給上林三官，重新鑄造新幣。這樣一來，各個地方，無論是諸侯王、官員，還是普通百姓，都無權再私自鑄幣。

由國家來統一鑄造錢幣，既可以保證錢幣在份量、成色等方面的一致性，又不會因爲私利的驅動而出現偷工減料的現象，這樣就可以大大穩定貨幣市場。如果還有人要偷鑄錢幣，他就必須達到上林三官造出來的錢幣那樣的份量、成色和工藝，算下來，費用要遠遠超過錢幣的面值，太不划算。因此，自從國家統一鑄幣這項政策頒布下來之後，百姓中私鑄錢幣的人愈來愈少了，只有一些實力雄厚的大奸商才會偶爾夥同手藝精湛的工匠私自製造錢幣。

經過反覆摸索、嘗試，武帝終於成功地進行了貨幣改革。五銖錢輕重適中，符合古代經濟發展狀況和價格對貨幣單位的要求，因此一直沿用到後來的許多朝代，長達七百多年，成爲中國歷史上鑄造數量最多、流通時間最久的錢幣。武帝將貨幣的製造、發行權收歸國家，也是一直沿用至今的明智決策。

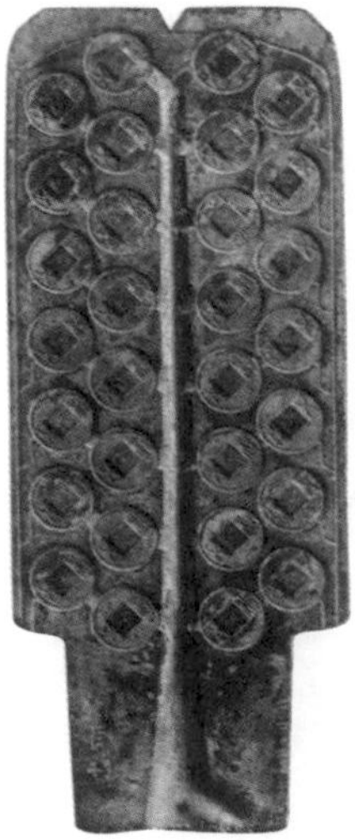

西漢・五銖錢銅範

詼諧東方朔

東方朔他為人風趣幽默，思維敏捷機智，是個對國事有著敏銳判斷和深刻見解的人。但是，武帝始終只把他作為一個小丑似的人物來取樂，並沒有看到他的政治才華。從這個角度來看，東方朔也是一個懷才不遇的悲劇人物。

毛遂自薦

東方朔是個很會推銷自己的人。武帝即位之初，積極徵召天下賢士來輔助自己，並給予優厚的待遇。於是，來自全國各地的許多人都積極向朝廷上書，談論自己對政事的看法，展現才華，以期得到重用。這裡面自然有不少濫竽充數之徒。對於這些人，朝廷就讓他們先回家等待任用。

東方朔也在這些毛遂自薦的人當中，而他寫給武帝的「自我介紹信」頗爲獨特，信上毫無謙虛之意，而是把自己大大誇讚了一番。他在信中說：「臣東方朔年少時就失去了父母，由兄嫂拉拔長大。我十三歲開始學習書法，用三年的時間就學完了足夠用的文史知識。十五歲學擊劍。十六歲學習《詩經》和《尚書》，能背誦二十二萬字。十九歲學習孫子、吳起的兵法，關於排兵佈陣、指揮作戰的知識也能背誦二十二萬字。所以說，我一共能夠背出四十四萬字的知識。我今年二十二歲，身高九尺三寸，眼睛像閃閃發光的明珠，牙齒像排列整齊的貝殼，而且非常勇敢、敏捷、廉潔、守信。像我這樣的人，是可以做天子的大臣的。」

看到這封毫不謙虛的自薦信，武帝也很驚訝，覺得這可能是個人才，就讓他在公車署等待詔令，但遲遲沒有召見他。

過了很長一段時間，東方朔見自

東方朔偷桃

東方朔（西元前一五四年至西元前九三年），雖然在政治上有抱負，但武帝始終把他當俳優看待，未加重用。

己一直沒有機會拜見武帝，也有點著急了，於是想出一個主意。當時，公車署裡還有一些專門駕駛車馬的侏儒，東方朔騙他們說：「陛下覺得你們沒什麼用，耕田勞作比不上別人，也不能做官治理民眾，隨軍打仗也擔當不了重任，不能給國家帶來一點好處，只是白白消耗衣服和糧食罷了，所以陛下準備把你們全殺光。」侏儒們聽了非常害怕，東方朔就教他們：「等陛下經過這裡的時候，你們就向他磕頭請罪。」過了一段時間，聽說武帝要從這裡經過，侏儒們都跑到武帝面前號啕大哭，不停地磕頭。武帝覺得很奇怪，問他們：「怎麼啦？」侏儒們說：「東方朔說陛下要把我們全殺掉。」武帝一聽是東方朔搞的鬼，就把他叫過來問：「你爲什麼要嚇唬那些侏儒？」東方朔回答說：「臣東方朔活著就得說話，就算死了也得把話說出來。侏儒們身高只有三尺多，俸祿是一袋粟米和二百四十錢。臣東方朔身高九尺多，俸祿也是一袋粟米和二百四十錢。這些俸祿，侏儒們可以吃得撐死，我卻吃不飽，快要餓死。如果陛下覺得我能被任用，希望多給我發放俸祿；如果陛下不打算任用我，就乾脆讓我回家去吧，省得在這兒浪費長安城的糧食。」武帝聽了大笑，於是就任命東方朔爲金馬門待詔。東方朔這才離武帝稍稍近了一點。

這兩件西漢時期的青銅器造型別緻，器身口沿處各有兩個倒立的雜技俑，顯得生動活潑。

　　東方朔真正得到武帝的任用還是依靠他的急智。有一次，武帝和一些人玩射覆的遊戲，也就是把一個東西用盆子倒扣住，看誰能猜中盆子下面到底是什麼。東方朔每次都能猜對。武帝很高興，就賞賜給他許多布帛。這時，另外一個叫郭舍人的倡優很不服氣，要和東方朔打賭，如果東方朔猜對了，他甘願受鞭笞之刑。結果東方朔還是猜對了，郭舍人挨打時疼得嗷嗷直叫，東方朔就嘲笑他：「嘴上無毛，叫聲哀號，屁股翹得高。」郭舍人憤怒地說：「東方朔詆毀天子的侍從，該被處死棄市！」武帝就問東方朔：「你爲什麼要詆毀他？」東方朔靈機一動，回答說：「我沒有詆毀他，只是在跟他猜謎語罷了。『嘴上無毛』指的是狗洞，『叫聲哀號』指的是母鳥餵養雛鳥，『屁股翹得高』

指的是白鶴俯身啄食。」武帝見東方朔思維如此機敏，暗暗欣賞，就任命他爲常侍郎。

諧語妙言

東方朔經常說一些風趣幽默的話來讓武帝開心，武帝也因此很喜歡他。有一次，朝廷要給侍從官們發放福利，每人能得到一大塊肉。按照規定，應該等負責此事的官員來給大家分發。但那天等到太陽快下山了，官員都還沒來。東方朔等不及了，就拔出劍從要分的肉上割下一塊，逕自拿回家了。負責此事的官員向武帝報告了此事。東方朔上朝後要向武帝解釋，明明應該道歉，但他說著說著又開始自誇了。他是這樣說的：「東方朔啊東方朔，你不等詔令下來就拿走賞賜，是多麼沒有禮數啊！但是，你拔劍割肉又是多麼有膽量啊！割肉又不多割，是多麼廉潔啊！拿回家給妻子吃，這是多麼仁愛啊！」武帝聽了，又禁不住笑了起來，不但沒有責怪他，還賞賜給他酒和肉，讓他拿回家送給妻子。

還有一次，武帝問東方朔：「你覺得我是個怎樣的君主？」東方朔滔滔不絕地說：「微臣趴在地上觀察，也覺得陛下的功德遠在三皇五帝之上。陛下得到了全天下的賢能之士。現在的朝廷，就好像周公做丞相、孔子做御史大夫、姜太公做將軍、後稷管理農業、子貢做外交官、伯夷做京兆尹、魯班做工匠……」他差不多把古代所有才能出眾的人都搬到武帝的朝廷上來了，武帝怎能不高興？於是大笑不止。

當時朝中有一批受重用的大臣，例如公孫弘、董仲舒、司馬相如、主父偃、朱買臣、嚴助、司馬遷等，這些人都能言善辯，擅長文辭。武帝問東方朔：「你覺得自己跟他們相比怎麼樣？」東方朔回答說：「我看這些人啊，牙齒長得參差不齊，一臉橫肉，嘴唇外翻，伸長脖子，撅著下巴，大腿連著腳跟，胳膊連著屁股，行蹤不定，走起路來彎腰駝背。我雖然沒什麼才能，也比他們強。」對大臣們誇張的描述雖然是半開玩笑，但也反映出東方朔心氣甚高，並不覺得這些大臣有什麼了不起，而且認爲自己絕不比他們差。

亦諧亦莊

東方朔並不是一個只會插科打諢、說笑鬥嘴的人，他對許多政事都有深刻的認識，並經常在其他大臣沉默的時候勇敢地向武帝進諫。

竇太后干政時期，武帝受到壓制，經常微行出獵，並想兼併一些農田，擴大上林苑的面積。東方朔聽說了之後，勸諫武帝，認爲這樣會使當地的百姓失去賴以生存的土地，破壞農業生產，迫使人們遠離故土，這樣對百姓、對國家都很不利。武帝很賞識他的直言，升他做太中大夫，並賞賜給他黃金百斤。但最終，武帝並沒有採納他的意見，還是擴建了上林苑。

武帝的妹妹隆慮公主臨死前，拿出許多金錢向武帝提前贖買了她的兒子昭平君的死罪，也就是說，如果昭平君犯了死罪，希望武帝不要處死他。武帝答應了。後來，昭平君殺了人，按律當斬。朝中許多大臣認爲武帝既然答應過隆慮公主，就不應該處死昭平君。武帝非常爲難，但最後還是判昭平君死刑，認爲不能因爲自己妹妹的緣故就破壞祖宗的律法。殺了昭平君，武帝心裡非常悲痛，淚流不止。這時，東方朔上前安慰武帝，認爲他不徇私情的做法非常偉大，是天下之幸。這和那些只知爲昭平君說情的大臣形成了鮮明對比。

此外，長公主劉嫖晚年寵幸家中的男僕董偃，長安城裡的人因爲劉嫖的關係，也都紛紛奉承董偃，連武帝也很喜歡他，常常邀他到宮中飲酒嬉戲。只有東方朔堅決反對武帝與董偃親近，認爲董偃敗壞了社會風氣，並把武帝引往玩物喪志的歧路，是罪大惡極之人。武帝聽了東方朔的話，才開始慢慢疏遠董偃。

武帝始終只把東方朔當做煩惱時逗樂的小丑，並不十分重用他。東方朔瞭解這一點，心中免不了悲憤抑鬱，曾經寫過《答客難》、《非有先生論》等文章來抒發自己懷才不遇的心情。在後世的傳說中，東方朔是個色彩斑斕、傳奇般的人物；但在現實中，他也是一顆被埋沒在歷史黃沙中的珍珠。

唐・顏眞卿・東方朔畫贊碑（局部）

晉人夏侯湛作《東方朔畫贊》以讚頌東方朔的睿智詼諧和高風亮節。唐代書法大家顏真卿將此文書寫刻碑。

北方佳人李夫人

皇后衛子夫年老色衰之後，武帝又有不少寵愛的女子，而絕世獨立的李夫人就是其中較為特別的一位。她出身卑微，因為兄長唱的歌而被武帝寵幸，因而頗具傳奇色彩。

傾國傾城

不得不承認，武帝是一位很有氣魄的君王。這種氣魄不僅表現在他大膽起用各種政治人才，讓公孫弘這樣平民出身的人做到了丞相，布衣封侯，也表現在他對後宮女子的選擇上。例如，衛子夫原來只是平陽公主家的歌女，是奴婢，武帝喜歡她，就把她帶回宮，還讓她當上了皇后。而衛子夫之後的李夫人，也有著相似的際遇。

李夫人原是宮廷中的一名樂人，出身卑微，她能受到武帝的寵愛，要歸功於其兄長李延年。李延年是宮廷中的一位樂師，通曉音律，擅長歌舞，經常在武帝面前彈奏樂器，演唱他自己寫的歌曲。每次他表演新作，或改編、翻新舊作，在場的聽眾無不爲之感動，武帝也很喜歡他的表演。於是，李延年就想用這種方式向武帝推薦自己的妹妹。

有一次，李延年奉命在武帝面前表演歌舞時，稟告說自己創作了一首新曲子，武帝就讓他演唱。於是，李延年邊舞蹈邊唱道：「北方有佳人，絕世而獨立，一顧傾人城，再顧傾人國。寧不知傾城與傾國，佳人難再得！」歌詞大意是說北方有一位非常美麗的女子，她好像不食人間煙火，冰清玉潔，卓然獨立。她回眸一笑，就能使一座城市傾覆；如果再度回眸，就足以傾覆一個國家。不是不知道城市與國家傾覆的災難啊，只是這樣的佳人實在是得不到第二個了。

這首歌中的北方佳人指的就是李延年的妹妹李夫人。李夫人的故鄉是中山，也就是現在的河北省定州市，當然算是北方。李延年在這首歌中極力讚美自己妹妹舉世無雙的秀美風姿，盛讚她的美貌足以傾城傾國。

武帝聽了這首歌後，神魂顛倒，被歌中描繪的女子深深吸引。但他以爲這只是虛構出來的人物，就歎息著說：「多好的人啊！但世上眞有這樣的人嗎？」坐在一旁的平陽公主不知是不是跟李延年約好了，對武帝說：「李延年的妹妹就是這樣一位女子。」

武帝很驚喜，就迫不及待地召見了李延年的妹妹，發現她果然跟歌中唱的一樣，美貌絕倫，而且擅長跳舞。於是，武帝把她收入後宮，寵愛非常，後來生了一個兒子，也就是昌邑王。

美人之悲

李夫人還沒有享受多長時間的寵愛，就身染重病，臥床不起。在她病得快不行的時候，武帝來看望她。但李夫人拉過被子蒙住頭，堅決不讓武帝看到自己的臉。她向武帝道歉說：「臣妾得了重病，在床上待的時間太長，容貌已經毀了，不敢讓陛下見到。我只想在死去之前，將我的兄弟託付給陛下。」

武帝說：「夫人病得這麼厲害，恐怕我們以後再也見不著了。你現在見我一面，當面將你的兄弟託付給我，這樣不是更好嗎？」李夫人還是不答應，說：「作爲女人，沒有梳妝打扮好之前，是不能見君王和父親的。我不敢就這樣容貌不整地見陛下，請陛下原諒。」李夫人愈是這樣說，武帝就愈不罷休，他甚至對李夫人說：「夫人只要見我一面，我就賞賜給你黃金千斤，並且答應讓你的兄弟做大官。」李夫人依然婉拒：「讓不讓我的兄弟做大官，完全取決於陛下，不在於見不見這一面。」武帝仍然堅持一定要見。但李夫人堅決不肯，最後乾脆轉過身子，在被子裡抽泣起來，不再說話了。武帝很不高興，也不再說什麼，就起身離開了。

李夫人身邊的人埋怨她說：「您爲什麼堅持不見陛下？這樣違逆陛下的心願，不是要得罪陛下嗎？」李夫人這才把被子放下來，深深地歎了一口氣，說：「我之所以不肯見陛下，正是爲了要成功將兄弟託付給陛下啊。我只是因爲容貌姣好，才能以卑微的身分服侍陛下，有幸得到寵愛。說到底，這不過是以色相來侍奉他

李夫人像

李夫人出身倡家，生卒年不詳，因姿容優美得武帝寵愛，並為武帝生下第五子劉髆（後封為昌邑王），死後被追封為皇后。

人。一旦美貌消失了，我所受的寵愛也就會隨之消失不見，陛下跟我之間還有什麼恩義可言呢？如果他今天看到我已經變得這麼醜，再也不是從前的樣子，一定會覺得厭惡，然後拋棄我。如果這樣的話，我怎麼能指望他記著我的囑託，照顧我的兄弟呢？」

事實證明，李夫人這樣做是明智的。在她逝世後，武帝所能記起的，依然是她那絕世獨立的美麗風姿。武帝以皇后的禮儀來厚葬李夫人，並對她念念不忘。爲了寄託思念之情，武帝爲她畫了一幅畫像，掛在甘泉宮中，日日對畫思人。李夫人的兄弟李廣利被封爲貳師將軍、海西侯，李延年做了協律都尉。

招魂憑思

李夫人去世後，武帝非常思念她。這時，一個叫少翁的方士稟告武帝說他能爲李夫人招魂，讓武帝與她再次相見。武帝聽後非常高興。於是，到了晚上，少翁在房間裡點上燈燭，設置帷帳，擺上酒肉，讓武帝坐在遠處的另一個帷帳裡，自己則開始作法招魂。過了一會兒，武帝果然看到帳子裡有一個美人的影子，側影十分美麗，正是李夫人！李夫人坐了一會兒，又起身徐徐邁步，然後就離開了。按照招魂法術的規定，武帝是不

西漢．朱雀啣環杯

出土於河北滿城陵山中山靖王之妻竇綰墓中。出土時杯中殘留有朱紅色的粉末，由此可推斷此杯為竇綰盛裝化妝品的器皿。

西漢．獸面紋玉鋪首

鋪首為門扉上的環形飾物，此件玉鋪首形體碩大，雕工精細，是罕見的西漢玉雕精品。陝西興平縣茂陵（武帝墓）附近出土。

唐詩人白居易作《李夫人》

漢武帝，初喪李夫人。夫人病時不肯別，死後留得生前恩。君恩不盡念不已，甘泉殿裡令寫眞。丹青畫出竟何益？不言不笑愁殺人。又令方士合靈藥，玉釜煎鍊金爐焚。九華帳深夜悄悄，反魂香降夫人魂。夫人之魂在何許？香煙引到焚香處。既來何苦不須臾？縹緲悠揚還滅去。去何速兮來何遲？是耶非耶兩不知。翠蛾彷彿平生貌，不似昭陽寢疾時。魂之不來君心苦，魂之來兮君亦悲。背燈隔帳不得語，安用暫來還見違。傷心不獨漢武帝，自古及今皆若斯。君不見穆王三日哭，重璧台前傷盛姬。又不見泰陵一掬淚，馬嵬坡下念貴妃。縱令妍姿艷質化爲土，此恨長在無銷期。生亦惑，死亦惑，尤物惑人忘不得。人非木石皆有情，不如不遇傾城色。

能走近細看的，於是他明明看到心愛的人似乎就在不遠處，但又不能靠近，便愈發悲傷起來，寫下：「是邪？非邪？立而望之，偏何姍姍來遲！」

李夫人的香魂勾起了武帝無盡的思念，李夫人的一顰一笑都浮現在武帝的腦海中，使得他食不知味，夜不能寐。由於思念太切，武帝還親自寫了一篇賦，來表達自己對李夫人的懷念之情。在這篇賦裡，武帝描繪了他記憶中的李夫人那舉世無雙的美貌，並哀歎她的早逝，以及自己的悲傷。

李夫人就這樣將自己的青春嬌顏永遠留在了武帝的心中，而「絕世獨立」一詞也流傳了下來，並從形容女子的美貌，引申爲形容一個人高潔的氣質。例如，北宋蘇東坡在《赤壁賦》中就有這樣的句子：「飄飄乎如遺世獨立，羽化而登仙。」

西漢・玉舞人

玉人身體呈S形，表現了極為熱烈的舞蹈氛圍，展示出漢代流行的翹袖折腰舞的舞蹈形態。

李延年與漢樂府

李延年是武帝時期著名的藝人，擅長作曲、歌舞，他的妹妹正是因為他的一首歌而得到了武帝的寵幸，而他本人也被封為樂府協律都尉，食祿二千石，對漢代祭祀用樂、樂府的發展貢獻良多。但《史記》與《漢書》都將李延年列在「佞幸」的名單裡，這反映出司馬遷與班固對李延年多所批判。

宮廷樂師

李延年是中山（今河北定州）人，他的父母兄妹皆是以樂舞爲職業的藝人，他憑藉音樂才能在宮中效力。據史書記載，中山這個地方有較爲普遍的音樂傳統，男子多做樂師，女子也都會彈奏琴瑟，並經常被納入諸侯之家乃至皇室後宮。李延年早年由於犯法，被判處腐刑，成了閹人，在宮中負責餵養皇上的狗。但他很快就展露了音樂才能，經常在宮中表演一些自己創作的樂曲。每當他演奏的時候，聽眾無不爲之感動。於是，李延年的名聲漸漸傳開，偶爾也有機會在武帝面前表演。

有一次，李延年在武帝面前獻唱了一首北方佳人歌，將自己美貌無雙的妹妹竭盡所能地描述了一番。武帝很喜歡，並由此寵愛他的妹妹李夫人。後來，李夫人爲武帝生下一個兒子，也就是昌邑王劉髆。從這以後，李氏一門皆受榮寵，李延年自然也不例外。他做了高官，而且與武帝的關係非常親密。

李夫人死後，武帝重用李夫人的兄弟李延年與李廣利，並派李廣利征討匈奴。這個時候，太子劉據由於巫蠱之禍冤屈致死，新太子的人選還沒有確定。李廣利出征前，與當時的丞相劉屈氂暗自合謀，想要立昌邑王爲太子。武帝得知他們的計畫後大怒，不

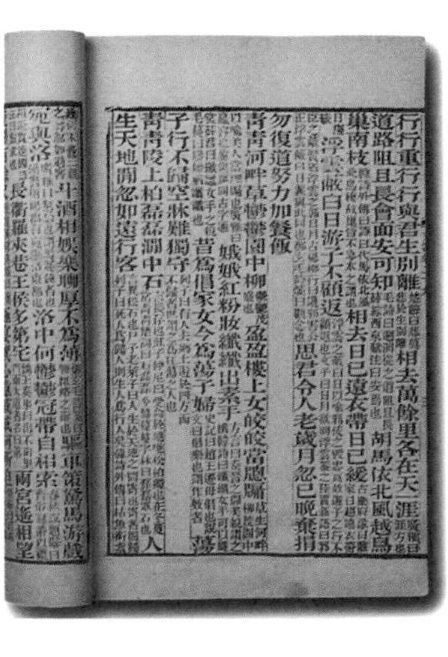

《古詩十九首》書影

漢代文人在樂府民歌的影響下，創作了許多五言抒情詩。梁太子蕭統選了十九首編入《文選》「雜詩」類，標題為《古詩十九首》。

顧當時李廣利正在前線作戰，下令誅殺李廣利的家人，李延年也難逃厄運。李廣利聽聞此一消息之後，投降了匈奴。

協律都尉

李延年雖未得善終，但他對漢代音樂做出的貢獻卻不容抹殺。武帝即位後，尊崇儒學，也因此開始重視音樂的作用，重新大力發展樂府機構，而李延年就在這一過程中充分發揮了他的音樂才能。

爲什麼儒家認爲禮儀和音樂緊密相關呢？儒家認爲音樂不僅僅是一種娛樂，更能反映出君臣關係、國家政局，能對老百姓進行教化，好的音樂可以彌補政治上的缺失，整頓民間風俗，教化百姓，有助於政令的推行。國家統治者重視什麼樣的音樂，百姓的性情就會在這樣的音樂中受到陶冶。例如，《詩經》裡的《雅》和《頌》是高尚、正統的音樂，統治者提倡這樣的音樂，百姓就會走正道；如果統治者沉迷於靡靡之音，百姓也會走邪道。所以，儒家認爲統治者應該重視音樂的作用，用正統的音樂來影響人民。

儒家還認爲，音樂與君、臣、民的關係是息息相關的。古代音樂有五音：宮、商、角、徵、羽。其中，宮音代表君王，商音代表大臣，角音代表百姓，徵音和羽音代表天下其他事物。如果五音和諧，那麼君、臣、民的關係也就和睦，天下太平；如果五音雜亂，天下的倫理、法度也就亂了。由此可見，樂與禮一樣，都是用來協調秩序、維護君王統治的工具，所以歷代君王都很重視音樂。當某個君王建立了豐功偉績，他就一定要製作相應的音樂來稱頌自己，以使人民信服，使國家安定。那麼，毫不奇怪，功勳卓著的武帝也一定要有與自己相匹配的音樂。

武帝本身就很喜歡音樂，遇到什

鎏金四人舞俑銅扣飾

雲南省晉寧縣石寨山出土，佩飾物。四人身著盛裝，頭戴高冠，手持的可能是銅鈴之類的樂器，做舞蹈狀。西南地區的民族自古能歌善舞，此扣飾可作佐證。

麼高興或悲傷的事，都要寫下歌詞，命人譜上曲，演奏給自己聽。例如，李廣利征大宛帶回了汗血馬，武帝非常高興，就寫下了《天馬歌》，用這首歌來表達自己威震四方的神武氣概。

武帝重視音樂，還出於另外一方面的考慮，那就是祭祀的需要。武帝非常看重祭祀天神和祖先這件事，而祭祀時一定要有嚴肅的音樂。漢朝初年，高祖、文帝、景帝都不重視祭祀音樂，所以有一天武帝召集群臣說：「民間祭祀尚且一邊擊鼓一邊跳舞，而且有音樂相伴，而現在朝廷要祭祀卻沒有相應的音樂，這合適嗎？」大臣們紛紛表示：「只有用音樂來伴隨祭祀，神靈們才願意享用祭品。」這更堅定了武帝製作音樂的決心。

朝廷中主管音樂、歌舞的部門是樂府。樂府始自秦朝，但在武帝之前一直沒有致力發展。漢初，高祖劉邦曾經寫了一首《大風歌》：「大風起兮雲飛揚，威加海內兮歸故鄉，安得猛士兮守四方？」劉邦去世後，漢朝廷就讓樂府裡的樂工反覆練習、演奏這首歌，卻沒有什麼新的音樂作品產生。

武帝決定創作一些新的作品用於祭祀，也以此來昭顯正樂，教化百姓。於是，擅長音樂的李延年自然就派上了用場。武帝親自寫了十九章《郊祀歌》的歌詞，又拿出司馬相如等人以前寫過的一些詩賦，命令李延年來為這些歌詞詩賦譜曲。武帝封李延年為協律都尉，讓他全面負責郊祀音樂的創作。李延年成功地創作出了一系列用於祭祀的音樂作品，深得武帝欣賞。

新聲變曲

李延年對漢代樂府音樂的貢獻不僅反映在祭祀音樂的創作上，他還在中原音樂的基礎上吸收了一些西域音樂的成分，創作出一種全新的音樂風格，史稱「新聲曲」。

自從武帝派張騫兩次出使西域之後，漢朝與西域之間的經濟、文化展開廣泛交流。在漫長的絲綢之路上，來來往往的商人、使者們不僅帶來了各自地區的商品、物產，也傳來了音

西漢．彩繪陶樂舞雜技俑

在一個長方形的灰陶盤上，有樂舞雜技及觀賞俑共二十一個（原有二十二個，但一奏樂俑已失）。這些俑色彩鮮亮，造型拙稚但姿態生動，再現了西漢雜技舞樂的場面。

樂、舞蹈、魔術諸文化。西域的音樂與漢朝中原音樂有著不同的特點，較爲粗獷、豪放，與遊牧民族的性情相應。對音樂極爲敏感的李延年捕捉到了這些異域情調，並將其融合到中原音樂中，創作了《新聲二十八解》，這些樂曲有鮮明的西域風情，是漢朝原來的音樂所不具備的，因此這些樂曲被稱爲「新聲曲」。

角觝

角觝是兩個人較量力氣的運動，與今天的摔跤類似。漢武帝時期，角觝戲很受歡迎。據《漢書・武帝紀》記載，元封三年（西元前一〇八年）春天舉行了一次角觝戲的演出，方圓三百里以內的老百姓都紛紛前來觀看。

角觝的起源可以追溯到上古時代的蚩尤民族，據說他們頭上長著角，耳鬢旁長著劍戟。在與黃帝的部落打仗時，蚩尤人就用頭上的角來攻擊對方。到了秦朝，秦始皇提倡角觝，並把它變成一種遊戲。後來，角觝逐漸發展成角觝戲，或稱百戲，規模很大，成為朝野喜聞樂見的大型文藝體育活動，秦二世就曾在甘泉宮「為角觝俳優之觀」。角觝戲內容豐富，不僅有角觝、射箭等項目，還有大量雜技項目，如倒立、走繩索等。

李延年的新聲曲融合了西域音樂中的「橫吹曲」。橫吹曲主要用途是遊牧民族在馬背上創作、演奏的軍樂，具有典型的慷慨激昂的風格。張騫出使西域時，帶回來一首名叫《摩訶兜勒》的橫吹曲譜，李延年就是根據這首曲子的風格創作出他的新聲曲。這些曲子寫出來之後，武帝非常欣賞，覺得這恰好彌補了漢朝軍樂不足的缺憾，於是就下令把這些曲子帶到軍隊中加以演奏、歌唱，用來壯大軍威，激發戰士的豪情。李延年還運用新的樂器來進行創作，其中有二十五弦箜篌、胡笳等，這些樂器有些也源自西域。

自從李延年創作出融合西域音樂風格的新聲曲之後，便大大充實了漢代樂府的內容。之前，樂府歌曲主要以抒發個人情思爲主，之後則增加了邊塞、戰爭題材，並且把一些在西域流傳的歌曲也收錄進來，讓後人得以一睹不同音樂的風貌。戰爭題材的作品如《戰城南》，把戰爭的悲壯寫得淋漓盡致：「水腐屍，戰馬徘徊悲鳴，深水激激，蒲葦冥冥。梟騎戰鬥死，駑馬徘徊鳴。」另外，匈奴人戰敗之後唱的《匈奴歌》也在渾邪王投降之後傳入中原，進入樂府，並經久不衰，彰顯了漢軍的神武。歌中唱道：「失我焉支山，令我婦人無顏色。失我祁連山，使我六畜不蕃息。」

與中原音樂所倡導的「溫柔敦厚」相比，這些樂府新作顯示出嶄新的風格，這不能不說是李延年的貢獻。

西域諸國

積極建立與西域諸國的聯繫，是武帝所做的一項開創性事業。它深化了漢朝與西方國家的相互瞭解和交流，也使威武漢朝聲譽遠播。廣義的西域地區涵蓋了自玉門關、陽關以西直至歐洲的廣袤地域，包括大大小小幾十個國家，其中與漢朝建立外交的不在少數。

漢朝往西

大宛是西域的一個重要國家，位於漢朝正西方大約一萬里遠的地方。那裡的人們安土重遷，以從事農業生產爲主，主要糧食作物是稻和麥。大宛的特產是葡萄酒和汗血馬。當地人喜歡喝葡萄酒，富人家裡藏酒可達一萬多石。漢使從大宛帶回葡萄種子後，漢朝才開始種植葡萄。汗血馬體形高大，武帝爲了得到這種馬，兩次出兵攻打大宛，耗費巨大，終於取得勝利。大宛國土較大，有七十多座附屬城池，幾十萬百姓。當地的軍隊擅長騎馬射箭。

大月氏位於大宛西邊二、三千里。他們原本居住在敦煌、祁連一帶，初名爲「月氏」。最初，月氏很強大，蔑視匈奴。等到匈奴的冒頓單于即位後，打敗了月氏。後來的老上單于殺死了月氏王。月氏國的許多百姓紛紛逃離故土，向西遷移，打敗大夏國，定居在嬀水的北面，稱爲「大月氏」。另外還有一些百姓依然留在原來居住的地方，被稱爲「小月氏」。武帝知道大月氏與匈奴有仇，就想與其聯合攻打匈奴，於是派張騫出使西域。張騫第一次西行的目的地就是大月氏。

安息位於大月氏西邊幾千里。當地的風俗與大宛比較接近，也從事農耕，種植稻子和麥子，生產葡萄酒。安息是西域最大的國家，方圓幾千里，有幾百座城鎮。當地人還擅長做生意，用車或船把貨物運送到附近或遠方的國家。安息人用銀來鑄造錢幣，銀幣上雕刻著當時國王的頭像。一旦這個國王死了，他們就要更換錢幣，在上面換上新國王的頭像。漢朝派使者到安息國去的時候，安息王命人帶著兩萬名騎兵到幾千里外迎接。安息也曾派使者跟隨漢使來考察漢朝的情況，向武帝進獻了大鳥蛋（鴕鳥蛋）和黎軒國（羅馬帝國）擅長變魔術的藝人。武帝很高興。

從大宛往西到安息，幾個國家的語言雖然不大相同，不過風俗習慣都相似，相貌也很雷同，都是深眼窩、多鬚。當地的女子地位較高，丈夫要聽從妻子的話，這一點與漢朝大不相同。

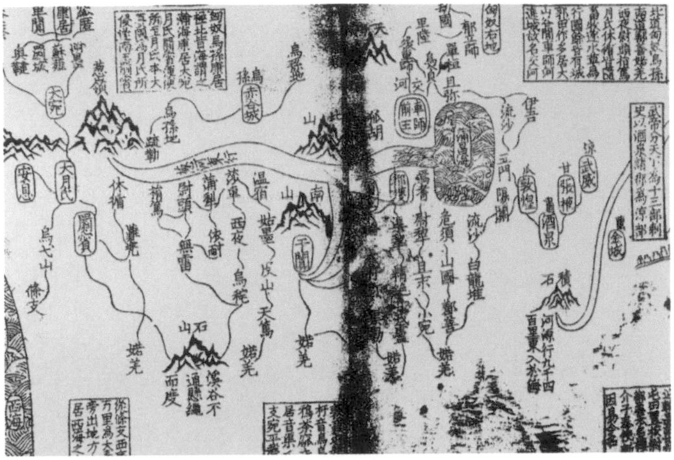

漢西域諸國圖

這是一張南宋景定年間（一二六〇年至一二六四年）的雕版墨印圖，反映了漢代西域諸國的分布和交通路線圖，全圖還標注了七十多處地名。

其他西域國家

烏孫國位於大宛東北方約兩千里。當地人以遊牧生活為主，擅長騎馬射箭。烏孫國曾經臣屬於匈奴，烏孫國王昆莫在匈奴長大，作戰神勇，後來自立為王，不願再臣服於匈奴。張騫向武帝講述了烏孫國的情況，認為可以聯合烏孫夾擊匈奴，這樣相當於斷了匈奴的一條臂膀。武帝同意了，就派張騫第二次出使西域，去說服昆莫與漢朝聯合。昆莫於是與漢朝和親，結成聯盟。

康居國位於大宛西北方約兩千里，國家很小，士兵擅長拉弓射箭。康居向南邊臣服於大月氏，向東邊臣服於匈奴。

條枝位於安息的西邊幾千里，氣候炎熱、潮濕。當地人從事農耕，以種植水稻為主。這裡也有大鳥，產的蛋像酒甕那麼大。條枝的人口很多，且臣屬於安息。

大夏位於大宛西南方約兩千里。那裡的百姓擅長做買賣，不過軍隊力量很軟弱，不善於打仗。月氏西遷時，打敗了大夏，從此加以統治。張騫第一次出使西域時，在大夏看到了漢朝西南邛、蜀兩地生產的物品，得知這是大夏商人從身毒國（印度）買來的，於是建議武帝開拓經由西南方通往西域的道路，受到武帝的重視。

除此之外，西域還有蒲犁國、奄蔡、樓蘭、姑師、于闐、黎軒等國家。透過與這些國家的交流，漢朝既開闊了眼界、結成一些軍事聯盟，也逐步將影響力向西有力地擴展。

牧羊起家的卜式

由於長時間的對外戰爭，漢朝國庫漸漸空虛，武帝不得不想出種種辦法來增加國家收入。但天下的富商大多藏富，不肯支援國家，只有牧羊起家的卜式多次大公無私地把自己的家產捐獻出來，支援國庫。武帝一開始懷疑他的動機，但後來終於相信了他的誠意，對他大加讚賞。

捐財不成

卜式是一個普通的鄉下人，靠種田、畜牧爲生。他父母去世得早，親人只有一個弟弟。弟弟成年後，兄弟倆分了家。卜式把房子、土地、財產等大部分家產都留給了弟弟，自己只帶走了家裡的一百多隻羊。他一個人住在山裡，專心牧羊，幾年以後，羊的數目就翻了好幾倍，達到上千隻。他也積累了不少財富，重新購置了田地和住宅。但是沒過幾年他的弟弟就把分到的家產都敗光了。卜式得知又將自己的財富分給弟弟一些。

就在卜式慢慢發達起來的這幾年間，漢朝頻繁地派兵與匈奴作戰。於是，卜式來到長安，上書武帝，說願意拿出自己一半的家產支援前線。武帝見他這麼慷慨，覺得他一定有所圖，就派使者問卜式：「你是想做官嗎？」卜式說：「我從小就放羊，不瞭解如何做官，並不想做官。」使者又問：「那你是不是有什麼冤情要向皇上申訴？」卜式說：「我與人無冤無仇，而且誰家遇到困難，我總是借錢給他；誰做錯了事，我就教導他。我家鄉的人都很願意聽我的話，我怎麼會有冤情呢？」使者納悶了，就問他：「如果是這樣的話，那你爲什麼要把這麼多錢捐給國家呢？」卜式回答說：「陛下討伐匈奴，國家的每個人都應該出力。有軍事才能的人就應該上前線打仗，有錢的人就應該捐獻錢財或糧食支援國家。如果大家都這樣做，消滅匈奴就指日可待了。」

使者回去後，把卜式的這番話原原本本地講給武帝聽。武帝詢問丞相公孫弘的意見。公孫弘不相信天下會有這麼大公無私的人，就勸武帝不要相信卜式，說：「他這樣做不合常理，可見他是個不遵法度的人，陛下不能把這樣的人樹立爲教化的榜樣。」武帝也覺得有理，就沒有接受卜式的捐贈。於是，卜式就回到家鄉，繼續耕田放牧。

再度捐財

漢朝與匈奴的戰爭接連不斷，朝廷的開支日益增加。匈奴渾邪王率部前來投降，朝廷又拿出大筆的錢安置他們。幾年下來，國庫、糧倉幾乎都要空了。同時，國內一些地方又發生了災情，災民們沒有吃的，只得離鄉背井，大規模遷徙，全靠政府的救濟過活。但國家財政正處於緊張狀態，要完全滿足災民的需求幾乎不可能。

這時，卜式再次站了出來。他拿出二十萬錢捐贈給當地政府，用來幫助災民，紓解國庫壓力。當地的太守按規定向武帝上報捐助者的名單。武帝看到卜式的名字，想起這就是那個上次要捐獻自己一半家產的人。他看到卜式這麼堅持不懈地支援國家，十分感動，相信了卜式上次說的話都是眞心的。於是，武帝重賞了卜式，但卜式把這些賞賜又全部捐了出去。武帝更加欣賞他，決定把他樹立爲榜樣，希望藉此鼓勵天下其他的富商都能像他這樣，拿出錢財來支援國家。

武帝任命卜式做郎官，但卜式一開始不願做官。武帝就說：「上林苑中有許多羊，你去幫我放羊吧。」卜式這才同意了，就穿著麻布衣服和草鞋到上林苑中去放羊。過了一年多，這些羊都長得又肥又壯，而且數目也增加了不少。武帝看到了，表揚他放牧放得好。卜式說：「治理百姓跟放羊是同樣的道理。要讓他們按時勞作、按時休息，如果有危害群體的羊，就要及時淘汰出去。」

武帝聽了這番話，很是驚奇，覺得卜式還有做官的潛力，就派他到地方上去做官。卜式來到地方上後，政績頗佳。於是，武帝就任命他做齊王的太傅，後來又升爲齊國的國相。

後來，南越叛亂時，卜式再次請求爲國赴戰。武帝表彰了他的愛國之情，封他做關內侯，把他的事蹟公告全國。但可惜的是，沒有其他人再像卜式那樣捨己爲國。榜樣的力量遠遠沒有武帝想像的那麼大，他必須採取其他的方式來增加朝廷收入了。

清末民初．馬駘．卜式助邊

此畫表現了以經營農牧業為生的卜式，向西漢政府捐獻家財以資助國家軍費的故事。

告緡令

為了增加政府收入，武帝決定採用強制徵稅的辦法，也就是「算緡」。對那些故意隱瞞財產、不按照規定稅率納稅的人，用「告緡」的辦法強制沒收其財產。透過實施告緡令，武帝打擊了中等以上的富豪，增加了朝廷收入，但也造成不少負面影響。

實施告緡

「緡」是指穿銅錢的細繩，或者指穿起來的一串銅錢，每串一千錢。元狩四年（西元前一一九年），一些公卿大臣上奏，請求「算緡」，也就是向商人徵稅。他們認爲戰爭和自然災害正使國家經濟處於困難時期，應該藉由強制徵稅的方法增加國庫收入。對於不同的商人，徵稅的比例也不同，例如從事賒貸買賣或囤積貨物待時而沽的商人，即使沒有在市場上登記，也要納稅，每二千錢繳納一百二十錢，稅率爲百分之六；對於從事手工業或鑄造業的商人，每四千錢繳納一百二十錢，稅率爲百分之三；做買賣用的小車，每輛要繳納二百四十錢；如果用船舶做生意，船的長度超過五丈的要繳納一百二十錢。

算緡的計畫裡也包括了相對應的懲罰措施。例如，若是有人隱瞞自己的眞實收入，一旦被發現，就要被罰戍守邊疆一年，財產也要被沒收；如果有人告發其他商人的隱瞞之罪，可以獲得被告一半的財產，這也就是「告緡」。

漢朝自文景時代以來開放山澤，任由民間煮鹽鑄鐵，因此致富而家累萬金的大商賈所在皆是。但如果向商人大規模徵稅，必然會遭到富商們的強烈抵制。其實，武帝原本是想透過較爲柔和的方式，也就是樹立榜樣來鼓勵商人們主動支援國家的。他大力表彰兩次向國家捐獻家財的卜式，但

西漢．玉舞人

玉舞人的製作始於戰國，盛於漢代，其狀多作扁平形，所表現的舞蹈是秦漢時期盛行的翹袖折腰舞。

並沒有達到預期的效果。富商大賈們一面隱匿財產，一面又乘著百姓生活困難時，兼併他們的土地。武帝很生氣，決定採取告緡的強制手段，來使富人們無法隱藏自己的財富。

元鼎三年（西元前一一四年），武帝正式頒布告緡令，宣布只要揭發隱匿財富、不按規定納稅的人，就可以得到被告一半的財產。武帝任命楊可主持實施告緡，讓酷吏杜周處理被揭發出來的案件。許多普通百姓紛紛揭發當地的富商，一般中等富裕程度以上的商人都被揭發了。而在杜周的嚴苛執法下，這些商人很少能翻案。告緡令的施行大致上還算順利。

雙重後果

告緡令顯然是針對富裕商人的，而它也確實產生了效果。告緡令實施幾年之後，各地政府沒收的商人財產達到相當大的規模，國庫漸漸充盈了起來。一個顯著的例子是，上林苑裝滿了沒收來的商人財物，而且都快裝不下了，要擴建宮室才行。武帝還大規模修築了昆明池、柏梁台，宮殿也比以前裝修得華麗多了。看來武帝確實是有錢了；在告緡令實施以前，武帝也不得不處處節省，甚至降低自己的膳食標準。

靠告緡沒收的財產大多被分給各級官署，沒收的土地由一些政府部門組織人力去耕種，沒收的奴婢分派到皇家園林去餵養動物。幾年下來，沒收的錢財達上億，奴婢也有成千上萬人。土地方面，較大的縣有幾百頃，較小的縣也有一百多頃。另外，還有一些沒收的住宅等。

告緡令的實施的確爲國家增加收入，但也帶來負面的後果。全國的商人受到了極大的打擊，中等以上的商戶大都破產了。每個人都知道，只要自己有錢，就會被告發，辛辛苦苦累積下來的錢財轉眼就會被充公，那麼誰還會去積累財富呢？於是，一種玩世不恭、及時行樂的風氣開始在社會上蔓延開來，老百姓都學會了今朝有酒今朝醉，有一點錢就一定要花掉，很少有人再去苦心經營賺錢的事業了。

實施告緡令只能解國家一時之急，絕不能作爲長久的經濟政策。所以在元封元年（西元前一一〇年）左右，告緡令就被廢除了。

西漢・彩繪蠶繭罐

臨危受命

武帝登基後，一改對匈奴的政策，依靠堅強的經濟後盾，連年派兵征戰匈奴。另外，武帝還積極征服東越、南越，通西南夷，東征朝鮮，西通西域，把漢朝威望遠播四方。但同時，連年征戰逐漸消耗了文景之治時代遺留下來的財富，漢朝經濟在不知不覺中面臨著巨大的危機。

國家收入大部分仰賴向百姓徵收賦稅，政府開銷加劇，百姓的負擔也就無可避免地愈來愈重。漢朝以農業爲主，一方面，百姓辛辛苦苦地耕種，也不足以供應戰爭前線所需要的糧食；另一方面，政府還徵調許多百姓服徭役，向前線運送軍糧和物資，由於距離遙遠，路途艱險，許多人死在途中。例如，漢朝通西南夷時，爲了修築道路，徵調了幾萬人，讓他們從幾千里外挑著擔子去運送糧食，結果往往是等長途跋涉地運到時，剩下的糧食已不到十分之一。置滄海郡、朔方郡時，也都有類似的情況發生。百姓疏於生產，苦不堪言，民間怨聲載道。

一方面是巨額的戰爭支出，另一方面國內又頻遭天災。被國家財政問題困擾的武帝開始將目光投向大商賈們。武帝號召他們拿出私產救國家之急，但響應者寥寥，只有一個牧羊致富的卜式願意拿出一半家產。大商賈們一面隱匿財產，不肯支援國家，一

理財能手桑弘羊

由於連年對匈奴作戰、開拓四夷，加之時有天災，而武帝又喜愛奢華，花起錢來闊綽大方，種種因素導致漢朝國庫日益空虛，國家面臨經濟危機。桑弘羊就是在這種背景下走上了歷史舞台，他大刀闊斧地進行經濟改革，以出色的理財能力幫助中央政府擴大財源、增加收入。

西漢．長沙馬王堆漢墓木牌

木牌掛於竹笥上，類似於現在的標籤，詳細記錄了各竹笥內所盛放的物品。

面趁機大量兼併土地，囤積財物，勢力進一步擴大。

面對這種情況，武帝採用算緡和告緡的方式向商人強制徵收商業稅，收到不錯的成效，但也造成一些負面影響。他逐漸意識到，要想從根本上改變國家財政困窘的情況，還需要進行大刀闊斧的經濟改革，並需要一位有能力、有魄力的人來操作這項改革。而桑弘羊正是藉此登上了歷史舞台。

鹽鐵官營

桑弘羊出生在洛陽一個商人家庭，受到家庭和洛陽經商環境的影響，從小就在財務方面展現出驚人的天賦。他擅長心算，十三歲就進宮做了侍中，前後侍從宮廷二十年，但一直默默無聞，沒被委派具體事務。元狩年間的財政危機給了桑弘羊一次進入漢朝中央決策高層的絕佳機會。

武帝一朝的財政改革大方向是將一些利潤豐厚的工商業官營化，其中第一項就是鹽、鐵業的官營。鹽和鐵對國計民生來說是十分重要的產品，也是盈利較高的商品，因此，民間私營的鹽鐵業非常發達。爲了增加政府收入，張湯曾向武帝建議鹽鐵官營，並認爲這同時也能打擊富商的勢力。武帝批准了這一建議，命當時的大農令（漢朝管理財政的最高長官）鄭當時辦理此事。鄭當時對鹽鐵業不熟悉，就向武帝推薦了兩位大商人，分別是鹽商東郭咸陽和冶鐵商孔僅。雖然漢朝律法有規定，商人不得爲官。不過，爲了有效推動改革，武帝還是破例任用了這兩個人，讓他們主管鹽鐵官營的事務，並派桑弘羊協助他們。

元狩六年（西元前一一七年），孔僅和東郭咸陽提出了由他們擬定的鹽鐵官營方案，主張下令民間不得私自煮鹽和鑄鐵，由官府招募煮鹽的人，提供煮鹽的鐵盆，發給他們基本的口糧，而煮出的鹽由政府統一收購和銷售；出產鐵的郡縣要設鐵官，統一管理冶鐵和鐵器的製作，即使不出產鐵的郡縣也要設小鐵官，監督管理相關事務。民間如果有人私自煮鹽或鑄鐵，要被處以刑罰——在左腳上戴上沉重的鐵枷，並且沒收煮鹽或鑄鐵的器具。武帝批准了這一方案，派遣孔僅和東郭咸陽到各地巡視鹽鐵官營的情況，並規定之前靠鹽鐵業起家的商人可以做官，以此來

西漢．素面鐎盉

盉為盛酒器或酒水調和的器具。盉之名不見於古籍，但銅器中有自載其名為盉的。

漢耬車（模型）

耬車是世界上最早出現的播種機，中國古代的耬車可以說是現代播種機的始祖。

安撫他們。

鹽鐵官營成效顯著，政府收入大大提高，戰爭所需的糧食和物資大部分都可以依靠經營鹽鐵的收入來供應了。例如，武帝在北方設置張掖、酒泉郡時，調遣了六十萬人戍邊，並從中原地區往邊境修築道路。這些工事所需的經費都由大農（相當於國家財政部）的鹽鐵收入來供給。漢朝鎮壓南方一些小郡的反叛，每隔一年就要派遣一萬多個士兵，所有的軍需也都依靠大農來保障，而大農依靠鹽鐵收入，也完全能負擔得起這筆巨額費用。孔僅在三年之內就升爲大農令，如果沒有政績，就不可能在短期內被迅速擢升。

孔僅和東郭咸陽並不缺乏經濟方面的才能，但二人私心太重，在選用鹽官鐵官時，經常收受賄賂選用從前經營鹽鐵的商賈。這些人上台後大肆生產粗製濫造的產品牟利，使得百姓怨聲載道。終於在元鼎六年（西元前一一一年），孔僅和東郭咸陽因徇私舞弊被免職。元封元年（西元前一一〇年），武帝任命桑弘羊爲治粟都尉，代理大農令，取代孔僅，主管全國的鹽鐵官營事務。桑弘羊開始掌握財政大權，施展他的理財能力。

桑弘羊繼續堅決執行鹽鐵官營的政策，並增設了數十名大農丞做副手，分管各地的鹽鐵事務，並增加了許多設置鹽鐵官的地區。據統計，在桑弘羊的努力下，全國有二十七個郡設立了鹽官，共設鹽官三十五至三十七處；有四十個郡設置了鐵官，共設鐵官四十八處以上。這樣，桑弘羊在全國建立起了較爲完善的鹽鐵管理、經營系統。

除了增加政府收入外，鹽鐵官營還具有一些私營所不能具備的優勢。國家集中資金、設備和人員進行統一的生產、經營、管理，可以有效降低成本。桑弘羊就曾明確指出：政府統一生產，可以有充足的資本保障和完善的設備，有利於生產出優質的產品；而私人經營的話，本錢不足，設施不佳，產品的品質較差。所以，他堅決主張國家總管鹽鐵之事，認爲這樣既可以使生產標準化，也能穩定物價，對國家、對百姓都有利。

此外，鹽鐵官營還可以提高生產

技術水準，並抑制地方上依靠鹽鐵業暴富的豪強，削弱他們的勢力，使之不能對朝廷構成威脅。也正因爲如此，官營政策便遭到一些地方商賈的強烈反對，桑弘羊本人也常常成爲被攻擊的對象。

但不可否認的是，鹽鐵官營也有它的弊端。一些地方官員在操作上的官僚作風，對百姓帶來了不便。卜式在地方上做官時就發現，許多百姓認爲政府賣的鐵器價格昂貴，有時候官員還強令百姓購買。桑弘羊也瞭解到這些情況，並認爲這些問題是地方官員的不良作風所造成。

均輸平準

均輸法和平準法是桑弘羊主管實施的重要經濟政策，也是他的獨創政策。實施的目的在於使國家壟斷商品的運輸，控制商品價格，進而增加國家收入，減少國家的損失。

均輸是一種控制貨物運輸的方法。按照漢朝的法令，全國各郡都必須定時向朝廷貢納當地的特產。以前，一般都是各郡自己負責運輸，從本地運往京城。由於路途遙遠，當貨物運抵長安時，或損壞，或變質，原本好端端的特產貶值不少，有時還抵不上運費。這對各郡也是筆不小的負擔。於是，桑弘羊決定由國家統一經營各地貨物的運輸事務。他下令由大農在各郡設置均輸官，負責把當地上貢的物品按時價收購，但並不直接運往長安，而是輾轉運到物價較高的地區，高

桂宮觀景台遺址

桂宮建於武帝太初四年（西元前一〇一年），位於今陝西西安市西北。

價賣出，經過各地之間的協調運輸，最後把國家需要的物品運往長安。

於是，均輸法就主要承擔了兩項職能：其一，國家統一調配物資，爲各郡減輕了運輸負擔；其二，在時價收購——轉運——高價賣出的過程中，國家也增加了收入。從某種程度上說，這對國家和各郡來說是一項達到「雙贏」效果的政策。

均輸使漢朝中央政府控制了各地之間的貨物運輸，將依靠販賣貨物發財的商人徹底擠出了市場。這種國家統一調配物資的方法自然有其好處，例如，將某些地區急需的物品運送過去，在災荒之年保障災區的物資輸送，保障戰爭前線的軍需，減輕距離長安較遠的地區的運輸負擔等等。另外，國家還能從物資的轉運中利用差價獲取利潤，這也大大增加了國家的財政收入。

不過，均輸政策在施行過程中也出現了一些弊端，主要還是由於一些地方官員的不良做法。例如，均輸本來主要是運送各地出產的特產，但有些地方官員卻不要農民生產出來的東西，反而強制收購一些農民沒有生產的東西，這就導致農民不得不把自己的產品賤賣，再去購買官員索求的物品，作爲納貢，這無疑更加重了百姓的負擔。但是除了這些官僚作風導致的不合理現象之外，均輸仍不失爲一項好政策。

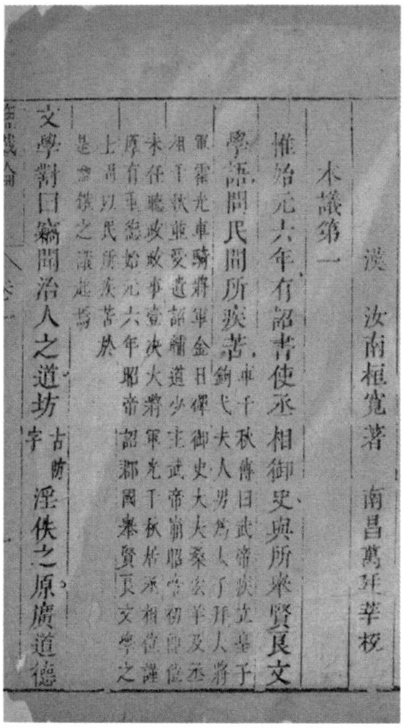
漢　汝南桓寬著　南昌萬廷□校
本議第一
惟始元六年有詔書使丞相御史與所舉賢良文學語問民間所疾苦
文學對曰竊聞治人之道防淫佚之原廣道德

明嘉靖刻本《鹽鐵論》書影

漢昭帝時，大臣霍光圍繞是否繼續施行漢武帝時的鹽鐵官營、酒榷、均輸等經濟政策，與桑弘羊等人意見相左。雙方於昭帝始元六年（西元前八一年）召開「鹽鐵會議」，對為政得失展開了一場全面辯論。西漢桓寬根據鹽鐵會議紀錄撰寫了《鹽鐵論》。

平準是桑弘羊創立的另一種經濟政策，它的主要目的是維持物價的穩定，實際操作辦法爲：在京城設立平準機構，統一管理各地通過均輸運送來的物資。當某種貨物的價格過高時，平準機構就拋售這種貨物，以使價格降低；當某種貨物的價格過低時，平準機構就大量收購這種貨物，以使價格提高。這樣，國家就可以穩定物價，防止不法商人操縱市場價格以牟取暴利。

除了鹽鐵官營、均輸、平準之外，桑弘羊還直接參與和指揮了一系列經濟改革措施。例如「納粟拜爵」，也就是規定人們可以透過捐贈糧食的方式來取得官職或者抵消罪行。又規定，百姓如果繳納一定數目的糧食，就可以免除賦稅徭役。這些政策使得政府糧庫漸漸充盈，邊境地區也有了多餘的糧食。另外，桑弘羊還參與了「酒榷」，也就是實行酒類產品的國家專賣。

鹽鐵會議

由於在經濟改革中的重大貢獻，桑弘羊深得武帝的器重，於是，在武帝臨終之時，桑弘羊成爲武帝的託孤大臣之一，與霍光、金日磾、上官桀、田千秋共同承擔起輔佐年幼的昭帝劉弗陵的重任。

然而，他們四個人之間卻並不團結，由於爭權奪利，霍光與桑弘羊之間的心結愈來愈深。於是，霍光想要在輿論上打擊桑弘羊。漢昭帝始元六年（西元前八一年），在霍光的主持下，著名的「鹽鐵會議」召開了。霍光借助從民間招來的儒生，將矛頭直指桑弘羊，以及他負責實施的鹽鐵官營等諸項經濟改革措施，全盤否定這些措施，實際上也就是全面否定桑弘羊。而桑弘羊則在會議上與儒生們展開了激烈的辯論，堅決捍衛經濟改革的成果。這次會議的內容在漢宣帝時桓寬所著的《鹽鐵論》一書中有詳細的記述。

在鹽鐵會議上，桑弘羊雖然據理力爭，但由於霍光的權勢太大，實際上他在輿論方面還是處於下風。會議上的辯論看似是單純的學術爭鳴，實則是政治之爭。會後，桑弘羊與霍光之間的衝突進一步加劇。第二年，霍光以鎮壓「燕王之變」（燕王劉旦與上官桀等人合謀廢黜昭帝的政變，未遂）爲藉口殺掉了桑弘羊。

整體看來，桑弘羊爲武帝一朝的財政改革貢獻卓著。他所主持和參與的種種改革措施，爲增加政府收入、支援對匈奴的作戰發揮了重大的作用。他在鹽鐵會議上陳述的一些經濟思想也彌足珍貴。然而這樣一位理財能手、傑出的經濟改革家，最終也命喪於政治鬥爭。

投壺

投壺主要是王公大臣、儒雅之士在宴飲時喜歡進行的一種投擲遊戲，起源於春秋戰國時期。那時候，貴族之家宴請賓客時，其中的一項禮儀就是請客人射箭。當時，射箭是每個成年男子必須掌握的一門技藝，但有些客人確實不會射箭，怎麼辦呢？於是就用箭來投酒壺，代替射向箭靶。由於這種方法比較從容優雅，時間長了，投壺就取代了射箭，成為宴飲時的一種遊戲。投壺進行時，還經常有歌舞助興。投壺最初用的是真正的箭，漢武帝時，俳優郭舍人善於投壺，而且用細竹棒來代替箭，更增強了投壺的遊戲性。

酎金案

因為上交的金子份量不足，一百零六位王侯被武帝一怒之下剝奪了爵位。元鼎五年（西元前一一二年）發生的酎金案，表面上是由於金子的原因，其實背後隱含著複雜的經濟、政治層面的考慮。武帝藉由酎金案進一步削弱了諸侯的勢力，加強了中央集權。

酎金何爲

「酎金」是指古代祭祀天地或祖先時供奉的黃金。祭祀是古代朝政中的大事，歷朝歷代的皇帝相信只要自己虔誠地祭祀，就會國泰民安、皇權穩固。所以，與祭祀這件國家大事相關的東西也變得神聖無比。

漢代關於祭祀有著嚴格的規定。按照漢朝的律法，只有皇帝才有權獨自決定舉行祭祀天地、祖先的活動，而同爲皇室子孫的各個諸侯王或者被冊封的列侯則沒有權力單獨進行祭祀活動。雖然如此，這些諸侯王、列侯們也不能忘本，不去敬天祭祖。那怎麼辦呢？於是，朝廷規定，每當皇帝要祭祀的時候，各諸侯王、列侯必須派人帶著供奉的祭品來京城陪同皇帝祭祀，稱爲「助祭」。這樣一來，皇帝的祭祀其實又多了一項功能，那就是檢驗列侯，尤其是諸侯王對自己是否忠心。如果某個諸侯王派來的使者很虔誠，帶來的祭品也不錯，那麼這個諸侯王就讓人放心；而如果某個諸侯王找藉口不來助祭，或是準備祭品敷衍隨便，那麼皇帝就要對他多加防範了。

最初，諸侯王、列侯們帶來的祭品多是自己封地的特產，後來逐漸變成了黃金，因爲與皇帝「賞酎」的行爲有關，後又稱「酎金」。「酎」是

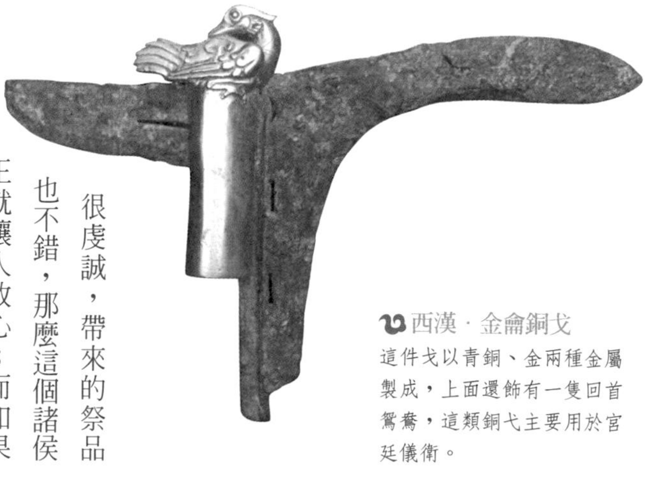

西漢・金龠銅戈

這件戈以青銅、金兩種金屬製成，上面還飾有一隻回首鴛鴦，這類銅戈主要用於宮廷儀衛。

西漢・車馬儀仗圖

這是一幅專為墓主人喪葬而製作的帛畫，展示了西漢王侯出行時的盛大場面。此帛畫出土於長沙馬王堆漢墓。

皇家專門爲祭祀而釀製的美酒，一般每年的正月開始釀，到八月製成。漢朝規定的天子祭祀的時間也是在每年的八月，所以每年的這個時候，各地的王侯派來助祭的使者都來到京城，皇帝就賞賜給他們酎喝，而他們則獻上作爲祭品的黃金，因此，這些與酎相關的金子就被稱爲「酎金」。

因爲酎金在祭祀和政治方面都具有重要意義，所以漢朝的皇帝非常重視它，並專門制定了「酎金律」，對酎金的數量、品質以及相應的懲罰措施都制定了詳細的規範。

酎金是按照各個王侯封地上的人口數量來繳納。酎金律規定：每一千人要繳四兩黃金；如果總人數不足一千人但超過五百人，就按四兩來繳納。對於一些邊境地區的王侯，也可以用象牙、翡翠、犀角等珍稀物品來代替黃金，但一般的地區都以繳黃金爲主。當時，一般封地較大的王侯所管轄的人口都在十五萬到二十萬之間，這樣算下來，他們要繳納六十斤到八十斤黃金。對於朝廷來說，這也是一筆不小的收入。

酎金律同時規定：如果某個諸侯王或列侯交上來的黃金不足份量，或者品質較差，那麼該諸侯王就要被削減封地，列侯要被剝奪爵位。

經濟因素

元鼎五年（西元前一一二年），因爲一些諸侯王、列侯上繳的酎金份量不足，或品質差，武帝一下子剝奪了一百零六人的爵位，而當時負責管理酎金事務的丞相趙周也因此被判處死刑。這次酎金案的規模之大、涉及人員之多、程度之嚴酷，都十分驚人。酎金不純的事情之前也曾發生過，但皇帝和朝廷官員都睜一隻眼閉一隻眼就過去了，沒有追究。那麼，爲什麼到了元鼎五年，武帝要突然下狠手，給這些王侯們來個措手不及呢？這不僅僅是金子本身的問題，其背後有著複雜的經濟和政治因素。

在經濟因素方面，元鼎五年的時候，漢朝國內經濟形勢嚴峻。本來武帝剛剛即位時，由於文景之治時的休養生息，國家出現了難得的經濟繁榮局面。百姓殷實，國庫充盈，全國呈現出一派欣欣向榮的景象。武帝就憑藉這強大的經濟後盾開始了他南征北戰、東征西討的宏大事業。經過連年戰爭，尤其是多次大規模對匈奴作戰，漢朝積累下來的財富日益虧空。有些年還遇上自然災害，爲了安置災民，朝廷的負擔又加重了不少。爲了渡過難關，武帝甚至也不得不降低自己的膳食標準。

面對財政危機，武帝採取了一系列措施來整頓經濟。他任命桑弘羊爲主管財政的官員，進行了將諸多經濟項目收歸國有的改革。例如，鹽鐵官營，把煮鹽和冶鐵的權力收歸政府，進而控制了國家的經濟命脈。實行均輸政策，把各地之間貨物運輸的業務也收歸國家。政府還實行「納粟拜爵」，向國家多繳納糧食的人就可以做官或者減免罪行。酒類經營也只能由政府來進行。

這些政策收效甚宏，但武帝並不就此徹底滿足了，因爲他看到，這些政策主要打擊的是工商業者，但對於並不需要直接經商的諸侯王、列侯們的影響並不大，這些王侯們依然很富有。武帝希望他們也能站出來，貢獻出自己的一份力量，以解國家燃眉之急。爲了鼓勵這些王侯，武帝還特意給他們樹立了一個榜樣，把靠牧羊起家並多次向國家捐獻財產的卜式封爲侯爵，希望其他的王侯都能向卜式學習，爲國家貢獻財產。但各個諸侯王、列侯並不響應。見到這種狀況，武帝怎能不生氣。到了八月祭祀的時候，朝廷檢查王侯們進獻的酎金，竟然還有份量不足的情況，這讓武帝更加憤怒。於是，這些不識時務、心存僥倖的王侯踩到了皇帝的底線，一百零六人因此失去了他們賴以享盡榮華富貴的侯爵之位。

政治因素

除了經濟因素，酎金案的發生還有深層的政治原因，那就是武帝爲了削弱諸侯王的勢力，加強中央集權。

漢初採取分封制，漢高祖劉邦建國後，分封了一系列異姓諸侯王和同姓諸侯王。但後來，爲了翦除異己，他逐漸廢除了異姓王，保留下與自己同爲皇室宗族成員的同姓諸侯王。劉邦封諸侯王，是爲了讓他們保衛朝廷，在危急時刻還是要靠骨肉兄弟幫助，免得像不實行分封的秦朝一樣，各地硝煙四起的時候，中央朝廷只能孤軍奮戰。

但分封制必然有它的弊端，那就是當諸侯王的勢力增強之後，同樣會對朝廷形成威脅。天下畢竟只有一個皇帝，人人都想當，而那些看起來似乎離皇位並不遙遠的諸侯就更加渴望帝位。於是，他們在自己的封國裡積蓄力量、收買人心、蓄養謀士，因此逐漸壯大。這也是他們在國家經濟危急的時候不願出手相助的原因之一。誰願意主動削弱自己的力量，也就是自己將來爭奪皇位的資本呢？當力量達到一定程度的時候，他們就蠢蠢欲動，於是就有了景帝時候的七國之亂，有了武帝時候的淮南王、衡山王謀反。其實，在任何實行諸侯分封制的時代，這樣的問題都無法避免。

爲了削弱諸侯勢力，武帝採用主父偃的建議，發布推恩令，規定諸侯王的封地可以進一步分封給他們所有的兒子。這樣一來，那些諸侯子弟很樂意，而朝廷也在無形中逐步削弱了各個諸侯的勢力。

推恩令是控制諸侯的主要手段，不過武帝依然抓住每一個機會打擊諸侯王。元鼎五年（西元前一一二年）夏天，南越丞相呂嘉不願歸附漢朝，起兵對抗漢軍。這時，那位一心爲公的卜式又站了出來，主動請求上前線去作戰。卜式原本只是個種田、放牧的普通農民，照理是不會打仗的，卻依然這麼急國家之所急，這讓武帝十分感動。於是就把卜式的事蹟昭告天下。但讓武帝憤怒的是，各個諸侯王擁有兵力，竟然沒有一個人願意挺身而出率領軍隊抗擊南越。於是，就在同年八月，武帝安排了酎金案，以此來教訓那些自私自利的諸侯王，進一步削減他們的勢力。

西漢・錯金鐏

錯金為金屬器物裝飾工藝中的一種，多在銅器或鐵器表面用金絲鑲嵌成花紋或文字為飾。

漢武求仙與封禪泰山

武帝曾經癡迷於鬼神之說，相信那些信口雌黃的方士，一心想要見到神仙，長生不老。不過，他的這個願望一再受到現實的打擊。晚年，他終於發現方士皆是騙子，不禁感慨自己昔日的愚昧。

少君不死

中國人自古以來，就十分相信鬼神的存在，認爲如果敬畏鬼神，就能得到保佑；甚至能像他們一樣成仙，得以永生。武帝從剛剛即位時，就很相信這一套說法。爲了得到神仙的眷顧，他重用了一批自稱能引來仙人的方士。

其中一位受重用的方士名叫李少君，沒有人知道他的年齡、籍貫和生平來歷，但民間流傳著關於他的種種不可思議的傳說。他自稱七十歲，能驅鬼迎神，長生不老，沒有妻兒，一個人周遊全國。人們聽說他有不死之術，都很敬畏他，紛紛贈送給他財物，希望他保佑自己。結果，李少君不事生產卻也衣食無憂。而愈是這樣，人們就愈迷信他，漸漸地，他的名聲愈來愈響亮。

有一次，李少君在武安侯田蚡家中做客，宴席上有一位九十多歲的老人，李少君說自己曾經和這位老人的祖父一起打過獵。大家都不相信，於是李少君就說出了幾個他們打過獵的地名。老人聽了，發現果然是自己祖父喜歡去的地方，大吃一驚。後來，李少君被武帝召見。武帝爲了考驗他，拿出一件古老的銅器，問他是哪個朝代的。李少君看了看，胸有成竹地回答：「乃齊桓公時期的器物。」武帝又找來學者考證銅器上的銘文，發現果然所言屬實。這下子，武帝徹底相信他了，整個宮廷爲之震驚，都

西漢．羽人天馬玉飾

飛馳於雲端的天馬上乘騎著一個羽人。羽人即仙人，這件玉飾上的仙人遍身羽毛，肩生雙翼，雙耳大且上聳，正是西漢人心目中仙人的形象。

以爲李少君眞的活了幾百年。

李少君勸武帝煉仙丹，說這樣可以延年益壽，還能見到蓬萊島上的仙人。武帝相信他，從此生病時不再吃藥，專吃仙丹，還派出許多人到蓬萊島去尋找仙人。

但自稱不死的李少君最後還是因病去世了。武帝不相信李少君死了，堅持認爲他是變成神仙升天了，依然敬重他。看到武帝這麼喜歡求仙，全國各地的方士紛紛湧入京城，宣稱自己能見到神仙，希望得到皇帝的器重。

方士將軍

武帝重用方士，甚至封他們爲將軍，也許是想讓他們引來仙人。武帝時著名的方士將軍有兩個，一個叫少翁，一個叫欒大。

少翁會招魂，武帝寵愛的李夫人去世後，就是他爲李夫人招魂，讓武帝得以重睹李夫人的芳容。因此，武帝重用他，封他爲「文成將軍」，還賞賜了許多財物。少翁爲了顯示自己能引來神仙，就對武帝說：「要有適合神仙住的宮殿、穿的衣服、坐的車子等東西，否則神仙是不會來的。」武帝聽信他的話，花費巨資打造了甘泉宮，製造了繪有五彩雲圖的車子，等待神仙到來。但過了一年多，神仙還是沒有來。少翁擔心武帝會起疑，就耍了個小花招。他讓人在一張布帛上寫了一些誰也看不懂的字，讓一頭牛把這張布帛吞下去，之後假裝自己什麼也不知道，前去稟告武帝說發現一頭牛的肚子裡似乎有仙氣。武帝派人殺掉牛，果然看到一張帛書，上面寫著一些看不懂的字，彷佛天書一般。但不巧的是，武帝認出了寫字人的筆跡。他把那個人叫過來詢問，那人不敢說謊，從實招了。武帝非常生氣，認爲少翁是個騙子，就殺了他，但怕此事傳出去自己丟面子，就對外宣稱少翁是吃馬肝中毒死的。

欒大原來是膠東康王宮裡的人，康王的王后讓弟弟樂成侯丁義向武帝推薦了欒大。欒大不學無術，喜歡誇口，他在武帝面前把自己吹噓得天花

二將軍柏

武帝元封元年（西元前一一〇年），武帝遊嵩丘時，見到三棵高大茂盛的柏樹，於是封為大將軍、二將軍及三將軍。三將軍於明末時毀於大火，而大將軍、二將軍生長至今，位於今河南登封嵩陽書院內。

漢武仙台

武帝元封元年（西元前一一〇年），武帝路經周郡橋山，為了祭奠黃帝，在黃帝陵的對面修築了一座比黃帝陵還高出一半的「九轉祈仙台」，後人稱之為漢武仙台。

亂墜，說自己經常見到蓬萊島上的仙人，與之交遊，能得到不死仙藥。武帝要考考他，讓他施展法術看看。他就拿出一張棋盤，放上棋子，那些棋子就自動互相撞擊。武帝見狀就相信了他。其實，據後來人考證，這個小把戲其實是個騙術，那些棋子是帶磁性的石頭，可以在旁邊加以操縱。

爲了表示對欒大的信任，武帝一下子賜給欒大四枚將軍印：天士將軍、地士將軍、大通將軍與五利將軍。當時黃河經常氾濫，武帝希望欒大能用神術幫助治河，就又封他爲樂通侯，賞賜給他上等的房子和一千名僮僕，又賜給車馬、帷帳、日用品等等，把他的房子都裝滿了。武帝還把女兒嫁給欒大，並親自到欒大家裡去看他，又封他爲天道將軍。欒大平步青雲的經歷大大鼓舞了天下方士，吹噓自己有仙術的人愈來愈多了。

後來，武帝派欒大去東海求仙，欒大怕謊言被揭穿，不敢去，而是改去泰山祭祀，說自己見到了神仙。其實武帝派人偷偷一路跟著他，根本沒看到什麼神仙。武帝這才發現欒大也是個騙子，盛怒之下誅殺了他和推薦他的丁義。

自此之後，武帝逐漸對方士失去了信任，對求仙、長生之類的事也不似從前那般熱衷了。晚年時，他把宮中的方士全部趕走，並向群臣感慨道：「我以前眞是愚蠢，被方士騙了。天底下哪有什麼仙人，都是瞎編出來的。只要節制飲食、吃藥，少生點病，自然會長壽。」

泰山封禪

封禪是古代帝王祭祀天地的重要儀式。當一個帝王成就了豐功偉業之時，他要感謝天地的幫助，把祭天稱爲「封」，把祭地稱爲「禪」，表明自己是受天命來治理天下。

在武帝之前，歷史上第一次統一中國的秦始皇曾經到泰山封禪。武帝文治武功出眾，自然認爲自己也有資格舉行封禪大典。而且，當時武帝非常想與神仙相通，而方士們宣稱，古時候黃帝就曾經因爲封禪而遇仙。他們說，當時天上出現一條垂著鬍鬚的龍，來接黃帝到天上去。黃帝騎上了龍，他的許多大臣和妃子也爬到了龍身上，而其他人也爭先恐後想要擠上去，擠不上去的就抓住龍的鬚髯，結果龍飛上天後，這些人就掉了下來。方士們描繪得活靈活現，武帝欣羨不已，更加堅定他舉行封禪大典的決心。

爲了封禪，武帝做了精心的準備。他覺得應該先展示漢朝的軍威，也就是向上天展示自己統治下的強大兵力，好讓封禪更加名實相符。元封元年（西元前一一〇年），漢朝經過長期對匈奴作戰，已經把匈奴逼到了遙遠的北方，不敢與漢朝抗衡。武帝親自率領十八萬大軍巡遊漢朝與匈奴交界處的朔方郡，浩浩蕩蕩，旌旗千里。到了朔方，武帝還派使者去見匈奴單于，勸他投降。回來的路上，武帝祭祀了黃帝墓。

同年三月，武帝前往嵩山祭祀，又到東海去巡視。到了四月的時候，武帝終於來到泰山正式舉行封禪大典。首先在泰山腳下設立了神壇，進行祭祀。然後，武帝與隨從登上泰山，舉行了封禮。第二天，來到泰山東北部的一座名叫肅然山的小山舉行了禪禮。在封禪時，武帝親自祭拜天地。

武帝還在泰山上立了一塊石碑，上面刻著自己的功績，如「四守之內莫不爲郡縣，四夷八蠻咸來貢職」，也就是說，在自己的治理下，漢朝的疆域大大擴展，聲勢威震四方，周圍的小國紛紛臣服。最後，武帝希望「人民蕃息，天祿永得」，也就是希望上天永遠保佑漢朝江山。因爲封禪，武帝還大赦天下。從元封元年到征和四年（西元前一一〇年至西元前八九年），武帝一共到泰山封禪六次，可見他對「天祐」的渴望。

不過，一個國家的安寧並不能完全依靠上天。武帝的豐功偉業大部分是在他的前半生獲得的，而在他多次舉行封禪的後半生，由於常年戰爭、財政超額支出，其中也包括用於封禪的巨大花費，使得漢朝江山反而不穩定起來，民間時有叛亂，甚至幾乎有「亡秦之勢」。所以說，國家的興亡最重要的還是要靠「人事」，而不是「天命」。

西漢・升仙圖壁畫（局部）

此壁畫位於河南洛陽卜千秋墓中，表達了墓主人祈求靈魂早日登天升仙的願望。

武帝治河

武帝統治期間，黃河在瓠子決口，武帝親臨黃河現場指揮治河，這在古代歷史上是極為罕見。武帝親自寫下兩首《瓠子歌》，表達他治理黃河的決心和治河成功後的喜悅心情。此外，武帝還多次修建水渠、運河，這不僅有利於朝廷運送糧食，也有助於老百姓灌溉農田，有些水利工程一直保留至今，造福後世。

治理黃河

中國古代社會以農業生產為主，對農業來說，灌溉是非常重要的環節。有充足的水源，農作物才能生長良好，因此，中華民族是從黃河流域逐漸繁衍起來的，並稱黃河為「母親河」。但這條生命之河有時也是暴虐的，當它衝破堤岸，傾瀉而出時，一下子就能淹沒周圍一望無際的農田，斷絕當地農民唯一的生活來源。古人對黃河是又愛又恨，而治理黃河也幾乎成了歷代君王都要面對的難題。

文帝時，黃河曾在酸棗縣（今河南鹽津境內）決口，並沖毀了白馬縣（今河南滑縣北）的金堤，朝廷不得不發動大量士卒去堵塞決口。四十多年後，即武帝即位不久的元光三年（西元前一三二年），黃河又在瓠子（今河南淮陽縣）決口，洶湧的河水一直向東南方流去，經過鉅野澤，與淮水、泗水匯合，當地的農業生產嚴重受創。武帝派大臣汲黯、鄭當時等人發動士卒去堵塞決口，但剛剛堵好，又再次決口，桀驁不馴的黃河實在難以制服。

當時，武安侯田蚡做丞相，他的封邑在黃河北邊，沒有受到黃河決口的影響，依然獲得大豐收。於是，他就對武帝說：「長江、黃河的決口是天意的安排，不能強行用人力去堵塞，如果去堵，未必符合天意。」另外一些裝神弄鬼的方士也自稱領悟了天意，附和田蚡的說法。於是，篤信神鬼之說的武帝在很長時間內都沒有再過問黃河的事情。

在瓠子決口後的二十多年裡，當地農業每年都因黃河洪水氾濫幾乎顆粒無收，但身處宮中的武帝並不知情。一直到元封元年（西元前一一〇年），武帝到泰山封禪的路上，經過黃河，才發現洪水對當地百姓帶來的災難。第二年，又遭逢大旱，武帝下決心不再相信所謂的天意，趁水少的時候一鼓作氣堵塞瓠子決口，斷絕水患。他派大臣汲仁、郭昌徵發幾萬名士卒來堵塞瓠子決口，還親自來到現場，在河中沉下白馬玉璧以祭河神，並命令隨行的將軍以下的官員一律親自上陣，背著柴草去堵決口。由於東郡人用柴草來燒飯，使得堵決口的柴草不夠用，人們就砍掉當地的竹子插在河中，填柴和上石來築堤。在官民的共同努力下，瓠子決口終於被堵上了。為了紀念這件事，武帝命人在河堤上修建了一座宮殿，起名叫宣房宮。

武帝在堵瓠子決口的指揮現場還有感而發，創作了兩首《瓠子歌》。第一首感歎自己多年來竟不知災情如此慘重，第二首描繪了官民共同堵塞決口的場面。

其一：「瓠子決兮將奈何？浩浩旰旰兮閭殫為河！殫為河兮地不得寧，功無已時兮吾山平。吾山平兮鉅野溢，魚沸鬱兮柏冬日。延道弛兮離常流，蛟龍騁兮方遠遊。歸舊川兮神哉沛，不封禪兮安知外！為我謂河伯兮何不仁，氾濫不止兮愁吾人？齧桑浮兮淮、泗滿，久不反兮水維緩。」大意是：「瓠子決口啊，可怎麼辦？浩浩蕩蕩啊，到處成河。到處成河啊，大地不得安寧，決口還沒有堵上啊，吾山快要被鑿平。吾山快要被鑿平啊，鉅野湖水又流淌出來，魚兒遍地都是啊，水已迫近天邊。黃河源道弛壞啊，河水橫流，蛟龍縱情馳騁啊，恣意遠遊。回歸原來的河道吧，神啊要保佑，如果不去封禪啊，我哪裡知道水災如此嚴重！替我質問河伯吧，他為何如此不仁？河水氾濫不止啊，愁壞了我們這些人。桑葉飄起來了啊，淮水泗水都滿了，河水長久不回正道啊，因為河邊的堤岸已經毀壞。」

其二：「河湯湯兮激潺湲，北渡污兮浚流難。搴長茭兮沉美玉，河伯許兮薪不屬。薪不屬兮衛人罪，燒蕭條兮噫乎何以御水！林竹兮楗石菑，宣房塞兮萬福來。」大意是：「黃河浩浩蕩蕩啊，激起波濤。向北的河道很遠啊，疏導不易。放下竹索填石

甘泉宮遺址

甘泉宮位於今陝西咸陽淳化縣甘泉山南麓，約建於武帝建元二年（西元前一三九年），是武帝的離宮，為武帝僅次於長安未央宮的重要活動場所。二千多年前，漢武王朝時期有許多重大政治活動都在這裡進行。

啊，沉下美玉，河伯即使答應啊，柴薪也不夠用。柴薪不夠用啊，是衛人的過錯，柴薪被燒得沒有了啊，唉，拿什麼來堵水！砍下林中的竹子啊，打樁立石來填塞，宣房堵塞成功啊，萬般幸福都來到。」

爲了引導黃河向北流，武帝又下令在當地修建了兩條較大的水渠。從此，當地在很長一段時間內都沒有再受到黃河氾濫的影響。

修渠開河

除了治理黃河，武帝還十分重視水利建設。古時候，水路運輸是一種重要的運輸方式，其中包括向京城運送糧食。因此，水路發達對國家的經濟建設也是很有利的。武帝非常重視興修水利，多次聽取大臣們的意見，開鑿新的水渠和水路，以發展交通和農業灌溉。

當時擔任大司農的鄭當時曾經向武帝建議修建漕渠。他認爲，當時關東地區經水路向京城運送糧食一般要六個月，全程九百多里，一路上經常遇到艱難險阻。如果修建水渠，引渭河之水，從長安開始，沿著終南山到達黃河，一共三百多里，而且沒有彎路，有利於水運。如此一來，從關東運來的糧食可以直達長安，差不多三個月就能運到，可以節省大量的時間，也能節省人力物力。另外，渠道兩旁的農田也能因此得到灌溉，關中地區的土地會更肥沃，收穫的糧食會更多。武帝覺得很有道理，就派水利方面的專家徐伯選定開渠的路線，豎立標記，徵發了幾萬名士卒開鑿渠道，用三年時間就開通了。

這條渠道起自長安西南部，經過臨潼、渭南、華縣、華陰、潼關，到達黃河，使關東地區的物資可以直接運到長安，十分方便。同時，渠道兩側百姓的農田也得到了灌溉，可謂一舉兩得。

後來，河東太守番系也請求開渠。他建議挖渠道引汾水灌溉皮氏、汾陰一帶的土地，引黃河水灌溉汾陰、蒲阪一帶的土地，預估這樣可以澆灌土地五千頃。這些土地原本都是河邊的荒地，百姓們一般都在這裡放養牲畜，如果引來了水源，就可以種植農作物，預計這麼大面積的土地每年可以收穫二百萬石以上的糧食。糧食收穫以後，可以通過渭水直接運到京城，跟在關中地區種的糧食差不多。武帝聽了也很心動，就又發動幾萬人修渠。不過，這項計畫並沒有得到預想的效果。幾年後，黃河改道，這片新開墾的土地又荒廢了。後來，朝廷把從越地遷入內地的百姓安置在這裡耕種，僅向他們收取比較少的賦稅。

之後，又有人建議修渠引洛水來灌溉重泉城（在今陝西蒲城）以東的一萬多頃鹽鹼地，武帝同意了。這條渠後來被取名爲「龍首渠」。在修建它的過程中，還發明了一種新的修渠方法，即「井渠法」。這種方法是沿著修渠的路線打很多口井，然後在井下將渠貫通，這樣可以越過一些土質疏鬆的地段。後來，在李廣利第二次征大宛的戰爭中，漢朝派人斷絕了大宛城的水源，但大宛自稱找到了會井渠法的漢人，以此來與漢軍談判。由此可見，井渠法是由中原傳入西域。

太始二年（西元前九五年），武帝又批准了趙國中大夫白公奏請修建「白公渠」的意見。這條渠道是在戰國時期的鄭國渠的基礎上修建。修建鄭國渠的背後原本有一個陰謀。戰國時，韓國聽說秦國較爲重視基礎建設，就想藉此來消耗秦國的國力，使它沒有力量向東攻打韓國，於是就派了一位名叫鄭國的水利專家到秦國去做間諜，說服秦王修建一條渠道，使水沿關中平原北部的許多山脈向東流入洛水，全長三百餘里，沿途可以灌溉大量田地。秦王答應了。可就在修渠的過程中，秦王發現了這一陰謀，想要殺掉鄭國。鄭國爲自己辯解說：「我最初的確是間諜，但這條渠修好了，對秦國確實有好處啊。」秦王想想也有道理，就讓鄭國主持修好了這條渠道。渠道開通後，一共可以灌溉四萬多頃鹽鹼地，使關中平原增加了廣大的肥沃土地，糧食年年豐收，秦國實力大增，最終吞併了六國，統一天下。派鄭國當間諜的韓國反而弄巧成拙了。

武帝時修建的白公渠在鄭國渠的基礎上進一步開鑿，引涇水入渭水，流經涇陽、三原、高陵、臨潼，全長二百餘里，可以灌溉農田四千五百頃。白公渠對當地農業助益甚大，當地糧食產量因此大幅提高，當地的百姓還編了一首民謠來稱頌這條水渠：

「田於何所，池陽谷口。鄭國在前，白渠起後。舉臿爲雲，決渠爲雨。涇水一石，其泥數鬥。且溉且糞，長我禾黍。衣食京師，億萬之口。」

武帝治理黃河、興修水利，實現了他關心百姓、富國安民的德治理想，也爲漢朝及後世帶來了長久的益處。

洛惠渠龍首壩

洛惠渠是在漢代龍首渠的基礎上，於一九三三年興建的，龍首渠大約建於武帝元朔到元狩年間（西元前一二八年至西元前一一七年），因在施工中掘出「龍骨」而得名。

俘樓蘭王

樓蘭是靠近漢朝的一個西域國家，曾經依附匈奴，被漢朝打敗後，又向漢朝稱臣。漢朝與匈奴都積極爭取樓蘭，最終，漢朝不惜採用暗殺手段，才徹底征服樓蘭。

小國兩屬

張騫兩次出使西域後，漢朝與西域諸國之間的聯繫更爲緊密，武帝經常派使者前往西域，一年之中，多的時候要派十幾次，少的時候也有五、六次。樓蘭國處於西域的最東邊，是漢使前往西域必經的地方，自然也不得不承擔起接待漢朝使者的任務。時間長了，樓蘭覺得這樣耗費太大，而且有些漢使素行不良，把漢朝廷送給西域國家的禮物納爲己有，或者轉賣給西域人以牟利，這讓樓蘭人很反感。於是，樓蘭就經常阻擋或攻擊漢使，並且做匈奴人的耳目，刺探漢朝的情報。武帝得知後，決定派兵討伐樓蘭。

元封三年（西元前一〇八年），武帝命趙破奴率軍攻打樓蘭。趙破奴僅帶七百名騎兵，就攻破了樓蘭，並俘虜了樓蘭王。這場勝利不僅征服了樓蘭，同時也震懾了西域各國，讓她們看到了漢朝的強大實力。樓蘭不得不向漢朝俯首稱臣。

樓蘭投降漢朝後，匈奴很生氣，就派兵攻打樓蘭。匈奴勢力強大，小小的樓蘭惹不起，於是樓蘭王想出一個兩面稱臣的辦法。他把一個兒子送到長安做人質，表示親近漢朝；同時又把另一個兒子送到匈奴做人質，表示親近匈奴。這個計策看起來不錯，不過也沒有維持幾年。太初四年（西元前一〇一年），武帝派貳師將軍李廣利攻打大宛國，途經樓蘭。匈奴聞訊，命令樓蘭王派兵阻止漢軍。武帝看到樓蘭背叛自己，就下令抓捕樓蘭王，將他押回長安審問。樓蘭王沒辦法，只好說出實情：「我們樓蘭是個小國，夾在漢朝和匈奴兩個大國之間，如果不向兩邊都稱臣，實在沒法保證自己的安全啊。」接著，樓蘭王表示願意帶領全國的百姓遷居到漢朝境內，永遠臣屬於漢。武帝很欣賞樓蘭王這麼坦率，並沒責怪他，把他遣送回國。自此，漢朝進一步加強對西域的控制，匈奴自知勢力還不及漢朝，之後很久都沒有再騷擾樓蘭。

消失的樓蘭古國

樓蘭位於今新疆羅布泊西北岸，是絲綢之路上的交通要塞。但在距今約一千六百年前，樓蘭國神祕地消失了，消失的原因至今仍不清楚，很可能是因爲缺水導致的沙漠化。

一九〇一年，瑞典探險家斯文．赫定（Sven Anders Hedin）在羅布泊附近最早發現了樓蘭古國的遺址。遺址接近正方形，邊長約爲三百三十公尺，面積約爲十二萬平方公尺。城牆用黏土與紅柳條相間夯築，有古運河從西北至東南斜貫全城。遺址中還出土了大量文書、五銖錢、絲毛織品、生活用具等。

一九八〇年，考古學家在樓蘭古城附近發現了一具保存完好的女性古屍，據考證，她大約生活在距今約三千八百年前。古屍身上裹著粗質的毛織物和羊皮，腳上穿著粗線縫製的毛皮靴，皮膚爲紅褐色，還稍有彈性，面部輪廓非常明顯，眼睛大而深，鼻樑高而窄，下巴尖而翹，人們稱她爲「樓蘭美女」。

樓蘭更名

征和元年（西元前九二年），樓蘭王去世。樓蘭派人來到長安，想把做人質的樓蘭王子迎回國繼位。但此前，樓蘭王子因觸犯漢律被處宮刑，於是漢朝官吏就對樓蘭使者說：「漢朝天子很喜歡你們的樓蘭王子，捨不得讓他回去，你們還是另立一位國王吧。」於是樓蘭另立了一個國王。新王即位後，漢朝又要求樓蘭送人質過去，樓蘭王不敢得罪漢朝，就又送去一名人質。匈奴聽說了，也向樓蘭索要人質，樓蘭王也只得答應。

過了幾年，這個樓蘭王也去世了。於是匈奴人馬上將國內的樓蘭人質送回樓蘭，當了新王。漢朝聽說樓蘭立了新王，就宣他來漢朝接受封賞。但這個新樓蘭王親近匈奴，拒絕了漢朝的要求，回覆說自己剛剛繼位，還沒處理完國內的事情，等過幾年再去拜見漢天子。

在這之後，漢朝還是經常派使者出使西域，依然要樓蘭負責送水、送糧、提供嚮導等，爲樓蘭帶來很大的負擔。匈奴常常在中間挑撥，這使得樓蘭王又開始漸漸地疏遠漢朝。不過，樓蘭國內也有親漢與親匈奴兩大派別，彼此爭鬥不休。後來，樓蘭王的弟弟尉屠耆投降漢朝，然而對大漢天子來說，這時的樓蘭王是親近匈奴的，到了昭帝元鳳四年（西元前七七年），大將軍霍光派人刺殺樓蘭王成功，尉屠耆被立爲新王，國名改爲「鄯善」。至此，樓蘭才徹底歸附於漢朝。

太初曆的誕生

武帝時，系統的科學理論雖然沒有重大發展，但天文、曆法等領域都有突破性的成就，那就是太初曆的頒布。太初曆所確定的一些準則，歷經兩千多年一直沿用至今，具有重要的科學價值。

夏曆與節氣

我們現在通用的紀年方式有兩種：一是西元紀年，一是農曆（也稱陰曆、夏曆）紀年。中國古代主要根據天象以及農業生產對年和月進行劃分。漢初沿用秦朝的曆法顓頊曆，以農曆的十月爲一年之始。可是時間長了，人們逐漸發現這種曆法有很多缺陷。例如，經常出現曆法上的名稱與天象不符的現象。每個月的第一天叫「朔」，最後一天叫「晦」，顧名思義，這兩天是應該看不到月亮的，但按照顓頊曆，卻經常能看見月亮；每個月上弦（初七、初八，月亮缺上半部）、下弦（二十二、二十三，月亮缺下半部）的時候，本應看到殘缺的月亮，但按照顓頊曆，卻往往能看到圓圓的滿月。曆法與天象不合，難免有些混亂，改革曆法勢在必行。

元封年間（西元前一一〇年至西元前一〇五年），司馬遷等人上書建議改曆。武帝同意，並詔司馬遷、鄧平、壺遂、公孫卿等人共同完成修訂曆法的工作，新曆法定名爲「太初曆」。武帝把頒布太初曆的這一年命名爲太初元年（西元前一〇四年）。太初曆與顓頊曆相比，較爲嚴謹正確，是中國古人在天文、曆法方面取得的重要成就。

太初曆首先改變了「歲首」，也就是一年的起始月分。太初曆奠定古代曆法觀天制曆、以天驗曆的傳統，將歲首改爲農曆正月。

太初曆的另一個重要貢獻是對閏月設置方法的改變，並把二十四節氣明確地融入曆法中。之前的曆法大多把閏月放在一年的結尾處或某個固定的月分中，不能正確反映月分與氣候、農業生產的關係。

太初曆規定以沒有「中氣」的月分爲閏月。什麼是中氣呢?原來，漢朝時，二十四節氣中位於農曆月分開頭的立春、驚蟄、清明、立夏、芒種、小暑、立秋、白露、寒露、

二十四節氣表			
春季	立春，二月三日至五日	雨水，二月十八日至廿日	驚蟄，三月五日至七日
	春分，三月廿日至廿二日	清明，四月四日至六日	穀雨，四月十九日至廿一日
夏季	立夏，五月五日至七日	小滿，五月廿日至廿二日	芒種，六月五日至七日
	夏至，六月廿一日至廿二日	小暑，七月六日至八日	大暑，七月廿二日至廿四日
秋季	立秋，八月七日至九日	處暑，八月廿二日至廿四日	白露，九月七日至九日
	秋分，九月廿二日至廿四日	寒露，十月八日至九日	霜降，十月廿三日至廿四日
冬季	立冬，十一月七日至八日	小雪，十一月廿二日至廿三日	大雪，十二月六日至八日
	冬至，十二月廿一日至廿三日	小寒，一月五日至七日	大寒，一月二十日至廿一日

立冬、大雪、小寒才叫「節氣」，剩下的叫「中氣」，也就是位於農曆月分之中的。將沒有中氣的月分設爲「閏月」，可以使節氣適當反映氣候變化，進而指導農業生產。例如「穀雨」到時，一般雨水比較充足，有利於農作物生長；「處暑」說明炎熱的夏天就要結束了；「霜降」則表示天氣漸冷，可能會下霜。

五星與交食

太初曆還精確地測算出了太陽系五大行星（金、木、水、火、土）的會合週期，這是天文學上的重要成就。水星和金星比地球離太陽近，叫「內行星」，當他們與地球在太陽兩側呈一條直線時，叫「下合」；當他們與地球在太陽同側呈一條直線時，叫「上合」。

火星、木星、土星比地球離太陽遠，叫「外行星」，當他們與地球在太陽兩側呈一條直線時，叫「合」，當他們與地球在太陽同側呈一條直線時，叫「沖」。對於某顆行星來說，從一次「上合」到下一次「上合」（或從一次「沖」到下一次「沖」等等）的時間就是一個會合週期。

太初曆對這五大行星會合週期的測定，比從前更爲精確。例如，水星的會合週期，戰國時的《甘石星經》測出是一百二十六天，太初曆測定爲一百一十五．九一天，現代科學技術測定值爲一百一十五．八八天。

太初曆還測定了「交食」（包括日食、月食等）的週期，提出一百三十五個月爲一個交食週期，這期間會發生二十三次月食。

太初曆也有缺點，例如它認爲一歲（一年）的天數爲三百六十五．二五一六，一月的天數爲二十九．五三〇八，這兩個數值的誤差都很大。

太初曆從武帝時一直施行到東漢章帝元和元年（八四年），它雖然並不完美，但其中的一些科學成就對後世產生了重要影響，中西方曆法的不同特色也從此形成。

天馬西來

漢朝連年與匈奴作戰，對馬匹的需求量很大。為了得到汗血寶馬，武帝不惜兩度興兵攻打萬里之外的大宛國。漢軍在惡劣的自然環境和李廣利的拙劣指揮下傷亡巨大，在沙鹵鹽澤中留下數萬具屍體後，才終於換回三千餘匹汗血寶馬。

良駒燃戰火

自從張騫出使西域之後，武帝就經常派使者到西域各國去，這些使者一方面帶去了漢朝的禮物，另一方面也多方瞭解了西域各國的情況。漢朝與匈奴之間長期的戰爭，使得漢朝對馬匹的需求量很大，獲取西域盛產的良馬也就成爲漢使往來的目的之一。

太初元年（西元前一〇四年），一個從大宛回來的人對武帝說：「大宛國有好馬藏在貳師城，不肯給漢朝使者。」武帝想得到這些馬，就派人帶著千斤黃金和用金子打造而成的馬到大宛國去，爲求得貳師城的好馬。

大宛當時已經有很多漢朝的物品了，對漢使就有些輕視和傲慢。大宛王和大臣商議說：「漢朝離我們很遠，如果從鹽澤地來我國，經常會死於半路；如果從北邊來，有匈奴騷擾；如果從南邊來，則缺乏水草。漢朝派來的使者每批有幾百人，往往因爲缺少食物，死者過半。這樣，他們的大軍怎麼可能過得來呢？我們是安全的。況且貳師城的馬是大宛的寶馬，不能輕易送人。」於是，他們拒絕了漢使的請求。漢使憤怒地指責大宛王，並擊碎了帶來的金馬，忿忿然離去。大宛的官員也很生氣，認爲漢使輕視自己，於是命令大宛東邊的郁成國襲擊路過的漢使，殺死他們，並將財物劫掠一空。

消息傳來，武帝非常憤怒，決定出兵攻打大宛。幾位曾去過大宛的使者認爲大宛兵力薄弱，漢軍不用超過

西漢．鎦金銅馬

陝西興平茂陵一號無名塚出土。馬身高大中空，昂首翹尾，應當是根據大宛良馬的形象而鑄造。

三千人，必能取勝。在此之前，趙破奴攻破樓蘭也只用了七百名騎兵，所以武帝覺得這些使者的話有道理。那該派誰擔任將領完成此次任務呢？

這時，武帝腦海裡浮現了李廣利這個名字。當時，武帝寵愛的傾國傾城李夫人已經去世，她在臨終前囑託武帝，希望武帝能照顧自己的兄弟，而李廣利正是李夫人的哥哥。於是，武帝便任命李廣利爲貳師將軍，攻打大宛的貳師城，配給他六千名騎兵，又徵召了幾萬名各郡國的少年，一起出征大宛。

趙充國像

趙充國（西元前一三七年至西元前五二年），西漢抗擊匈奴的名將，曾於武帝天漢二年（西元前九九年）五月以代理司馬的身分跟隨貳師將軍李廣利出師酒泉，攻打匈奴右賢王。

一征大宛，無功而返

李廣利與衛青的經歷有些相似，最初都是憑藉裙帶關係獲得武帝的任用，但二人自身素質卻相差甚遠。衛青是一位傑出的軍事將領，他領兵之初也曾遭人非議，但很快便用驍勇的戰績平息了流言。李廣利則是個平庸之輩，在領兵打仗方面並沒有什麼特殊才能，這一點在兩次征伐大宛的過程中顯露無遺。

太初元年（西元前一〇四年）八月，漢軍西出玉門關。漢軍自從越過鹽澤地，沿途的各個小國都很驚慌，全都閉城自守，不肯接納漢軍。而李廣利率軍遠征，並沒有讓部隊帶上足夠的糧草，此時漢軍在野外無糧可採，無水可飲，只好一路攻城，卻很少能成功。於是，能攻得下來就有飯吃，攻不下來就忍饑挨餓繼續往前走。這樣一路走一路打，到了郁成國，漢軍的士兵只剩下幾千人，他們大多又累又餓，毫無戰鬥力。

郁成國是大宛的屬國，李廣利又下令攻郁成國，結果被郁成國軍隊打得大敗。李廣利與其他漢軍軍官商量說：「連郁成這樣的小國都攻不下來，怎麼可能打得過大宛呢？」於是就帶著軍隊按原路返回了。這麼一去一回，整整花了兩年的時間。等部隊回到敦煌的時候，士兵只剩下不到二千人了。

爲了掩飾自己的無能，李廣利派人向武帝報告說：「去大宛的路太遠，軍隊食物匱乏，士兵們不怕打仗，怕的是沒有糧食。剩餘的士兵太少，無法攻打大宛，希望能暫時退兵，將來增派士兵再去攻打。」

武帝聽了非常生氣，深怕漢朝辛辛苦苦在西域建立的威信蕩然無存。於是武帝一面急派使者到玉門關阻止李廣利的軍隊入關，膽敢有入關者立刻處死；一面重新制訂軍事計畫，發兵調糧，前往增援李廣利。李廣利很害怕，就帶著軍隊留在敦煌。第一次征討大宛的計畫就此以失敗告終。

二征大宛，取馬班師

從太初二年（西元前一〇三年）年底到太初三年（西元前一〇二年），武帝陸續赦免了許多囚犯爲兵，又調發邊郡騎兵，前後派往敦煌增援李廣利的士兵總數達到了六萬多人。同時武帝又調集了十萬頭牛，三萬多匹馬，驢、騾、駱駝上萬頭，以轉運糧草。同時專門調遣一批人給李廣利的軍隊運送糧草，東起渤海，西到隴山，押運糧食前往敦煌的民夫相望於道，天下騷動。大宛的都城裡沒有水井，城中的用水都來自城外的水源，武帝就派出水工，讓他們隨軍出征，伺機改變大宛都城周邊的水道，使城中無水可用。萬事俱備之後，太初三年（西元前一〇二年）春，武帝命李廣利再次帶兵出征，討伐大宛。

這次出征，沿途的小國都被漢軍浩大的陣勢所震懾，紛紛開城迎接，供給漢軍食物。其中倉頭國不肯屈服，李廣利就屠城而去。軍隊順利到了大宛的都城。兩軍交戰，漢軍占了上風，大宛軍隊撤入城中防守。漢軍斷絕了大宛的水源，大宛軍隊和百姓深受困擾。漢軍包圍城池，攻打了四十多天，城牆被毀，大宛軍隊的高官也被俘虜了。

這時，大宛軍官們見形勢不利，便商量道：「漢朝攻打大宛，是因爲國王毋寡把良馬藏起來，而且殺死了漢使。如果我們現在殺了毋寡，獻出良馬，漢軍應該就會撤兵。如果他們不撤兵，我們再拚死戰鬥也不遲。」於是，軍官們合力殺死了大宛王毋寡，拿著他的頭到李廣利那裡求和，說：「如果漢軍不再攻打我們，我們就把良馬獻出，任你們挑選，並供給你們足夠的食物。如果你們不同意講和，我們就把良馬全部殺掉。康居國的救兵馬上就要來了，等救兵一到，我們就能內外夾擊對付你們。請你們仔細考慮下一步該怎麼走。」

李廣利和手下商量說：「聽說大宛都城內已經找到了懂得挖井的漢人，而且城裡的糧食還有很多。我們來這裡的目的就是誅殺毋寡。現在毋寡的人頭就在這兒，如果不撤兵，他們一定會頑強抵抗，而且等到康居的援兵到來時，漢軍已經疲乏，大宛與康居聯合一定會打敗漢軍。」於是，李廣利同意與大宛講和。大宛就按照約定獻出了他們的良馬，並拿出很多食物供給漢軍。漢軍挑選了幾十匹最優良的汗血馬，還有三千多匹中等以下的馬。大宛王毋寡已死，漢軍就新立了與漢朝友好的昧蔡爲王，與他簽訂盟約，撤兵回朝。

李廣利第二次征討大宛，沿途並沒有遇到太多阻礙，卻依然損失了相當多的士兵，出征時共有六萬人，回來時只剩下一萬多人。士兵們大多不是死於戰事，而是由於李廣利和其他軍官們貪得無厭，常常侵占士兵的糧食，使很多士兵餓死在路上。雖然折損了這麼多士兵，但武帝不但沒有懲罰李廣利，還封他做海西侯。

李廣利兩次征討大宛，一共花費了四年時間。不過，戰爭以勝利告終，從漢朝的整體戰略上來看意義重大。漢軍得勝，進一步向西域展示了漢朝的威武形象，使西域諸國甘願臣服於漢朝。那些沿途的小國聽說大宛被攻破了，紛紛派王子跟著漢軍來到長安拜見武帝，並交納貢品，有的乾脆就留在長安做人質，以表示自己國家對漢朝的忠心。

當李廣利帶著戰利品汗血馬回到長安後，武帝非常高興，還揮毫寫下了一首《西極天馬歌》：「天馬來兮從西極，經萬里兮歸有德。承靈威兮降外國，涉流沙兮四夷服。」在武帝看來，天馬西來不僅僅與馬有關，同時也是漢朝強大、四夷歸順的一種象徵。

汗血馬

汗血馬的原產地在土庫曼，本名阿哈爾捷金馬，由於牠頸部上方流的汗為紅色，因此被稱為「汗血馬」。這種馬頭細頸高、四肢修長、皮薄毛細，力量大、速度快、耐力強，有記載的最快速度為八十四天跑完四千三百公里。汗血馬常見的毛色有淡金、棗紅、銀白及黑色等。有專家曾對汗血馬的「汗血」現象進行過考察，認為這可能是受到寄生蟲的影響。

在歷史上，汗血馬為歷代皇帝所喜愛，大多作為宮廷用馬。馬其頓國王亞歷山大、蒙古大汗成吉思汗等都曾把汗血馬作為自己的坐騎。目前，汗血馬依然很稀少，全世界一共只有約三千匹。土庫曼將汗血馬的形象繪製在國徽和貨幣上，有時將牠作為國寶贈送他國。

蘇武牧羊

作為漢朝派往匈奴的使者，蘇武不辱使命，在被匈奴強行扣押之後，堅決不投降，保持了作為一名漢使的骨氣。他在匈奴羈留十九年，身處最艱難的環境，遭遇難以想像的艱苦，但始終不改初衷，顯示出崇高的民族氣節。

出使被扣

太初四年（西元前一〇一年），匈奴新立了一個單于，名叫且侯。他想要整頓實力，伺機與漢朝開戰，於是就採取了假裝妥協的計策，把以前扣留在匈奴的漢朝使者都送回國，並帶給武帝一封信，上面稱自己是「兒子」，稱武帝是「丈人」（也就是長輩），表示不敢與漢朝作對。武帝看了信很高興，認為匈奴徹底臣服，不會再有異心。於是，第二年，武帝為了表示善意，就派蘇武為使者，把留在漢朝的匈奴使者送回國，並給單于送去了豐厚的禮物。跟蘇武一同前去的還有張勝、常惠等人。

蘇武來到匈奴後，見到了且侯單于，發現他對待漢使非常傲慢無禮，一點也不像信中所寫的那樣。於是，他明白了單于的策略。辦完公事以後，單于原本想送蘇武等人回國，這時，匈奴貴族內部發生了叛亂，蘇武的副使張勝背著蘇武與叛黨合謀，事蹟敗露後才告訴了蘇武。

單于令此前投降匈奴的漢使衛律審訊蘇武。蘇武對手下人說：「我們是大漢的使臣，如今受此等羞辱，有辱使命，就算活下來，將來又有何面目回漢朝呢？」當即拔出佩刀刎頸自殺。衛律大驚，立即喊巫醫前來救治。巫醫按照匈奴本土的治傷方法，在地上挖了一個洞，用火把洞周圍的土地燒熱，然後把蘇武臉朝下放在洞口上，讓人踩踏他的背，直到把身體裡的淤血都逼出來。蘇武昏迷了半天，才終於甦醒過來。單于見蘇武寧死不降，也對他生出幾分敬意。

持節牧羊

蘇武身體痊癒後，單于又派衛律來勸降。衛律首先用威逼的辦法，說：「張勝參與謀劃刺殺單于的大臣，應被處死，如果投降就能活命。」然後，他舉起劍刺向張勝。張勝害怕，馬上說自己願意投降。衛律又對蘇武說：「你的副使有罪，你也脫不了干係。」蘇武義正言辭地回答：「我並沒有參與這件事，與張勝也不是同族的親屬，憑什麼要受牽連？」衛律舉劍刺向蘇武，蘇武鎮定地坐著，文風不動，一點也不畏懼。衛律見威逼沒用，就改爲利誘。他滿臉堆笑，拿自己做例子，勸蘇武道：「我衛律投降匈奴後，官拜王爵，部眾數萬，有享不盡的榮華富貴。你今日投降，明天就能跟我一樣。你要是冥頑不靈，死在匈奴，只能被扔在亂草叢中，化成肥料滋養野草罷了，又有誰能知道你呢？」蘇武依然不爲所動，並罵衛律「叛主背親」，表示寧死也決不投降。

衛律見蘇武軟硬不吃，沒有辦法，只好如實稟告單于。單于認爲蘇武只是嘴硬罷了，就把他關在一個地窖中，不給他食物與水。當時正值寒冬，北方經常下雪，蘇武就吃落在地上的雪，甚至吃窖中氈子上的毛，這樣過了好多天，竟然沒有死。匈奴人人稱奇，覺得蘇武有神相助。單于又把蘇武送到遙遠的北邊荒無人煙的地方，讓他在那裡放羊，並說：「等到公羊生了小羊，並產下奶水的時候，再送你回漢朝。」公羊怎麼可能生小羊呢？單于是想讓蘇武終身留在這不毛之地。

蘇武依然沒有屈服，他就在這苦寒的地方放羊，餓了吃草根、樹皮、野鼠，依靠大樹長草避風雨，十餘年裡歷盡艱難困厄，卻從未改變過心意，也從來沒有忘記自己的身分，始終手持代表漢使身分的節杖，行坐臥起不離左右，連杖頭上的旄尾都掉光了。單于曾派投降匈奴的漢將李陵來勸蘇武投降。蘇武和李陵曾經是朋友，但這時，他堅決地對李陵說：「如果大王你一定要讓我投降，那就先殺了我吧。」當時，李陵已經被匈奴單于封爲右校王。蘇武稱李陵爲大王，不無諷刺之意，也表示與李陵的友誼到此結束。看到蘇武這麼堅決，李陵慚愧不已，感歎道：「您眞是義士啊，我李陵的罪過是太大了。」說完就流著淚走了。

清・任頤・蘇武牧羊圖

終歸家國

蘇武李陵送別圖

蘇武就這樣堅持著、等待著，相信總有一天能重回祖國。有一天，李陵又來到蘇武牧羊的地方，悲痛地對他說：「匈奴人在邊境抓住了一個漢朝俘虜，據他說，漢朝皇帝已經駕崩了。」蘇武聽到這個消息後如喪考妣，向著南方長安城的方向失聲痛哭，口吐鮮血，一連幾個月都從早到晚哭著弔唁武帝。

昭帝劉弗陵即位後，漢朝和匈奴開始議和。漢朝向匈奴索要蘇武等羈留在匈奴的漢使，但匈奴人撒謊說蘇武已經死了，漢朝也信以爲眞，不再提蘇武的事情。雙方議和四、五年之後，蘇武依然滯留匈奴不得歸漢。後來，漢朝派人出使匈奴，有一個跟隨蘇武出使的名叫常惠的下屬偷偷會見了漢使。常惠含著淚向漢使講述了這些年的遭遇，並透露說蘇武還活著。他向漢使獻上一計，讓他對匈奴單于說，漢天子在上林苑中打獵時射下一隻大雁，大雁的腳上繫著一封信，信中說蘇武還活在一處荒澤之中。漢使聽說蘇武還活著，十分高興，就按常惠說的與匈奴單于交涉。單于聽了十分驚訝，以爲老天都被蘇武感動，在爲蘇武傳話，就只好承認說：「蘇武等人確實還活著。」於是答應把蘇武等留在匈奴多年的使者送回漢朝。

李陵聽說蘇武就要回國了，於是擺了一桌酒席爲他餞行。也許是想到自己與蘇武的對比，李陵感慨萬千，用既羨慕又慚愧的語氣對蘇武說：「足下現在回漢朝，可以說既在匈奴揚了名，又爲漢朝立了功，一定會名垂青史的。可悲我李陵，已經永遠成了異國人，就要和你永別了。」

當初跟隨蘇武一起出使匈奴的使者團共有一百多人，可回國時，除了投降、死亡的，只剩下九個人。這時，距他們來到匈奴已經過了整整十九年。昭帝始元六年（西元前八一年），蘇武等人終於回到了長安。當初出使匈奴時，蘇武正值壯年，歷經十九年的風刀霜劍，等回到漢朝時，他已是滿頭白髮。不過漢朝百姓並沒有忘記這位不辱使命、氣節堅定的使臣，當蘇武歸來的時候，受到了長安城百姓英雄式的迎接。

昭帝知道蘇武對武帝的哀思，就讓他帶著最高等級的祭品「太牢」（牛、豬、羊各一頭）去武帝的陵園祭拜。然後，爲了嘉獎他的氣節，昭帝任命他做典屬國，賞賜給他兩百萬錢、兩頃田地和一座住宅。常惠等其他人也都得到了封賞。

名臣之圖

蘇武回到漢朝後，本想平靜地安享晚年，但由於他在民間享有極高的威望，因此還是不幸地被捲入了政治鬥爭中。當年與蘇武同在未央宮中做侍從且交情甚篤的霍光、上官桀，如今都已經貴爲昭帝的輔政大臣，且霍光與上官桀的爭權也進入了白熱化的階段。上官桀爲了打擊霍光，上書彈劾霍光專權恣肆。在奏章中，爲了列舉霍光的罪過，上官桀把蘇武也牽連進來，說蘇武功勞這麼大，才做到典屬國，而霍光的手下楊敞沒什麼功勞，卻被提升爲搜粟都尉，比蘇武的官大，這是由於霍光專權，任用親己。就這樣短短一段文字，差點給蘇武招來殺身之禍。

後來，上官桀聯合燕王劉旦謀反失敗，全族被霍光誅殺。因爲上官桀曾經藉著爲蘇武打抱不平來攻擊霍光，一心想討好霍光的廷尉請求將蘇武也逮捕下獄。霍光知道蘇武這面旗幟對漢朝的重要意義，便將這一動議擱置了，只是免除了蘇武的官職。但蘇武的兒子蘇元、蘇安參與謀反，兩人均被處死。早在蘇武出使之前，他的兩個兄弟就已經因爲小過失而被武帝誅殺了，蘇武的母親病死，妻子改嫁，現在兩個兒子也被處死，偌大一個蘇家最終只剩下蘇武孑然一身。夜深人靜之時，蘇武回想起前塵往事，不知情何以堪。

昭帝駕崩後，蘇武和其他大臣一起擁立宣帝，所以又受到重用，被封爲關內侯。宣帝敬重蘇武，看他年老，就允許他只在每月月初和十五兩天來上朝。蘇武不重錢財，每次得到賞賜，都送給朋友，家中不留餘財，朝中大臣都很敬重他。宣帝知道蘇武的兒子被處死了，見他年老無人照顧，就問他在匈奴有沒有後代。蘇武稟告說自己在匈奴確實還有一個兒子。宣帝就派人把這個孩子接回來，並讓他做郎官。蘇武活了八十多歲，於宣帝神爵二年（西元前六〇年）去世。幾年後，宣帝命人給一些傑出的大臣畫像，以示尊敬。這些大臣包括大將軍霍光、張湯的兒子張安世等，蘇武也在其中。

蘇武墓

位於陝西武功縣武功鎮龍門村。

終軍請纓

終軍是一個有勇氣也有才情的年輕人，十八歲就被選入京城，二十歲作為使者前往南越，說服南越王歸順漢朝。他有「大丈夫西遊不復還」的壯志，也有「請纓縛王而歸」的氣魄。最終，因南越國內政局變動，他客死異鄉，年方弱冠。

西遊不還

終軍是濟南人，從小就聰明好學，因爲口才出眾、知識淵博、文筆優美而聞名一方。在十八歲那年，他就被選爲博士弟子，要到京城去跟隨博士學習，或作爲皇上的學術顧問。

去京城要路過函谷關，終軍出關時，守關的官吏遞給他一條撕裂的帛段。終軍感到奇怪，問官吏：「這是做什麼用的？」官吏說：「這是出入函谷關的信物，等你回來時，要出示它才能出關。」終軍聽了，很是不屑，他慷慨激昂地說：「大丈夫到西方（長安）遊歷，一定不會再回來了！」意思是說，自己肯定能受到皇上的重用，留在京城建功立業，不做出一番事業，決不返回家鄉。說完，終軍把手上的帛段扔在地上，意氣風發地出關向西走去。

到了長安之後，終軍給武帝上書，表達自己對政事的看法。武帝覺得他文采出眾，很是欣賞，就封他做了謁者。有一次，終軍奉命巡視東邊的郡國，又來到函谷關。守關的官吏見到這個手持符節的朝廷命官，一下子就認出他正是從前扔掉入關信物、發誓留在京城建功立業的年輕人。看到他果然實現了自己說過的話，守關人感慨萬千。

終軍有滿腔報國熱情，雖然他只是一個文官，卻絲毫不顯怯弱。他曾經向武帝上書，請求擔任使者出使匈奴，表示自己因爲不能擔當爲國解憂的重任而「不勝憤懣」。武帝很欣賞他的這份勇氣。

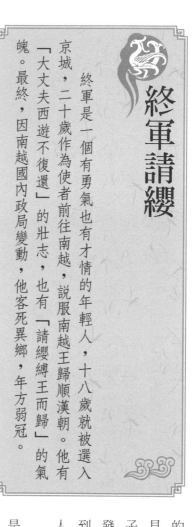

請纓南越

南越原本是秦朝的一個郡，秦末亂世，趙佗自立爲南越王。南越一直稱自己臣服於漢朝，但有時新王即位，卻不去朝見漢天子。漢朝還沒有徹底征服南越。

後來，趙興當了南越王，他的母親樛氏做了太后。元鼎四年（西元前一一三年），武帝想派使者到南越去說服新即位的南越王歸附漢朝，入京朝見。這時，終軍自告奮勇地站出來，向武帝請求派自己爲使者。他說：「請陛下賜給我一條長纓（也就是長繩），我一定把南越王捆起來帶回長安。」武帝讚賞他的勇氣，就同意了，於是派終軍和安國少季等人一同出使南越。

終軍等人來到南越，傳達了武帝的旨意，遊說南越王歸漢。南越太后樛氏是中原人，曾經與安國少季私通，在南越國中威望不高，於是想依靠漢朝，便積極勸說南越王同意歸漢。

南越王很年輕，聽從母親的話，就同意了，通過終軍等漢使向武帝上書，表示自己願意像漢朝其他的諸侯國一樣，每三年朝見一次漢天子，並撤除與漢朝邊境上的關塞。武帝聞訊非常高興，賜給南越大臣們官印，並讓使者們留在南越處理事務。南越王趙興與太后樛氏也收拾行李、置備禮物，準備到長安去朝見武帝。

但這時，南越國內卻起了紛爭。原來，南越丞相呂嘉反對歸附漢朝。呂嘉是三朝元老，在國內威信素著，甚至比南越王還得民心。南越王趙興想要歸附漢朝，呂嘉多次上書勸阻，但趙興不聽。於是，呂嘉就想造反，多次藉故不見漢朝使者。太后樛氏看出呂嘉的心思，曾經想在宴席上刺殺呂嘉，但沒有成功。漢使也知道呂嘉不服漢朝，就上書報告武帝。

武帝原本想派莊參帶領二千人的使團去解決這個問題，但莊參不願意去，對武帝說：「如果是去和談，派幾個人就夠了；如果要去打仗，二千人成不了事。」武帝一氣之下罷了莊參的官職。這時，壯士韓千秋自告奮勇要去攻打南越，武帝同意了。

呂嘉知道漢朝派兵了，就公然造反，率兵殺死了南越王趙興、太后樛氏和留在南越國中的漢朝使者。終軍也不幸遇害了，他死的時候只有二十歲，正是風華正茂的年紀。後來的人們都稱他爲「終童」。

韓千秋的部隊不是呂嘉的對手，被打敗了。武帝決定出動大軍，徹底征討南越。最終在元鼎六年（西元前一一一年），呂嘉被俘，南越戰敗，從此徹底附屬於漢朝。

西漢．陶彩繪指揮俑

一九六五年，漢高祖長陵陪葬墓從葬坑中出土了約三千件彩繪兵馬俑，這件指揮俑是其中的一件。這些兵馬俑展現了西漢皇家衛隊的造型。

李陵降匈奴

李陵是名將之後，也是一名年輕有為的軍事將領。在一次計畫不夠縝密的軍事行動中，他帶兵孤軍深入，終因寡不敵眾，迫不得已投降匈奴。他的投降使武帝受到沉重的打擊，也使無辜的朝臣受到牽連。

孤軍深入

衛青和霍去病去世之後，武帝以貳師將軍李廣利作爲抗擊匈奴的主將。天漢元年（西元前一○○年），匈奴扣押了漢使蘇武，漢匈關係再度緊張。第二年，武帝派李廣利和公孫敖兩次攻打匈奴，但都沒能取勝。於是，武帝又下令年輕的將領李陵率兵進攻匈奴。

李陵是飛將軍李廣的孫子，從小就在武帝身邊做侍從，善於騎馬射箭，爲人謙遜，體恤士兵，很受士兵愛戴。天漢二年，武帝派李廣利出征時，曾想讓李陵爲李廣利護送軍需，但李陵不願只做後援，主動請戰，說自己願意率兵配合貳師將軍，分散匈奴兵力。武帝說：「這次沒有多餘的騎兵派給你了。」年輕氣盛的李陵說：「我不需要騎兵，只需帶領五千名步兵，就能直搗匈奴王庭。」武帝很欣賞他的勇氣，就答應了，並派另一名將領路博德率軍在中途接應他。

路博德是位老將，怎麼甘心給李陵這個年輕人做後援，於是給武帝上書說：「現在正值秋天，是匈奴馬匹最肥壯的時候。這時候與匈奴作戰，他們的騎兵優勢會很明顯。不如等到明年春天，匈奴馬匹瘦下來，騎兵力量減退，再讓我與李陵各帶五千人夾擊匈奴，一定能獲勝。」路博德的建議是有道理的，等到敵弱我強的時候再一舉出擊，勝算更大。但武帝卻沒有考慮這麼多，還以爲是李陵臨陣退縮，慫恿路博德上奏取消戰鬥。他一怒之下，下令李陵馬上出兵，而且致命的是，他不再讓路博德去接應李陵，而是派他朝另外一個方向進軍。這下子，李陵只能依靠五千名不懂騎馬的步兵，在沒有後援的情況下孤軍深入。

戰敗投降

李陵率軍向北行進了整整一個月，走了一千多里，到達浚稽山。他把沿途的山川地形都畫成地圖，派人送回長安。武帝看了很高興，覺得李陵是個有爲的將領。

到達浚稽山之後，李陵遭到了匈奴單于親自率領的三萬名騎兵的包圍。雙方兵力懸殊，但李陵並沒有慌張，依然有條不紊地指揮戰鬥。他命令士兵們列好陣勢，前排的士兵手持盾牌，後排的士兵負責射箭，當戰鼓擂響時，就千箭齊發。匈奴見漢軍人數少，就步步逼近。李陵下令放箭，射殺匈奴多人。匈奴後退，漢軍追擊，殺死數千人。單于氣惱不已，又調來八萬名騎兵圍攻李陵。李陵只有幾千名士兵，而且在戰爭中損失慘重。爲了提高戰鬥效率，他命令受過三次傷的士兵坐在戰車上，受過兩次傷的士兵負責驅動戰車，受過一次傷的士兵要拿起武器繼續戰鬥。他知道敵眾我寡，就帶兵一邊戰鬥，一邊向東南方漢朝的邊境撤退。當箭全部用完之後，士兵們就拿著戰車的輻條、短刀與敵人肉搏，又殺死匈奴幾千人。

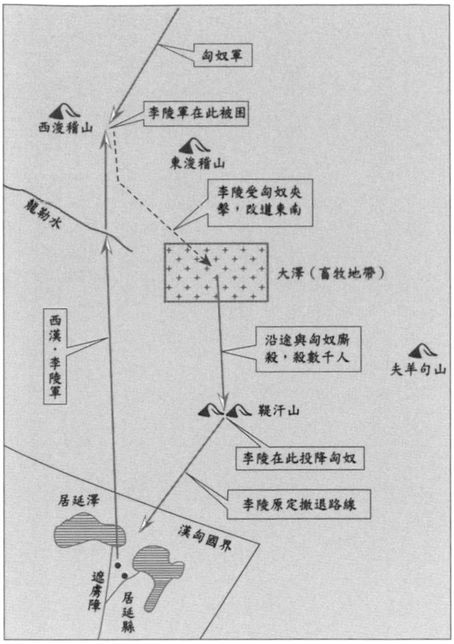

李陵進軍示意圖

單于見漢軍雖少，自己卻久攻不下，頗爲著急，並且看到李陵總是引兵向南，懷疑漢軍有接應。這時，一個漢軍軍官逃出來投降了匈奴，向單于報告說：「李陵的軍隊並沒有後援，而且箭也用完了。單于再派騎兵攻擊，漢軍就完了。」單于聽了大喜，於是又派騎兵強勢圍攻李陵。李陵知道這樣終歸不是辦法，便讓剩下的士兵分散突圍，如果能逃出匈奴的包圍圈，就回到長安將情況稟告武帝。李陵自己也與十幾名士兵準備突圍。但匈奴聞訊，派出幾千人包圍了他。李陵知道如今是逃不出去了，感慨自己打了敗仗，再無面目回去見武帝，於是就投降了匈奴。

李陵的投降是迫不得已，但他不能以死報國，而是選擇投降，也難怪背上罵名。李陵投降後，武帝食不知味，氣憤不已。司馬遷稍稍爲李陵辯解了一下，就被盛怒之下的武帝判處宮刑。後來，李陵也許萌生悔意，特別是看到持節牧羊、不改初衷的蘇武之後。但他的命運已無法逆轉。

史家之絕唱

司馬遷是武帝時期重要的史學家。他讀萬卷書、行萬里路，繼承了父親的遺志，在蒙冤受辱的情況下堅持發憤著書，寫出了被稱為「史家之絕唱，無韻之《離騷》」的經典歷史著作《史記》。

家學師承

司馬遷的祖先曾是周代的史官，到了他的父親司馬談這一代，又做了太史令，掌管歷史。司馬談是一位出色的歷史學家與天文學家，他具有豐富的知識和良好的修養。司馬遷在父親的潛移默化之下，十歲時，就已經開始誦讀古文經書了。

司馬遷二十歲的時候，父親司馬談又做出了一個對兒子影響深遠的決定，那就是鼓勵並資助兒子出門遠遊，希望他走出書齋，去接近廣闊的大自然和社會生活。司馬遷在父親的支持下，開始了穿越大江南北的遠遊。

司馬遷從家鄉陝西出發，首先南下到達長江、淮河一帶，登上會稽山，前往大禹穴、九疑山，又坐船遊歷沅水、湘水上。接著又北上，渡過汶水、泗水，來到當時學術風氣最盛的齊魯之地，與當地的文人探討儒學，考察孔子家鄉的民風教化。最後經過梁地、楚地回到家鄉。

這次遊歷對司馬遷的影響十分深遠，他看到了世界的廣闊，考察了歷史遺跡，瞭解了許多歷史人物的趣聞逸事，體驗了不同的風俗民情以及學術氣氛，這些都對他的性格養成和知識修養大有幫助，有助於他日後創作《史記》。

除了父親之外，司馬遷還接受了當時一些大儒的指導，例如董仲舒。董仲舒提倡德治，反對暴政，主張「大一統」，倡導個人修身、知恥，這些思想都深深地影響了司馬遷，在

清版《史記》書影

《史記》為中國第一本紀傳體通史，被魯迅譽為「史家之絕唱，無韻之《離騷》」。

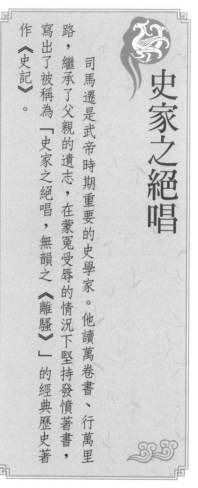

《史記》中有顯著的表現。

發憤著書

寫作《史記》是司馬談的遺願。

司馬談在做太史令的時候，最爲遺憾的事就是未能參加武帝的封禪大典，沒有將這件偉大的事記錄進歷史。司馬談病逝前，拉著兒子司馬遷的手囑咐道：「我們的祖先就是周朝的史官，後來中途衰微了，祖業難道要斷送在我的手上嗎？皇上繼承千年大業，封禪泰山，我卻不能隨從，這是命運捉弄我啊！我死了以後，你一定要接著做太史，把我沒能完成的著作寫完。古時周公去世後，五百年才出了孔子。當時禮崩樂壞，於是孔子編修古代的典籍，創作《春秋》，記錄周朝的歷史，以此來重振禮樂。現在離孔子去世又有五百年了，這幾百年間，沒有人再寫史書。我作爲史官，未能詳細地記述這些歷史，心裡十分不安。眞希望有人能繼續孔子的事業，上接《春秋》，闡述天下興亡的道理啊！兒子，你記住我的話了嗎？」司馬遷流著淚說：「兒子雖然不聰明，但願意承擔父親交付的重任，將先人留下的重要史料悉心編纂，不敢推卸責任。」就這樣，司馬遷擔負起著史的重擔。

元封三年（西元前一〇八年），也就是司馬談去世三年後，司馬遷繼任太史令，正式開始寫作《史記》（當時叫《太史公書》）。他潛心閱讀國家資料室裡的各種文獻，自己也精心蒐集資料，開始埋頭寫作這部輝煌的著作。然而，天漢二年（西元前九九年），就在他的著述工作順利進行之時，一場突如其來的災禍卻降臨到他的頭上。由於李陵投降匈奴的事件，司馬遷受到牽連，被判處宮刑。

李陵是名將李廣的孫子，在一次對匈奴作戰時，因寡不敵眾，萬般無奈之下投降了匈奴。消息傳回長安，震驚朝野。武帝爲此食不甘味，憤怒至極。朝中大臣大多順著武帝的意思，大力譴責李陵，只有司馬遷替李陵辯護。其實，司馬遷的出發點也是爲武帝著想，希望武帝不要太過擔心此事。他認爲，李陵平時孝順父母、體恤士兵、謙虛廉潔，常常奮不顧身爲國家著想。這次帶領五千名士兵對抗匈奴的幾萬大軍，一直戰鬥到最後一刻，斬殺敵人的數量已超過了自己

司馬遷像

的人數。李陵投降只是權宜之計，是爲了保留實力，以伺機接應漢軍。客觀地說，司馬遷的分析也頗有道理，不過他這些話說得太不是時候。武帝正在氣頭上，聽到竟然有人爲叛臣說話，盛怒之下把司馬遷關進監獄，定了死罪。

司馬遷祠墓

位於陝西省韓城以南十公里處的芝川黃河古渡口高崗上。祠墓依山而建，墓的台階共九十九級，山階上有兩道古牌坊，分別書有「高山仰止」和「河山之陽」。

武帝時代犯死罪的人，除了俯首受誅外，根據兩條舊例可以免死：一條是拿錢贖罪；一條是受宮刑。司馬遷官小家窮，只能在死與受宮刑的恥辱之間做出選擇。司馬遷想到「人固有一死，或重於泰山，或輕於鴻毛」，更何況他還有未竟的事業，那就是父親的遺願——寫作《史記》。如果丟棄這本書而輕生，父親和自己的心血就都白費了。

司馬遷想到了古時候諸多身處困境而發憤圖強的人：「蓋西伯拘而演《周易》；仲尼厄而作《春秋》；屈原放逐，乃賦《離騷》；左丘失明，厥有《國語》；孫子臏腳，《兵法》修列；不韋遷蜀，世傳《呂覽》；韓非囚秦，《說難》、《孤憤》；《詩》三百篇，大抵聖賢發憤之所爲作也。」在寫給故人任安的書信中，司馬遷酣暢淋漓地表達出自己孤憤的心情，表示將忍辱負重，完成畢生的心血，不願如鴻毛一般輕易死去。

李陵之禍讓司馬遷更加下定決心發憤著書，《史記》確實是一部凝聚了他的血與淚的著作。

史家絕唱

《史記》是中國第一部紀傳體通史，記述了自上古時期的黃帝到武帝末期的歷史，氣勢恢弘、內容廣博，同時文筆優美、意蘊豐富，是一部不可多得的歷史著作，並具有出色的文學性。魯迅稱《史記》爲「史家之絕唱，無韻之《離騷》」。

《史記》分爲十二篇「本紀」、十篇「表」、八篇「書」、三十篇「世家」、七十篇「列傳」，一共一百三十篇。「本紀」主要記錄天子或國君的事蹟；「表」主要用翔實的

藏諸名山的《史記》

《史記》是司馬遷畢生之心血，《史記》成書後，司馬遷知道自己在書中寫了不少針砭時弊的話，擔心書被銷毀，於是特意把《史記》抄寫了兩份，正本「藏諸名山」，也就是藏在位於華山腳下的自己老家，託付給女兒司馬英，副本則放在京城的某個機構中，但並沒有很多人知道。在司馬遷去世之前，《史記》並沒有在世上流傳。

司馬英嫁給了後來成爲漢朝丞相的楊敞，她有個兒子叫楊惲。楊惲從小就喜歡讀書，司馬遷去世後，司馬英有時就把家裡藏著的《史記》手稿拿給兒子楊惲讀。楊惲非常喜歡，覺得這麼好的書藏起來未免太可惜了，於是就把它呈獻給漢宣帝，也受到漢宣帝的重視，《史記》這才開始在世上廣爲流傳。

《史記》原名爲《太史公書》，大約是在三國時期才更名爲《史記》。

資料補充紀、傳裡的記述；八篇「書」各自從經濟、文化、科技、律法等不同角度記錄了各代的制度；「世家」主要記錄列侯或世代爲官的重要大臣的事蹟；「列傳」主要記錄一些典型人物的生平。這五種體制是司馬遷的獨創。

《史記》的一個顯著特點是「直筆」，也就是如實記錄，不隱惡。這一點在對「本朝」（武帝朝）的記錄上最爲明顯。司馬遷知道自己的著作完成後武帝是要過目的，而且看了之後也許會生氣，還要治自己的罪。但他並沒有退縮，依然把自己對某些政策乃至對武帝本人的評價都寫了進去。例如，在《平準書》中，他尖銳地指出戰爭給國家經濟帶來的巨大負擔，以及實施某些經濟政策造成的後果；在《酷吏列傳》中，他毫不留情地批判了酷吏政治的殘酷黑暗，指出只有依靠德政才能從根本上治理好國家；在《封禪書》中，他微妙地諷刺了武帝迷信鬼神、被方士所騙的經歷等等。事實上，司馬遷對武帝的整體評價很高，對武帝勵精圖治、開疆拓土的「大一統」偉業懷有衷心的敬仰，但這並未使他產生盲目崇拜而喪失一名史學家的客觀、公正的眼光。

《史記》是偉大的歷史著作，也是傳記文學名著，在中國散文發展史上具有承先啓後的作用。《史記》當中塑造了一系列栩栩如生的人物形象，刻畫出性格各異又無比生動的各代人物。例如，在《項羽本紀》中，司馬遷著重描寫了鉅鹿之戰、鴻門宴、垓下之圍等幾個經典事件，使一個勇猛、驕傲又目光短淺的項羽呼之欲出。司馬遷還在書中借一些人物來抒發自己的悲憤與志向，例如他描寫並稱頌了古往今來許多不甘屈辱或忍辱負重、志向高潔的義士，如屈原、勾踐等，讚頌他們「雖與日月爭光可也」。司馬遷在他們身上寄託了自己的遭遇與信念。

才子司馬相如

司馬相如是武帝時期有名的風流才子，他以琴聲吸引了卓文君，使得卓文君甘願放棄優裕的生活與他私奔。司馬相如還是漢賦的一代宗師，他所寫的《子虛賦》、《上林賦》、《大人賦》等名篇將漢賦這一文學體裁推向了巔峰。後人所說的「西漢文章兩司馬」，其中一「司馬」，指的正是司馬相如。

梁園才子

司馬相如，字長卿，蜀郡成都（今屬四川）人。他從小就喜歡讀書，頗有文采，也練過劍術，稱得上是文武雙全。他本名不叫「相如」，小時候，父母給他取名「犬子」。上學之後，他讀了戰國時期「完璧歸趙」等有關藺相如的故事，很仰慕藺相如的爲人，就改名爲「相如」。

景帝前元四年（西元前一五三年），二十出頭的司馬相如入朝當官，擔任武騎常侍。景帝不喜歡辭賦之類的文學作品，所以對司馬相如並沒有特別器重。直到七年後，景帝的弟弟梁王來京城朝見。梁王愛好文學，專門在自己的封地修建了「梁園」，廣招四方文士。當時梁園文人中最著名的是寫了《七發》的枚乘。司馬相如與跟隨梁王來京的枚乘、鄒陽等文士們相處得很愉快，有一種相見恨晚的感覺，於是他稱病辭官，以門客的身分做了梁國的座上賓。一個寬鬆的政治環境，一群志同道合的朋友，梁園濃厚的文化氣氛大大刺激了司馬相如的創作欲，他的成名作《子虛賦》正是創作於這段時期。司馬相如的大名開始在全國流傳。

西漢．透雕龍鳳紋玉璧

龍鳳皆是中國的神話動物，龍與鳳陰陽相對，代表男女相生相襲，又代表和諧美好。

景帝中六年（西元前一四四年），梁王去世，梁園也隨之解散。司馬相如只得回到家鄉，這時的司馬相如已經三十多歲了。司馬相如家境本來就不富裕，這時候家徒四壁，幾乎窮困到無以爲生的地步。在他身處梁園以文采聞名天下的時候，和蜀郡臨邛（今四川邛崍）縣的縣令王吉關係不錯，王吉曾對他說：「你這麼長時間一直在外面遊學做官，如果不如意的話，就儘管來找我。」司馬相如就去臨邛拜訪王吉，住在城內的都亭中。王吉剛開始還裝著恭敬的樣子來拜訪司馬相如，以禮相見，可是沒過多久司馬相如就發現王吉這個樣子只是裝出來的。司馬相如受不了這種輕蔑，當王吉再來的時候，就稱病不見。沒想到這麼一來，王吉反而眞的開始敬重他。

琴台

四川省邛崍市文君公園裡的琴台，相傳是當年司馬相如彈琴的地方。

鳳兮求凰

當時，臨邛縣城中有許多富貴人家，其中卓王孫家在當地也算赫赫有名。他家裡僅奴僕就有八百多人，富裕顯赫程度可想而知。聽說縣裡來了一位貴客，連縣令王吉都要每天去拜訪，卓王孫也想結交此人，就和另外一個富人程鄭一起準備了一桌酒席，擺在卓家，邀請縣令、司馬相如和當地許多顯貴一起赴宴。

司馬相如跟著王吉來到了卓家。司馬相如相貌堂堂，玉樹臨風，又有文名在先，在場客人見了他都很熱情。酒酣耳熱之時，縣令王吉捧來一張琴，請司馬相如彈奏助興。司馬相如心情不錯，便彈奏起來。不過，他這首曲子也不是隨便彈的，而是暗藏深意，彈給窗戶後面的那位女子聽，以表達自己的愛慕之情。

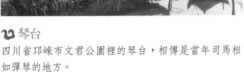

窗後的這位女子正是卓王孫的女兒卓文君。卓文君新近守寡住在家中，年輕貌美，愛好音律。她早就聽說過司馬相如的大名，得以親眼目睹他的瀟灑風姿，心中甚是喜歡，又聽到司馬相如的琴音，更是心動不已。酒宴一結束，司馬相如就用重金收買了卓文君的女僕，讓她轉達自己對卓家小姐的深情厚誼。一個是名滿京華的文人雅士，一個是溫婉賢淑的千金小姐，兩人又是一見鍾情，當夜便私訂終身。卓文君跟隨司馬相如私奔，二人來到司馬相如的老家成都。

司馬相如和卓文君郎才女貌，可是家中空蕩蕩的什麼也沒有，日子該怎麼過下去呢？爲了生計，卓文君勸司馬相如說：「長卿，咱們還是回臨

琴挑文君

邛吧，我在那兒有親戚，咱們可以借點錢做小生意維持生活。要是一直待在這裡，實在沒什麼出路。」司馬相如同意了。二人回到臨邛後，開了一家小酒館，卓文君當壚賣酒，司馬相如負責打理雜務，生活雖然清苦，倒也快樂。

卓王孫聽說女兒當街賣酒，覺得太丟人，就閉門不出。家裡的親戚又來勸他說：「文君畢竟是你的親生女兒，如今她已經是司馬長卿的妻子了，你改變不了這個現實。司馬長卿雖然窮，但還是有才華的，將來一定會出人頭地。而且他還是縣令的貴客，爲什麼這麼看不起他呢？你又不缺錢，難道要眼睜睜地看著自己的女兒過苦日子嗎？」卓王孫最終接受了現實，給卓文君數百僕人、數百萬錢爲嫁妝。相如與文君這才關了酒館，過起甜蜜的二人生活。

富麗辭章

就像唐詩、宋詞一樣，漢代也有代表性的文學作品形式——漢賦。賦是一種介於詩歌與散文之間的文體，既有詩的韻律，又有散文的長短句格局。漢賦講究鋪排誇飾，注重文辭之美，是一種氣勢恢弘、具有大氣之美的文章形式。在武帝時期，司馬相如是最負盛名的辭賦家，是他將漢賦的發展向前推進了一大步。

司馬相如在梁園時就寫過《子虛賦》，並以此聞名。《子虛賦》虛構出三個主人公，分別名叫子虛（意思是「虛構的言辭」）、烏有先生（意思是「沒有這回事」）以及亡是公（意思是「沒有這個人」）。賦中用華麗的辭采描述了齊王和楚王遊獵時的場面，恢弘壯麗。最後委婉地指出國君不重道德、推崇奢侈享樂是不對的，這使得整篇賦又具有了諷喻的色彩。

武帝讀了《子虛賦》之後，大爲讚賞，還以爲這是古人留下的佳作，於是自言自語道：「眞可惜啊，我不能和這位作者同時代。」當時，武帝身邊正好有一個侍從是四川人，他聽到武帝的話，就回稟說：「這篇賦是我的同鄉司馬相如寫的，他就是本朝人。」武帝聽了大吃一驚，馬上召見司馬相如。

君臣二人剛一見面，武帝就誇讚司馬相如的《子虛賦》氣勢恢弘，是少有的佳作。司馬相如謙虛地說：「這篇賦只是寫諸侯遊獵的事，不值得一看。我現在可以當場寫一篇關於天子遊獵的賦，獻給陛下。」武帝也想看看司馬相如的才華，就同意了。司馬相如接過紙筆，思如泉湧，揮筆成文。他接著《子虛賦》的故事，根據武帝遊獵上林苑的場面，寫出了名垂千古的《上林賦》，用更爲華美的字眼，描述了天子出獵時的豪華盛況，並在文中委婉地規勸皇上要節儉。武帝讀之大喜，授司馬相如爲郎官，加以重用。漢賦的發展至此進入了一個新的階段。

出使巴蜀

武帝很重視同西南夷的關係，建元六年（西元前一三五年），派中郎將唐蒙出使西南夷，說服夜郎國歸順漢朝。唐蒙雖然達到了目的，但也有一些做得不妥的地方。例如，爲了打通巴、蜀兩郡到夜郎的交通路線，他從巴蜀徵發了幾萬名百姓來修路和轉運糧食，並且使用嚴酷的軍法，如果有人逃跑或違反命令，就嚴厲懲處。這樣一來，兩地的百姓大爲惶恐，紛紛逃亡或自殺，富饒的巴蜀地區變成了動亂之地。

武帝見唐蒙惹了這麼大的禍，就讓司馬相如寫了一篇檄文《喻巴蜀檄》來諭告巴蜀人民。司馬相如用簡明扼要的語言向巴蜀兩地的太守和百姓說明，朝廷派唐蒙到西南，是要和平地勸說西南各蠻夷小國歸順，不是要打仗。他還指出，唐蒙的一些做法並非皇上的本意，希望老百姓不要恐慌，積極配合朝廷的政策。

武帝知道司馬相如是蜀地人，就讓他帶著檄文去巴蜀地區查看情況。相如回來報告說，在唐蒙的指揮下，

文君井
此井位於四川省邛崍市里仁街，相傳為當年卓文君與司馬相如開店時汲水的井。

十三字信與《怨郎詩》

相傳司馬相如二赴京城後，仕途暢達，竟起了休妻之意，於是命人給妻子送去了一封只有十三個字的信：「一二三四五六七八九十百千萬。」蕙質蘭心的文君讀後淚流滿面，這些數字唯獨缺一個「億」，這豈不是夫君對自己「無意」的暗示？

文君懷著悲痛的心情，提筆回了一封《怨郎詩》：「一別之後，二地相懸，只說是三四月，又誰知五六年。七絃琴無心彈，八行書無可傳，九連環從中斷，十里長亭望眼欲穿。百思想，千掛念，萬般無奈把郎怨。萬語千言說不完，百無聊賴十倚欄。重九登高看孤雁，八月中秋月圓人不圓。七月半燒香秉燭問蒼天，六月天別人搖扇我獨心寒。五月石榴如火偏遇陣陣冷雨澆花端，四月枇杷未黃我欲對鏡心意亂。急匆匆，三月桃花隨水轉；飄零零，二月風箏線兒斷。噫！郎呀郎，巴不得下一世你爲女來我爲郎！」

司馬相如看完信後，遙想昔日夫妻恩情，不禁羞愧萬分，從此再也不提休妻之事。

兩年過去了，通往西南夷的路並沒有修成，被徵發的百姓死去的有成千上萬，耗費的錢財也不可勝數。他還指出，西南夷的大多數國家瞭解漢朝的實力和威望後，都願意歸附於漢朝。

司馬相如很贊成通西南，於是，武帝又將司馬相如封爲中郎將，讓他作爲漢朝的使者前往西南夷，說服邛、筰、冉等小國歸附漢朝。司馬相如到了蜀郡，當地的官員早早就來到郊外迎接他，當地的縣令還親自背著弓箭走在他前面爲他引路。司馬相如的岳父卓王孫聽說了這個消息，不禁感慨萬分。於是，他帶著酒和肉親自上門，後來還按兒子應分得的財產數量又補給女兒一批嫁妝。

司馬相如漂亮地完成了這次外交任務，邛、筰、冉等國家都願意臣服於漢。於是，這些地方與巴蜀地區的舊關隘被拆除，彼此之間的交通更爲便利。武帝對司馬相如的外交成果頗爲滿意。

不過，朝廷中也有人覺得開通西南夷沒什麼用處。爲了反駁他們，司馬相如又寫了《難蜀父老書》，其中有一段著名的話：「蓋世必有非常之人，然後有非常之事；有非常之事，然後有非常之功。」這裡的「非常之人」顯然是對武帝的讚頌之詞。司馬相如認爲，武帝通西南，是其開疆拓土的宏偉事業的一部分，意義十分重大。他還說：「賢明的君主不會只做些拘於文字、流於世俗的事情，而是要開創自己的事業，以此來惠及子孫。」

武帝開疆拓土的宏偉事業與司馬相如鋪排壯麗的華美辭章可謂相得益彰，共同顯示了一個蒸蒸日上的帝國恢弘的氣勢。

孝文園令

司馬相如從西南回朝後，有人向

武帝上書，說他出使西南時接受賄賂，武帝只好免了司馬相如的官職。不過，一年多後，武帝還是對他念念不忘，於是又把他召回來，再次讓他做了郎官。

司馬相如有點口吃，說起話來不如人，卻寫得一手好文章。他身體也不太好，患有消渴病，相當於今日所說的糖尿病。他性格恬淡、隨和，對陞官並沒有太大興趣，而且從卓王孫那裡得到了豐厚的財產，所以雖然當官，並不太參與政事，倒是經常託病閒居家中，或者跟著武帝去打獵。

後來，武帝又讓司馬相如做了孝文園令，也就是看守文帝陵園的官。武帝很喜歡談論神仙之類的事情，司馬相如就寫了名篇《大人賦》，用華麗的辭句描寫了一個形貌奇偉的人四處漫遊、探索仙道的歷程。武帝讀後非常欣賞，甚至覺得自己好像就是文中的那個「大人」，飄飄然浮游於天地之間。

卓文君貌美有才氣，善鼓琴，知樂理，被司馬相如悠揚的琴聲打動，於是有了「當壚賣酒」的千古佳話。

後來，司馬相如得了重病，就辭了官，回到位於茂陵邑的家中居住。武帝對人說：「司馬相如病得厲害，最好把他寫的文章都拿過來保存下來，否則以後遺失就太可惜了。」於是就派人去司馬相如的家裡。元狩五年（西元前一一八年），使者到達司馬相如家的時候，司馬相如已經死了，家裡並沒有留下什麼文稿。他的妻子卓文君對使者說：「長卿生前寫的文章大多被人拿走了，不過，他臨死前曾經寫過一卷文稿，說如果有皇上的使者來尋找，就獻給他。」使者帶著這份唯一的文稿回到朝廷，獻給武帝。武帝讀了大吃一驚，原來這篇文章寫的是封禪之事。當時，武帝有封禪的意思，但還沒有實行。司馬相如去世八年之後，武帝在泰山舉行了封禪大典。

丞相的更替

武帝一朝更換了十三位丞相，不可謂不頻繁。這些丞相有一點是相同的，那就是他們遇到了一個絕對強勢的君王，其權力與影響力必然受到極大的限制。

抑制相權

班固在《漢書・百官公卿表》中論及丞相一職時，說丞相是「金印紫綬，掌丞天子助理萬機」。漢初時，丞相位極人臣，輔佐皇帝，總管政務，集司法、行政大權於一身，可謂一人之下，萬人之上。文帝時的丞相申屠嘉認爲寵臣鄧通在文帝面前表現輕浮，亂了朝廷的禮節，要嚴懲他。文帝喜歡鄧通，經常包庇他，但申屠嘉並不退縮，而是把鄧通叫到自己家裡來，嚴肅地斥責他，並要將他斬首。文帝預料到申屠嘉要對鄧通不利，就派人到申屠嘉家裡請求說：「鄧通只不過是我身邊的一個奴僕，請您放他一馬吧。」鄧通回到皇宮後，驚恐地對文帝哭訴：「丞相差點把我給殺了！」可見，當時丞相的權力確實是很大的。

武帝即位後，開始逐漸壓制丞相的權力，這與武帝本人的性格和抱負有關。武帝規劃了宏大的事業藍圖，手中必須握有絕對的權力，才能盡情施展抱負。但初繼帝位的幾年中，竇太后對武帝的壓制，讓武帝深深地認識到，擁有絕對的權力和親信是多麼重要。於是，他開始了一項重要的政治改革，那就是設置「中朝」，在其中安排自己的親信人物，用這種方法來制衡以丞相爲首的「外朝」，強化自己的權力。

中朝裡有文官，也有武官；有負責朝廷日常文書的尚書台、中書令，也有職能範圍較爲廣泛的侍中、常侍、給事中、散騎等。中朝裡比較有名的大臣如嚴助、司馬相如、東方

西漢・熊足鼎

這是一件炊煮食器，一九六八年於河北滿城陵山中山靖王劉勝墓出土。

朔、終軍、主父偃等，大將軍衛青和驃騎將軍霍去病也都曾做過侍中，屬於武帝的核心人才庫。這些中朝大臣也確實爲實踐武帝的理想和抱負貢獻良多。例如，閩越攻東甌時，東甌向漢朝求救，當時任太尉的田蚡認爲東甌不值得漢朝出兵相救，但剛即位不久的武帝心裡其實是想打這一仗的，他急切地渴盼著贏得自己的第一場勝利。這時，中朝重臣嚴助替武帝說出了心裡話，嚴詞反駁田蚡，使武帝終於夢想成眞。

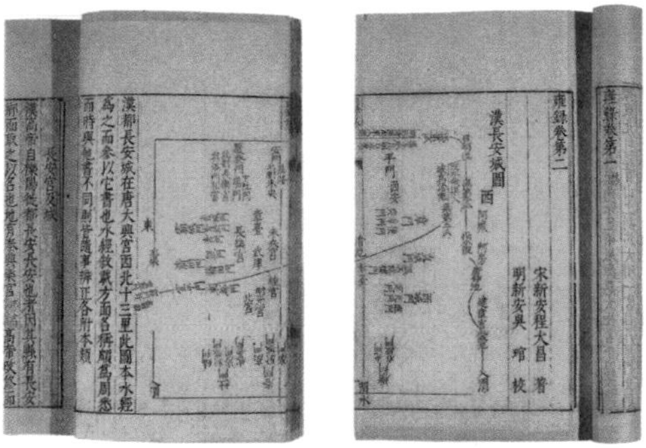

漢長安城圖

宋代程大昌（一一二三年至一一九五年）著《雍錄》十卷，考證長安歷史地理沿革，共有地圖三十二幅，是現存最早的一部關於長安城歷史的地圖集。

從此以後，武帝更加注意將權力集中到自己身邊，而以丞相爲首的外朝大臣卻往往成爲他的掣肘。於是，武帝對待丞相極爲苛刻，頻繁更換丞相正是他的策略之一。

外戚丞相

武帝一朝，一共更換了十三位丞相：衛綰、竇嬰、許昌、田蚡、薛澤、公孫弘、李蔡、莊青翟、趙周、石慶、公孫賀、劉屈、田千秋。他們的出身、個性和結局各不相同，在任時間最長的是十一年，最短的只有一年零四個月。在他們當中，有四個人是以外戚的身分擔任丞相，而這四個人的下場都很悲慘：竇嬰先被免職，後被判死刑；田蚡死於精神錯亂；公孫賀被捲入巫蠱之禍，全族被滅；劉屈被判腰斬。這四位外戚丞相的命運反映出武帝對外戚勢力抱有極大的警惕。

竇嬰是任期最短的丞相，他是武帝祖母竇太后的侄子，性格耿直，敢於進諫。景帝時，竇太后喜愛小兒子梁王，景帝跟梁王的關係也不錯，有一次喝醉酒，表示要將皇位傳給梁王。竇嬰聽了，馬上起身指出這是不對的，讓景帝很尷尬，更得罪了竇太后。竇嬰也很廉潔，他平定七國之亂有功，景帝賞賜給他千斤黃金，他把金子放在屋簷下，讓士兵們隨便拿，自己卻一點都不碰。武帝剛即位不久，自己還沒有掌握實權，必須討好竇太后。當時，他的第一位丞相衛綰因尊儒被竇太后免職，他就任命同樣喜歡儒學的竇嬰爲丞相。原以爲竇嬰和竇太后是親戚，尊儒活動可以稍微順利些，沒想到竇太后還是不高興，第二年，竇嬰就被罷免了丞相之職。竇嬰晚年與灌夫將軍很有交情。灌夫

西漢．彩繪三魚耳杯

湖北荊州鳳凰山一百六十八號西漢墓出土，為飲具，現藏於荊州博物館。

得罪了田蚡，被抓進牢獄，竇嬰為他說情，結果最後自己也被抓了起來，又因為流言蜚語被判死刑。

田蚡是武帝的舅舅，完全是憑藉外戚的身分當上丞相的。他生活奢侈，野心勃勃，有時甚至不把武帝放在眼裡，這讓武帝對他很不滿，只是看在母親王太后的面子上才隱忍不發。田蚡當了丞相之後，驕奢淫逸，修建豪華的住宅，購買大量奢侈品，後房的美女數都數不清。他還十分看重自己的丞相身分，有一次，他的哥哥來看他，在酒席上，他毫不謙讓地坐在最尊貴的位子上，認為丞相位高權重，高過了兄弟之別。

田蚡雖然佔據丞相之位，卻一心只想著自己，絲毫沒有為天下蒼生著想的念頭。黃河瓠子決口，災情嚴重，田蚡自己的封地沒有受損，他便不理災民的死活，對武帝說黃河決口是天意，不可違背，讓武帝不管這件事，結果使當地災民過了十幾年苦日子。最後等到武帝在東遊封禪的路上，才親眼見到實情，痛心不已。

田蚡經常向武帝推薦跟自己關係好的人做官，把這些人都安插到重要的位置上，幾乎把武帝任命官員的權力都架空了。有一次，武帝實在忍不下去，就對他說：「你任命官員任命完了沒有？我還想自己任命一些人呢。」還有一次，田蚡竟然要求把官府的土地劃給自己蓋房子。武帝氣憤地說：「你乾脆把武器庫也給佔了算了！」田蚡這才稍微收斂了一些。由此可見，田蚡根本不算是個政治人才。他與竇嬰、灌夫有仇，把灌夫抓了起來，連累竇嬰也被殺。不過他自己也沒能善終。竇嬰死後，他心中不安，精神恍惚，常常大呼小叫，說自己有罪。最後，田蚡就這樣精神錯亂而死。

公孫賀是皇后衛子夫的姐夫，也是外戚。他曾跟隨衛青征戰匈奴，也曾建立軍功。太初二年（西元前一〇三年），武帝封他做丞相。陞官本是好事，但公孫賀卻痛哭流涕，在武帝面前拚命磕頭，說自己才疏學淺，實在不夠資格當丞相。原來，在他之前的那些丞相要不是被殺，就是經常挨罵，公孫賀怕惹禍上身。但武帝堅持讓他上任，他不得已，只好從命。

公孫賀的擔心不是沒有道理。他

的兒子公孫敬聲經常做違法的事，並擅自挪用公款，被人發現，進了牢獄。爲了救兒子，公孫賀自願請求去抓捕朝廷當時通緝的豪俠朱安世。朱安世被抓之後，想要報復公孫賀，就在獄中上書，說公孫敬聲與武帝的女兒陽石公主私通，並找巫師在通往甘泉宮的路上埋下木偶詛咒武帝。武帝聞之大怒，遂將公孫賀滅族。後來，由這件事引出了武帝晚年重要的政治風波巫蠱之禍，影響甚巨。公孫賀認爲丞相不好當確是有先見之明，而他作爲外戚，面對武帝這樣一個對權力極爲敏感的皇帝，更是如履薄冰了。

劉屈是武帝的哥哥中山靖王劉勝的兒子。武帝跟中山靖王的關係比較好，所以在公孫賀死後就任命劉屈做丞相。劉屈在巫蠱之禍中率兵打敗了太子劉據。後來，劉據被迫自殺，太子之位暫空。劉屈和貳師將軍李廣利是親家，他們暗自商量，想立李廣利的妹妹李夫人生的兒子昌邑王爲太子。當時，武帝正爲戾太子劉據的事情傷心，最恨別人提立太子之類的事。當他得知劉屈和李廣利的計畫之後，非常生氣，又聽人說劉屈和妻子暗中詛咒自己，於是把劉屈腰斬，並把當時正在前線打仗的李廣利的家人抓進大獄，結果李廣利投降了匈奴。

四個外戚丞相都不得善終，一方面是由於他們之中某些人行爲不檢（如田蚡、劉屈），另方面也是由於武帝對外戚勢力一向比較提防，對於其中掌握大權的更是加以重重防範。

西漢·銅跽坐俑

一九七二年廣西西林縣普馱糧站出土，今藏於廣西壯族自治區博物館。

控於股掌

武帝對丞相的任命、罷免，乃至治罪，都與某一時期具體的朝廷政策息息相關。爲了推行某種政策或顯示某種姿態，他可以讓一介布衣登上仕途的巔峰，也可以讓地位尊貴的丞相轉眼間變成階下囚。顯示出武帝對丞相握有絕對的控制。

古代著名丞相

中國古代的丞相制度始於春秋戰國時期，當時著名的丞相有：齊相管仲，他輔佐齊桓公成為春秋五霸之一；秦相商鞅，他主持了商鞅變法，使秦國的實力大大增強。秦朝時著名的丞相是李斯，他為秦始皇定郡縣之制，提出焚書坑儒的政策，加強思想控制。秦始皇死後，李斯聽從趙高的陰謀，矯詔殺太子扶蘇，立胡亥為帝。但秦二世胡亥繼位後，趙高專權，污蔑李斯謀反，李斯被腰斬於咸陽，夷滅三族。

三國時期蜀國的丞相諸葛亮足智多謀、忠心耿耿，千百年來一直被視為智慧的化身。武則天時期的丞相狄仁傑體恤百姓、不畏權勢，被稱為唐室砥柱。北宋名相王安石不畏阻力，領導了熙寧變法，也由此成為頗具爭議的歷史人物。明代萬曆年間的內閣首輔張居正也是一位改革家，他改變賦稅制度、整飭邊鎮防務，頗有成效。清代劉墉（民間故事中的劉羅鍋）以奉公守法、清正廉潔、峭直敢諫聞名於世。

武帝即位之初，想要改變漢初占統治地位的黃老之學，推崇儒學。但是，當時掌握實權的竇太后反對儒學，武帝時的第一位丞相衛綰就因爲崇儒被罷免了，接下來的竇嬰也同樣如此。

但武帝並沒有灰心，等到他眞正掌權的時候，又重新推崇儒學，重用儒生，其中最具代表性的例子就是以平民布衣的身分平步青雲，一直做到丞相的公孫弘。公孫弘年輕時一直不得志，中年的時候才被選爲博士，進入仕途。他生活節儉，晚上睡覺蓋著粗布做的被子，吃飯從來不吃兩種以上的葷菜，這還曾被人認爲是虛僞。不過，公孫弘做事並不是都能討武帝喜歡。他曾經兩次被派往外地考察，回來的報告都不能讓武帝滿意。武帝準備建朔方郡的時候，他還極力反對，於是武帝派朱買臣等人前去與他辯論，把他說得啞口無言。其實公孫弘在丞相任上並沒有什麼優異的表現，武帝重用他，很有可能是爲了表示對儒生的重視，並不指望他能發揮什麼特別重大的作用。

當武帝想要打擊某些人或某種現象的時候，手段凌厲，對待丞相也是如此。元鼎五年（西元前一一二年）發生了著名的酎金案，武帝一下子剝奪了一百零六人的爵位，而當時負責酎金事務的丞相趙周也因此被關進大牢，被迫自殺。武帝實際上是想要利用酎金案打擊那些自私自利、勢力不斷膨脹的王侯們。趙周管理酎金雖然也有失職的地方，但原本罪不至死，卻正逢武帝要嚴辦這件事，藉以懲戒那些王侯，所以才導致其自殺。

掛名丞相

武帝時期的丞相太多，有些人在任上幾乎什麼事也沒做，史書上只留下了他們的姓名，幾乎沒有他們的事蹟。即使有事蹟，也只是講述了他們的碌碌無爲。一方面是個人能力的問題，另一方面也顯示在武帝的壓制下，丞相幾乎沒有實權，對朝政無法產生實質影響。

這樣的丞相有許昌、薛澤、李蔡、莊青翟。史書上稍微記有事蹟的是石慶，但從他的政績中，我們也只能看到一個謹小愼微、毫無作爲的空頭丞相。例如，石慶當了九年的丞相，竟然沒有提出過一句有關時政的建議。元封四年（西元前一〇七年），關東地區出現大量流民，造成了社會不穩定。當時的一些大臣想向武帝建議把這些流民都遷徙到邊疆，以此來懲罰他們。武帝不同意，並要懲治這些大臣。他覺得丞相石慶一向安分守己，應該不會牽涉其中，就沒有追究他。但石慶自己感覺很不安，就主動請求辭官。武帝本來沒想責怪他，但看到他出面辭官，就生氣了，責備他說：「現在國家正動盪不安，你想把官辭了，責任就推得一乾二淨了是不是？」石慶更慚愧了，從此以後更是什麼話也不敢說了。

武帝時最後一任丞相是田千秋。當時，武帝正在反思巫蠱之禍，朝中大臣大多指責戾太子劉據，只有當時看守高帝廟的田千秋上書爲太子鳴冤。其實，當時武帝心裡已經有點後悔，後來查明了巫蠱之禍的眞相，便爲劉據平反，也嘉獎了敢於直言的田千秋。劉屈死後，田千秋便一躍成爲丞相。田千秋也是一個謹愼的人，武帝去世後，他與大將軍霍光共同輔佐昭帝，最後死於任上。

武帝壓制丞相的權力，讓他們只負責一些日常事務，而重要的朝政則親自與中朝近臣商議，這樣就把權力集中到了自己身邊，可以更爲自由地施展抱負，實踐自己的宏偉藍圖。

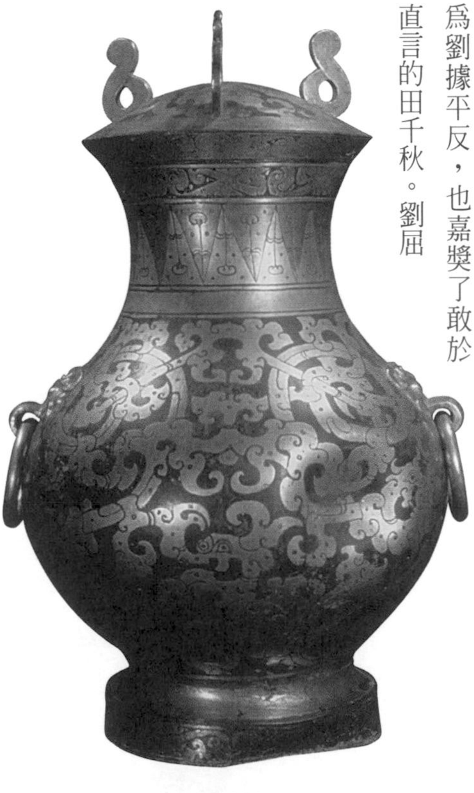

西漢．鎏金銀蟠龍紋壺

這是一件盛酒器，一九六八年河北滿城陵山中山靖王劉勝墓出土。漢代人愛飲酒，當時的酒主要是由糧食、水果等直接發酵而成，沒有經過蒸餾，酒色比較混濁。

漢代的疆域

武帝銳意進取，積極開疆拓土，向四面八方大力擴展西漢的版圖。一些原本互不交流的少數民族被納入到一位共同君主的統轄之下。武帝不僅在治國思想上「大一統」，更希望讓國家版圖推向空前廣大。

北部疆域

在漢朝的北方，居住著強大的匈奴。漢匈之間戰爭不斷，歸根究柢，是農耕文明與遊牧文明進行土地資源之爭。正因爲如此，武帝相當注重對北方領土的開拓，將之視爲與匈奴作戰的成果。元朔二年（西元前一二七年）朔方郡的建立，便象徵武帝對匈奴作戰的勝利。

朔方位於今日內蒙古自治區境內。這裡接近黃河，土地肥沃，水草豐美，既可以用來耕種糧食，也可以放牧，所以成了漢朝與匈奴的必爭之地。元朔二年（西元前一二七年），衛青率兵攻打匈奴，收復了河套附近的大片土地，趕走了原本居住在這裡的匈奴白羊王、樓煩王。戰後，武帝就下令在這裡設置朔方、五原兩郡，將大約五十萬人遷徙到這裡開墾農田。第二年，又派蘇建主持修建朔方城，進一步鞏固北方邊境。

設置朔方郡之後，武帝又將注意力轉移到了西北。元狩二年（西元前一二一年），霍去病率兵攻打匈奴，大獲全勝，並使得匈奴渾邪王率眾內遷，投降漢朝。渾邪王原來居住於河西走廊地區，在他投降之後，這片地區幾乎空無人煙。於是，漢朝又逐漸在這裡設置了許多個郡，包括張掖郡、敦煌郡、金城郡、武威郡，加上原來的酒泉郡，漢朝的疆域往西北方向大大擴張。

南部疆域

漢朝南部的疆域可分爲西南和東

西漢・銅鳥

二〇〇四年廣西合浦縣風門嶺二十六號墓出土，今藏於廣西壯族自治區博物館。

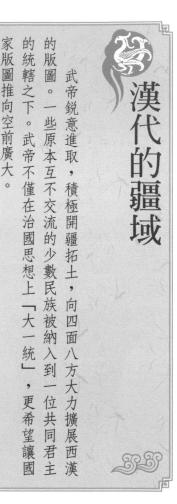

南兩部分。爲了打通從西南通向西域的道路，武帝決定與西南少數民族地區建立聯繫。西南地區原本密密麻麻

西漢・南越王金印

廣州象崗山南越王墓出土。中間一枚龍紐金印上有「文帝行璽」四個篆體文字，表示墓主人為南越國第二代國君文帝趙胡。漢文帝時，南越國第一任國君趙佗歸附漢朝，但他在國內仍使用皇帝名號，稱南越王。至元鼎六年（西元前一一一年），漢武帝在南越設置九郡，使得南越國在經歷九十三年後滅亡。

地分布著許多小國，其中勢力較大的是夜郎和滇國。他們原本並不瞭解漢朝。武帝派唐蒙出使夜郎，帶去了很多貴重的禮物，並講述了漢朝的廣袤和威望。於是，夜郎臣服於漢朝，武帝下令在夜郎設置犍爲郡。

之後，滇國也臣服於漢朝，而其他一些小國也都紛紛接受漢朝的恩賜，表示願意接受漢朝的管理。因此，武帝在西南地區先後設置了廣漢、犍爲、牂牁、武都、沈犁、汶山、越西、益州等郡，將版圖延伸到西南。

東南地區原本主要有三個國家：閩越、東甌和南越。建元三年（西元前一三八年），閩越攻打東甌，東甌向漢朝求救。當時，武帝剛即位不久，急需用一場勝利來證明自己的能力，他傾向於出兵，但太尉田蚡卻反對，認爲這些越人反覆無常，不値得朝廷去救援。深諳武帝心思的中大夫嚴助起身反駁，說：「如果連一個小國都保護不了，我們漢朝還談得上統治天下嗎？」於是，武帝派嚴助調遣會稽軍隊救助東甌，閩越聞之撤兵。東甌國請求舉國內遷，武帝同意了，把他們安置在江淮一帶。

南越與漢朝的關係一直若即若離。趙興繼位成爲南越王之後，武帝派使者前往南越，勸其歸順。趙興和太后樛氏原本同意了，就準備貢品前去朝見武帝。但南越丞相呂嘉卻不同意歸順漢朝，遂起兵造反。武帝派出樓船將軍楊僕與伏波將軍路博德率精兵討伐南越，並於元鼎六年（西元前一一一年）捉住呂嘉，滅南越。

南越滅亡後，武帝在這裡設置了九個郡，分別是：儋耳（今海南島儋縣）、珠崖（今海南島東北部）、南海（今廣州）、蒼梧（今廣西梧州）、鬱林（今廣西桂平西）、合浦（今廣東西南部）、交趾（今越南北

部）、九眞（今越南清化、河靜及義安東部）、日南（今越南中部）。

元封元年（西元前一一〇年），武帝又派大軍攻打反叛的閩越。閩越投降，國內民眾都遷徙到江淮一帶去居住。從此，西漢統一了南方的越地，疆土達到了今天的越南境內。

西部疆域

武帝時期最重要的成就之一就是打通絲綢之路，開始與西域交流。「西域」有廣義狹義之分，狹義的西域主要指今天的新疆地區，廣義的西域還要一直向西延伸到歐洲東部。武帝通西域的最初動機是聯合烏孫、大月氏等國共同抗擊匈奴。張騫兩次出使西域，前後十多年，歷盡千辛萬苦，終於不辱使命，打通了一條東西方經濟、文化、政治交流的通道。

當時，西域的國家都是小國，爲了鞏固漢朝在西域的影響力，武帝採取了多種手段。西域東端的樓蘭、姑師背叛漢朝，武帝就堅決圍剿，活捉了樓蘭王，並要求樓蘭派人質到漢朝。烏孫國曾經臣屬於匈奴，張騫向武帝建議聯合烏孫，「斷匈奴臂膀」，於是武帝將王室公主派去烏孫和親。大宛國對漢朝不敬，武帝就不惜耗費鉅資，兩次派貳師將軍李廣利攻打大宛，最終帶回了汗血寶馬。不過，兩伐大宛的意義絕不只是幾匹馬的問題，而是關係到漢朝在西域的威望。如果戰敗，漢朝在西域的苦心經營就全白費了。事實證明，大宛被攻破之後，西域諸國再也不敢對漢朝懷抱二心，紛紛表示願意臣服。

爲了加強對西域的控制，漢朝在輪台（今新疆輪台東南）、渠犁（今新疆庫爾勒）等地進行屯田。這種用大規模屯田的方式來安定邊郡的做法影響深遠。三國時，曹操曾感慨：「武帝以屯田的方式安定西域，這眞是爲後世立下良好的榜樣。」曹操也曾仿效武帝在許昌等地屯田。不過，在武帝統治時期，由於匈奴的干擾，漢朝還無法徹底控制西域。到了宣帝神爵二年（西元前六〇年），匈奴日逐王投降漢朝，漢朝在烏壘城（今新疆輪台東）設置了西域都護府，從此，廣大的西域地區才眞正歸於漢朝統治之下。

西域都護府的管轄範圍包括了今天的新疆地區、今巴爾喀什湖以南的烏孫、今中亞費爾干納盆地的大宛等。漢朝的西部邊境一直延伸到中亞地區。

東部疆域

漢朝的正東方是浩瀚的大海，所以東部疆域主要涉及東北邊的朝鮮半島。西漢初年，朝鮮半島北部有衛氏朝鮮政權，其創立者衛滿原是燕國人，在漢初燕王盧綰投奔匈奴後，他也帶著一千多人來到朝鮮半島，自立爲王，名義上是漢朝的藩屬國，實際上卻並不聽從漢朝的指揮。

元朔元年（西元前一二八年），武帝在朝鮮半島設立了滄海郡，管理這個地區的事務。但當時的衛氏朝鮮之王右渠對漢朝很不友善。元封二年（西元前一〇九年）秋天，武帝派樓船將軍楊僕和左將軍荀彘二人率軍共同攻打衛氏朝鮮。一直到第二年夏天，衛氏朝鮮國內的大臣殺了國王右渠來向漢朝投降，戰爭才宣告結束。武帝在衛氏朝鮮原來的轄地上設了四個郡，分別是樂浪、玄菟、眞番和臨屯。這樣一來，漢朝東北部的疆界就一直達到了朝鮮半島中部。

武帝統治時期的漢朝疆域達到了空前遼闊的範圍：北逾陰山，南達今越南，西至中亞，東抵東海、黃海、朝鮮半島中北部。

祁連山下的嘉峪關

嘉峪關位於甘肅，扼河西走廊之咽喉，是明代萬里長城西端起點。古時此地屬西戎，秦時屬烏孫，至西漢時又為匈奴人所佔。

巫蠱之禍

戾太子劉據是個悲劇性的人物。在宮廷鬥爭的漩渦中，他成為奸人陷害的目標。不得已起兵清君側，卻更被視為叛亂。一夜之間，長安染血，他最終被迫自盡身亡。

謙謙太子

劉據是武帝劉徹與歌伎衛子夫的兒子。元朔元年（西元前一二八年）劉據出生，母以子貴，衛子夫在這一年被冊封爲皇后。六年之後，劉據被立爲太子。武帝專門爲他修建了博望苑，請了最優秀的老師來教育他，一心要栽培他成爲一名博雅之賢士、威武之儲君。

劉據個性寬厚、仁和，與那些驕奢淫逸的貴族紈袴子弟並不相同。武帝一方面欣賞劉據這種沉穩安詳的性格，認爲這是一個讓人放心的好兒子；另一方面也有些擔憂，覺得他有些優柔之氣，不似自己勇武剛強。武帝的時代，正是國力強盛、舉國尚武的時代。「犯強漢者，雖遠必誅！」武帝自己便擁有赫赫戰功，劉據的舅舅衛青和表兄霍去病也都爲漢朝北拒匈奴立下了汗馬功勞。衛氏家族顯赫一時，成爲朝廷一支強大的外威力量。

武帝晚年時逐漸疏遠了衛子夫，而獨親近鉤弋夫人。天漢三年（西元前九八年），鉤弋夫人在懷孕十四個月之後，生下了武帝的小兒子劉弗陵。傳說堯帝也是十四個月而生。武帝爲此歡喜不已，甚至將這小兒子比作堯帝，把鉤弋宮宮門改名爲堯母門，從此對二人更加寵愛。

甘泉宮遺址上的石羊

清初地理著作《讀史方輿紀要》引《括地誌》云：「甘泉山有宮，秦始皇所作林光宮，周匝十餘里。漢武帝元封二年於林光宮旁更作甘泉宮」。

朝野中一些別有用心的人猜測武帝將廢劉據而改立劉弗陵，便想借此打壓劉據，以實現自己的政治目的。再加上劉據平時經常勸諫武帝慎用峻法、仁厚治國，不要窮兵黷武、好大喜功，要給百姓以休養生息的空間，這些言行早就引起朝廷中一些人的不滿，武帝也不以爲然。凡此種種，都使劉據在朝中的處境愈來愈危險。

巫蠱之禍

劉據的悲劇與一個叫江充的人密切相關。江充原是趙敬肅王的門客。因與趙太子劉丹有隙，便來到京城，後來深受武帝的寵信。江充是個心胸狹隘、睚眥必報的小人。他與劉據很快結怨，這就爲他在巫蠱之禍中故意嫁禍劉據以報私怨埋下了伏筆。

劉據的姨父公孫賀時任丞相，他的兒子公孫敬聲任太僕。公孫敬聲因挪用大筆軍費被捕入獄。公孫賀爲救兒子，主動要求捉拿朝廷當時正在通緝的陽陵大俠朱世安，以將功贖罪。朱世安被捕後，聽說自己是抵罪之人，懷恨在心，在獄中冷笑著說：「丞相把禍引到自己家了。」他上書宣稱公孫敬聲與武帝的女兒陽石公主私通，並在皇上專用的馳道上埋藏木偶人以詛咒武帝。事後，公孫賀被滿門抄斬。

征和二年（西元前九一年），據說武

西漢・金雀山帛畫

一九七六年山東臨沂金雀山漢墓出土，是覆蓋在墓主人棺上的「非衣」。此幅帛畫從佈局上看，上部為天界，日、月中分別繪有金烏和蟾蜍；中部為人間，表現墓主人生前的生活；下部為黃泉世界。

帝一天午睡時夢見無數手持刀劍的木偶人向自己襲來，他醒後極其不安，想起公孫敬聲用蠱之事，便命江充全權查辦民間和宮廷內的巫蠱事件，巫蠱之禍就此爆發。

江充帶領手下在整個長安城肆無忌憚地搜查、挖掘用於巫蠱之術的木偶人，並借此機會大報私仇。對於想要陷害的人，他們便在某些地方事先埋下木偶人，挖出後就誣告是那人所爲，並濫用酷刑，強迫其認罪。嚴查巫蠱之風很快蔓延到全國。沒過多久，全國上下因此致死的人達到數萬。

接下來，江充又把矛頭指向了皇宮之內。利用武帝晚年的昏聵、多疑和猜忌心理，江充在宮闈禁地也開始肆意搜查，但江充等人搜遍衛子夫和劉據的寢宮也沒有任何斬獲。然而江充與劉據早已結怨，爲防止劉據日後登基對自己不利，江充趁人不備，拿出一些事先準備好的木偶人，宣稱是在太子宮內找到的，上面還附有綢緞，寫著對皇上不利的話。此時，武帝正在甘泉宮休養，並不在長安。江充聲稱要將這些木偶人帶到皇上面前稟告。

兵變長安

面對突如其來的栽贓嫁禍，博望苑陷入了恐慌。劉據問自己的老師石德該怎麼辦，情急之下，石德建議太子越權行事，僞造聖旨，抓捕江充等人，揭穿他們的陰謀，再向武帝解釋。劉據開始時十分猶豫，但想起武帝對巫蠱的痛恨，以及公孫賀一家的慘死，只好同意這麼做。

西漢．六博遊戲陶俑

六博是漢代非常流行的一項棋類遊戲，遊戲雙方各執六枚棋子，勝負的關鍵在於擲采。

征和二年（西元前九一年）七月初九晚上，劉據宣稱要平叛亂臣、清君側，調集皇家步兵、射手和長樂宮的衛士，以及自己的門客，兵分幾路抓捕江充。江充被殺，但江充的一個手下蘇文逃走了。蘇文來到甘泉宮，告發太子起兵謀反。武帝一開始並不相信，派使者去長安召見劉據。但使者並沒有到達長安，而是半路返回甘泉宮，對武帝說：「太子確實已經造反，還想殺我，幸好我逃出來了。」武帝聽了大怒，相信劉據眞的謀反了，於是派丞相劉屈進行鎭壓。大軍逐漸包圍長安，被逼至此的劉據雖實無謀反之心，但也不得不拚死抵抗了。

劉據曾想求助於任安的護北軍和另外兩支胡人騎兵部隊，但任安不敢出兵，另兩支軍隊又提前被收服。劉據只得將長安城內的囚犯全部赦免，將數萬長安市民征爲己用。但這支臨時拼湊的雜牌軍又怎能敵過全副武裝的正規軍隊呢？一夜之間，長安城內屍橫遍野，污血橫流。劉屈率領的軍隊很快控制了局勢，劉據的手下所剩無幾。

含恨自盡

劉據帶著手下逃到了湖縣（今河南靈寶西），躲在一戶農家。從長安傳來消息，武帝派使臣到未央宮收繳衛子夫的皇后印璽和綬帶。衛子夫也於當天自盡了。母親之死讓劉據悲痛不已。

逃亡之路艱辛而險惡，但他們的行蹤終於還是被發現了。八月初八這天，孤苦無援的劉據懸樑自盡。據說，首先衝進屋子解下他的屍體的兩個人後來都被封侯。至此，巫蠱之禍終告結束。

劉據死後的第二年，經過調查，巫蠱之禍中的大部分案件被證實是子虛烏有的。也開始有人爲劉據鳴冤，認爲他是被陷害的，起兵也是情非得已，並非謀反。管理高祖皇帝祭廟的郎官田千秋上奏說：「兒子調動父親的軍隊，按刑罰應受到鞭笞。天子的兒子被迫殺人，何至承擔如此重的罪名？臣夢見一個白髮老翁教我這樣說的。」人們都認爲這是高祖託夢。武帝也有所醒悟，於是下令將江充滿門抄斬，並處死了蘇文。武帝又在長安修建了思子宮，在湖縣修建了歸來望思之台，來表達他的悔意。

劉據死後十七年，他的孫子劉病已在霍光的扶持下登上帝位，是爲宣帝。雖然限於禮制，他不能徹底爲劉據平反，但他還是下令恢復了劉據的太子封號，並定諡號爲「戾」，因此劉據又被稱爲戾太子。宣帝還下令將劉據的陵園設在湖縣，取名戾園。

遊俠之風

遊俠崇尚武力，注重義氣，既有值得稱頌的颯爽豪情，亦不乏遭人貶斥的暴虐行徑。他們的出現與消失固然和時代緊密相關，而他們的形象、氣質乃至精神卻融入了文化，成為民族性格中不可忽略的一部分。

遊俠精神

在中國古代文學史上，魏晉、唐朝時期出現了大量的遊俠詩；發展到後來，通俗文學中出現了一種專門的類型，叫「武俠文學」。其實，遊俠並不僅僅是虛構出來的人物形象，他們曾真實地存在於歷史之中，尤其是在先秦和兩漢時期。東漢以後，現實中的遊俠漸漸消失了，而文學中的遊俠則開始大量出現。

遊俠的出現與戰國時期的養士之風有密切的關係。戰國時期，一些王侯、貴族之家盛行養士，也就是招攬門客，在關鍵時刻爲己所用。著名的戰國四公子——齊國的孟嘗君、楚國的春申君、趙國的平原君、魏國的信陵君——在豢養門客方面都很有名。這些門客主要分爲文武兩類，精通於文的主要是一些口才暢達的辯士，精通於「武」的就是遊俠。

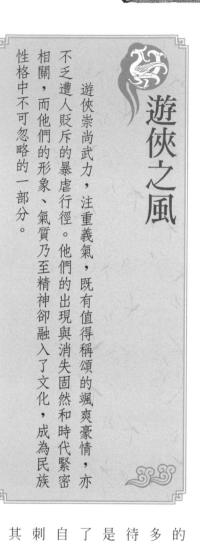

在戰國四公子裡面，孟嘗君豢養的遊俠數量是最多的。孟嘗君在薛地的時候，廣招遊俠，連一些犯罪潛逃的人都紛紛來投奔他，總數達到六萬多。孟嘗君提供食宿，與他們平等相待。戰國時期，遊俠中最特別的一類是刺客。而且，這些人殺人並非是爲了賺錢，大多是作爲門客要報答招待自己的主人。戰國時期，群雄紛爭，刺客的目標主要是一些政治人物。尤其是對於一些實力較弱的小國來說，在正規的軍事對抗中不佔優勢，爲了節省兵力，往往就派出敢死遊俠去刺殺對手。最著名的刺客當屬荊軻。他是燕太子丹的門客，奉命前去刺殺秦王。荊軻出發時，燕太子丹親自前去爲他送行，自知此行險惡的荊軻唱出了兩句流傳千古的悲歌：「風蕭蕭兮易水寒，壯士一去兮不復還。」

西漢初年，貴族豢養門客的風氣依然很盛。吳王劉濞、淮南王劉安等人都養有上千門客。另外一個有意思的現象是，漢初的一些高官自己就曾是遊俠，或以遊俠自稱。例如，在武帝時曾做過大農令的鄭當時就自稱遊俠，而且很爲此自豪。他經常救人於危難，聲名遠播。被武帝譽爲社稷之臣的汲黯也喜歡行俠仗義，因此養成了犯顏直諫的性格，不怕得罪武帝，經常大膽地在朝廷上坦率直言。另外，灌夫、寧成等在武帝朝爲官者也都可算是保持了遊俠作風的人。不過，大部分遊俠的身分還是平民。

遊俠最主要的特徵是崇尚武力。遊俠必須有一身好武藝，這樣才能成爲貴族的門客，也才可以在社會上立足。先秦時，法家代表人物韓非子曾將「俠客」與「儒生」並舉，同時進行批判。他說：「儒以文亂法，俠以武犯禁。」意思是說，儒生用其經典擾亂法制，遊俠憑藉武力觸犯法令，是國家的不安定因素。

西漢・伏虎紋銅牌

除了武藝之外，遊俠還要有扶危濟困的精神。司馬遷如此描述遊俠的特徵：「其言必信，其行必果，已諾必誠，不愛其軀，赴士之厄困，既已存亡死生矣，而不矜其能，羞伐其德。」意思是說，他們恪守誠信，答應別人的事就一定做到，爲了救人於危難，甚至不怕犧牲自己的性命，不怕經歷出生入死的考驗，而且即便如此，也不向別人誇耀自己，羞於炫耀自己的功德。遊俠把「義」看做是最重要的，他們廣交朋友，願意結識天下豪傑，而且彼此相助，一旦朋友有難，必會拔刀相助。

遊俠的另一個特點是仗義疏財。他們自身大多並不富裕，還要依靠權貴維持生計。但是他們往往視金錢如糞土，遇到更需要錢的人，總是伸出援手。由於這些特質，有些遊俠本身就擁有許多追隨者，或者說，一些經濟實力雄厚、影響力較大的遊俠自己也可以養門客。

當然，遊俠中也並不全是品德高尚的人，也有一些憑藉武力胡作非爲、欺凌孤弱的人，進行盜墓、搶劫等不法行爲。有人認爲這些人不能算是遊俠，例如司馬遷就說，遊俠也很鄙視這些人。但實際上，這些人往往也自稱爲遊俠。在大多數情況下，一個遊俠往往融合了「正」與「邪」兩種特徵，既有行俠仗義的一面，也有狠毒妄爲的一面。

漢代名俠

漢初有個著名的遊俠叫朱家，他是魯地人，與高祖劉邦同時代。魯地是孔子的故鄉、儒學的發源地，當地人都崇尚儒術，但朱家卻偏偏喜歡行俠。他經常解救或藏匿一些處於危險之中的人。但他從來不誇耀自己的本領，也不覺得自己對別人有多麼大的恩德。對於那些他曾經幫助過的人，他一概不再見他們，以免他們來向自己報恩。例如，他曾經救過漢朝著名的將軍季布，等到季布尊貴了以後，他終生不再見季布。他還經常接濟一些貧窮的人，自己家裡從來沒有多餘的錢財。他穿的衣服都是舊的，甚至都已經褪色；他吃飯的餐桌上從來沒有兩種以上的葷菜；他出門乘坐的車子也是很普通的小牛車。這些品行使他聞名於關東地區，人們都恨不得與他結交，可見他的威望。

景帝時，洛陽有個著名的遊俠叫劇孟。劇孟在當地的影響力也非常大，甚至許多諸侯王都對他有所耳聞。七國之亂的時候，景帝派太尉周亞夫率兵平叛。周亞夫的軍隊快到洛陽的時候，專門派人找到了劇孟。周亞夫看到劇孟沒有與吳、楚叛軍勾結，高興地說：「這幾個諸侯王發動叛亂，卻不求助於劇孟，就憑這一點，我也知道他們一定會失敗。」言下之意是，七國叛亂如果得到了劇孟的幫助，結果就很難說了。他把劇孟的重要性提升到了如此的高度，可見劇孟的實力和威望。劇孟的母親去世的時候，從四面八方趕來送葬的就有上千輛車子。劇孟也喜歡仗義疏財，等到他去世的時候，家裡並沒有多少財產。

武帝時最著名的遊俠是郭解。他的外祖父以相面算命爲生，他的父親也是個遊俠，在文帝時被殺死了。郭解其貌不揚，身材短小，年輕的時候性格任性、狠毒，如果有人惹惱了他，他一定要報復，爲此曾經親手殺過許多人。爲了朋友，他願意赴湯蹈火，也經常做些違法的事情，例如窩藏逃犯、搶劫錢財、私自鑄錢、盜掘墳墓等等。不過，他還挺幸運，做的這些事很少被官府發現，有的時候即使被抓起來，也經常遇上大赦，又被放了出來。後來，等他年紀大了以後，他的操行慢慢改了過來，雖然有的時候還是會爲小事而殺人，不過沒有年輕時那麼放肆，而且不再輕易與人結怨，經常對別人施以恩惠，有時甚至以德報怨。

西漢．磨鋤銅俑

二〇〇四年廣西合浦縣風門嶺二十六號墓出土，今藏於廣西壯族自治區博物館。此俑單腿跪地，右手持鑊，左手搭於其上，身體前傾，作推磨狀，生動而傳神。

郭解有許多追隨者，其中不少

《俠客行》

唐代大詩人李白不僅是位詩仙，還精於劍術，一生懷有濟蒼生、安黎民的抱負。這首歌頌俠客的古體五言詩《俠客行》，正表達了他對俠客的傾慕。

趙客縵胡纓，吳鉤霜雪明。銀鞍照白馬，颯沓如流星。
十步殺一人，千里不留行。事了拂衣去，深藏身與名。
閒過信陵飲，脫劍膝前橫。將炙啖朱亥，持觴勸侯嬴。
三杯吐然諾，五嶽倒爲輕。眼花耳熱後，意氣素霓生。
救趙揮金錘，邯鄲先震驚。千秋二壯士，烜赫大梁城。
縱死俠骨香，不慚世上英。誰能書閣下，白首《太玄經》。

是當地的一些少年。出於少年人的衝動和意氣，他們仰慕郭解的武力和威望，心甘情願做他的跟班。有時候，其中的一些人也會仗著郭解的名氣胡作非爲。例如，郭解姐姐的兒子跟別人喝酒，總是逼著別人乾杯。如果人家不勝酒力，不能多喝，郭解的外甥就強灌人家。有一次喝酒的時候，被他灌酒的人很生氣，於是拔刀將他殺死，然後逃跑了。郭解的姐姐氣急敗壞地去找郭解，要他代爲報仇，還對他用激將法，說：「憑你的名氣，人家殺了你的外甥，你竟然找不出兇手嗎？」她還把兒子的屍體放在大路上，不去下葬，想以此來使郭解難堪。郭解暗中去尋找兇手。兇手知道郭解的厲害，不敢躲起來，就主動來找他，把事情的經過對他講述了一番。郭解聽了之後，知道是外甥不對在先，就對那個兇手說：「你殺他是應該的，是他沒有道理。」然後就把那個兇手放走了，並親自爲外甥收屍下葬。人們聽說了這件事，紛紛稱讚郭解，這也使更多的人來依附他了。

後來，郭解的心胸也變得寬大。有一次，郭解遇到一個人，看見了郭解還岔開雙腿傲慢地坐著，絲毫沒有尊敬的意思。郭解覺得此人與眾不同，就派門客去問他的姓名。郭解的門客想殺死那個人，卻被郭解阻止了，他還自我檢討說：「在家鄉不被人尊重，這說明是我自己的德行不夠好，他有什麼罪過呢。」當時，當地的一個官員也在郭解身邊，郭解就暗中叮囑官員說：「這個人是我很看重的，就請免除他的徭役吧。」官員答應了。後來每次輪到這個人服徭役，官府都不讓他去。這個人覺得奇怪，就去官府打聽原因，這才知道是郭解替他求情。他被郭解的氣度折服了，於是袒露著上身去向郭解謝罪。當地的少年聽說了這件事，更加仰慕郭解。

文學中的遊俠

從魏晉時代開始，現實社會中的遊俠逐漸消失，而文學作品中的遊俠形象則大量出現。例如，曹操的小兒子曹植曾寫過《白馬篇》「白馬飾金羈，連翩西北馳，借問誰家子，幽並遊俠兒」，塑造了一個「捐軀赴國難，視死忽如歸」的英勇少年形象。唐朝時，李白曾寫過《少年行·君不見淮南少年遊俠客》：「君不見淮南少年遊俠客，白日球獵夜擁擲，呼盧百萬終不惜，報仇千里如咫尺。」王昌齡也寫過《少年行》：「西陵俠少年，送客短長亭。青槐夾兩道，白馬如流星。聞道羽書急，單于寇井陘。氣高輕赴難，誰顧燕山銘。」除了詩歌外，唐傳奇中也有不少遊俠的形象，例如《紅線》、《虯髯客傳》、《聶隱娘》、《崑崙奴》等。後來的話本小說、明清長篇小說中，此類題材更是層出不窮，小說中的著名俠客也成爲婦孺皆知的形象，代表作品如《三俠五義》、《水滸傳》等。再後來，武俠小說就成爲通俗文學中的一種固定類型了。

郭解的名聲傳播得很廣，以致於別的地方有人結怨，都不遠千里地請郭解前去調停。有一次，洛陽城中有人結仇，幾十名當地的賢人從中調解，都不管用。有人來請郭解幫忙。郭解聽說了，連夜趕到洛陽，私下去會見結仇的雙方。看在郭解的面子上，雙方才勉強同意和解。郭解達到了目的，但並不居功，而且想得很周到。他對結仇的雙方說：「我聽說洛陽城中許多尊者賢人都曾給你們調解，你們卻不肯聽從。現在你們聽從了我的勸告，讓這些賢人知道了，會責怪我這個外地人。所以，等我走了之後，他們再來給你們調解的時候，你們就聽從他們的話好了。」於是，郭解連夜離開了，不讓別人知道他曾經來過，也就不讓別人知道調解成功是他的功勞。郭解的名聲愈來愈大，經常到了半夜，還有各地仰慕他的人前來拜訪，他家門口總是停著許多車輛。

壓制遊俠

對於朝廷來說，崇尚武力、任性妄爲的遊俠是一股不容小覷的民間力量，違法亂紀不說，特別是當這些人聯合起來的時候，說不定就會對朝廷形成威脅。所以，皇帝們總是設法壓制遊俠的勢力，常見的辦法是遷徙和懲治。

元朔二年（西元前一二七年），武帝在主父偃的建議下，下令將各地的豪傑之士和富貴人家遷徙到茂陵邑居住。郭解家裡並不富裕，不到遷徙的標準，但遷徙的名單裡卻有他。當地的官員怕上級怪罪，不敢不讓郭解遷徙。衛青將軍聽說了，替郭解求情，向武帝說：「郭解家裡貧窮，未達遷徙的標準。」武帝不同意，說：「郭解只是一介平民，卻能讓一個朝廷的將軍爲他求情，這表示他家裡並不窮。」於是，郭解被迫搬家了。當地的人們湊了千餘萬錢來爲郭解送行。當地人楊季主的兒子擔任縣掾，就是他提名要遷徙郭解的。郭解的一個侄子聽說了，就殺死了楊縣掾。從此，楊家與郭家就結下了仇。

郭解遷到茂陵邑後，當地的人也紛紛來與他交往。郭解行事很低調。不久，有人殺死了楊季主。楊季主的家人來到京城告狀，又有人將這個家人殺死了，很可能是仰慕郭解的人所爲。武帝聽說後，下令捉拿郭解。郭解逃到了臨晉，遇到一個名叫籍少公的當地人，在他的幫助下出了關，又逃到太原。不知是有意還是疏忽，郭解一路上常常把自己的行蹤告訴留他居住、吃飯的人家，所以官兵很容易按照這些線索來追他。不過，官兵來到籍少公家調查時，籍少公畏懼自殺了，這下就把線索給掐斷了。後來過了很久，官府終於抓住了郭解，追究他犯的案，發現他殺人都是大赦以前的事了。在審案期間，有個儒生當著郭解門客的面，斥責郭解專做奸邪違法的事，結果被郭解的門客給殺了。官吏拿這件事來責問郭解，郭解說自己眞的不知道是誰殺的人。殺死楊季主家人的兇手也始終沒有查出來，審案的官員向武帝上書說郭解無罪。這時，公孫弘對武帝說：「郭解以平民的身分行俠，經常觸犯法令，因爲很小的事就殺人。這次他雖然不知道兇手是誰，但一定是他的手下，這罪過比他自己殺人還嚴重，應該重判。」武帝也有意打擊民間的遊俠勢力，就誅殺了郭解全族。

武帝還使用酷吏，對民間一些勢力龐大的豪族、俠客進行打壓，後來的皇帝也都有類似舉動。到了東漢以後，社會上的遊俠漸漸消失了。後世的人們欣羨俠士扶危濟困、仗義疏財的豪情那一面，忽略其負面因素，塑造出一個個值得稱頌的生動形象。

西漢・陶騎兵俑

漢長陵為西漢開國皇帝劉邦的陵墓，位於今咸陽城東北十六公里處。一九六五年，考古人員從長陵陪葬坑中發掘出約三千件彩繪兵馬俑，一時震驚全國。下圖兵馬俑即為其中幾件。

輪台罪己

武帝有蓋世功業，威播四方，同時也好大喜功，奢侈淫靡，以致晚年幾乎有「亡秦之禍」。但難得的是，他最終看到了自己的失誤，誠懇地向天下詔告，並及時改正，這在歷史上甚為罕見。

秦之失

武帝年輕時意氣風發，開疆拓土，威震四方，親手締造了一個強盛的西漢王朝。但到了晚年，他的任性、多疑、迷信、暴虐，幾乎毀掉了他前半生的功業，將漢朝拉向毀滅的邊緣。

武帝晚年時，西漢國內軍事、政治方面出現了諸多失敗和動盪的局面。首先，是對匈奴作戰的失敗。武帝與匈奴打了一輩子的仗，漢兵以取勝居多。泰山封禪前夕，他特地來到朔方，向單于示威，那時候匈奴已被迫撤到了沙漠北邊，無力與漢朝作戰。長時間的勝利讓武帝難免有些輕敵，而匈奴也並未徹底放棄抵抗，而是採用假裝妥協的政策，悄悄積蓄力量。太初四年（西元前一〇一年），新立的匈奴單于且侯給武帝送去一封信，稱武帝是自己的長輩。這讓武帝高興極了，於是派蘇武等人出訪匈奴，還送給單于豐厚的禮物。但蘇武等人到了匈奴才發現，單于傲慢無禮，一點也沒有服從的樣子，並且扣留了蘇武等漢使長達十九年。

由於匈奴扣押漢使，漢匈關係再度變得緊張。武帝也看出來匈奴並非真心臣服，於是在天漢二年（西元前九九年）派李廣利攻打匈奴，重開戰局。李廣利率領三萬名騎兵與匈奴右賢王作戰，原本戰績頗豐，但在回漢朝的路上被匈奴大軍包圍，糧草斷絕，死傷無數，最後只有十分之三、四的漢兵突圍而出。李廣利雖然戰

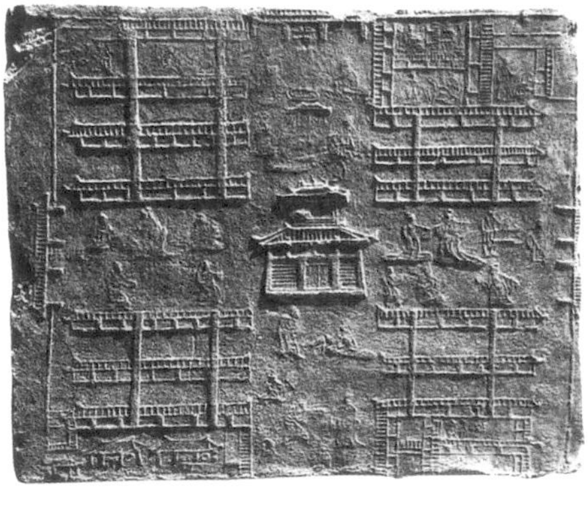

西漢．畫像磚

磚上圖案即為西漢長安城交通圖。

皇帝們的罪己詔

罪己這種做法並不是漢武帝發明的，據說夏禹、商湯、周成王、秦穆公都曾經有過罪己的行爲。在漢武帝之後，也有一些皇帝頒布過罪己詔。例如，唐德宗李適統治時期，唐朝經歷了安史之亂，中央政府的權威被大大削弱，各地藩鎮割據局面嚴重。李適發動全國兵力圍剿藩鎮，但卻不肯出錢犒勞軍隊，導致士兵們極度不滿，最終引發兵變，逼得李適倉皇逃出京城。困窘之下，李適在陸贄的建議下頒布了《罪己大赦詔》，檢討了自己的過失，並赦免了一些領導兵變的將領，終於使一些軍隊重新歸順了朝廷。清朝時，順治、康熙、乾隆、嘉慶等皇帝都曾頒布過罪己詔，其中嘉慶帝還頒布過兩次。這些罪己詔，有些是誠心誠意的反省，有些則是爲了籠絡民心的權宜之計。不過，有認錯的意識總比冥頑不靈要強，正像有句話所說的：「禹湯罪己，其興也勃焉；桀紂罪人，其亡也忽焉。」

敗，但回到朝廷後，武帝並沒有懲罰他，也許是因爲武帝知道，在衛青、霍去病之後，漢朝能打仗的將軍已經所剩不多了。

之後，天漢四年（西元前九七年）、征和三年（西元前九〇年），漢朝兩次攻打匈奴都遭遇失敗。最後，李廣利竟然帶著七萬大軍投降了匈奴，這無疑給了武帝致命一擊。

第二，國內叛亂事件時有發生。從天漢二年（西元前九九年）開始，全國各地都時常發生規模不等的民變。究其原因，一是常年戰爭使百姓的賦稅、徭役負擔過重，民不聊生；二是武帝任用酷吏，治理百姓過於苛刻。規模較大的一次民變涉及南陽、楚、齊、燕、趙等地，叛亂的百姓達到上千人，他們攻打城鎮，搶奪兵器和糧食，殺死或控制當地官員，在民間影響極大。武帝沒有採取安撫政策，而是毅然決定繼續使用酷吏進行鎮壓，甚至頒布「沉命法」，也就是說，有民變的地方，當地官員如果鎮壓不力，就要被處死。最後，民變雖然被鎮壓下去了，但民心更加動盪。

第三，巫蠱之禍的發生。武帝晚年聽信江充等人的話，懷疑太子劉據詛咒自己，陰謀造反，逼得劉據起兵自衛，最終被迫自殺。太子劉據死後，武帝在喪子之痛中開始反省，並終於悔悟，這才有了征和四年（西元前八九年）的輪台罪己詔。

悔遠征伐

征和四年（西元前八九年），桑弘羊等人上書武帝，請求擴大輪台（今新疆庫車一帶）地區屯田的規模。他們認爲，輪台地域廣大，水草豐美，可以澆灌的土地達到五千頃以上，如果都種植農作物，可以補充大量的軍需。另外，等一年之後，有了多餘的糧食，還可以徵募一些壯年勞

西漢．鑲嵌雲紋樽

動力到那裡居住、墾荒，建造城池，這樣也可以加強對西域的控制。

桑弘羊等人的建議是可行的，但此時的武帝卻對這些戰略失去了興趣，而是陷入深深的反思之中。於是，在痛定思痛、深思熟慮之後，武帝頒布了《報桑弘羊等請屯田輪台詔》，反省自己晚年的用兵政策。他首先對自己派李廣利攻打匈奴的戰略錯誤表示悔恨。他意識到，接連不斷地出兵必然造成國庫空虛，糧草短缺，由此導致士兵傷亡，最終使李廣利投降匈奴。漢軍長途跋涉遠征匈奴，必須有充足的糧草供應。長久以來，漢軍的糧草一方面由國內轉運，這就必然要動用大量人力物力，加重百姓的徭役，消耗大量資金；另一方面主要依靠沿途西域各國的供應，這也是武帝加強對西域控制的原因之一。以前，西域各小國畏懼漢朝國威，都願意給漢軍供應糧草，但時間長了，這對他們來說也是個沉重的負擔。於是這些西域小國就不太願意或者沒有能力再爲漢軍供糧了，樓蘭、姑師就是因此而背叛漢朝的。而李廣利第一次征討大宛時，沿途的西域諸國也不願給漢軍供糧，導致漢軍無力前行，半途返朝。糧草不足，士兵們就沒有力氣打仗。行軍途中，餓死在路上的士兵不計其數。武帝這時已經意識到戰爭的失敗不僅僅是武力的問題，同時也是後援的問題。長時間接連不斷的戰爭，必然造成後援吃緊，糧草不足，這樣怎麼可能打勝仗呢？

武帝在詔書中還反省了自己過於迷信也是導致戰爭失敗的一個原因。古人作戰前都要卜上一卦，看看此時出征是否吉利。對於鬼神思想濃厚的武帝來說，這也是必然要做的準備。每次出兵匈奴之前，他都要請人算卦，如果得到的是好卦，就相信必能獲勝，於是毫不猶豫地派兵出征。李廣利出征前，武帝也算過卦，算出的是吉兆，但結果卻大敗而歸，這讓武帝很痛心。他開始意識到並不能完全相信卜筮的結果，也開始反省自己對方士的迷信。雖然他在詔書中並沒有明確提出對方士的看法，但就在他「輪台罪己」的同一年，田千秋上書，認爲那些滿口神仙的方士都是騙子，請求驅逐他們。武帝同意了，把宮裡的方士都趕了出去，表示自己再也不相信他們的話。武帝還感慨地對大臣們說：「我以前太愚蠢了，被那些方士騙得團團轉。天底下哪有什麼神仙？都只不過是騙人的話罷了。」

富民政策

在「輪台詔」中，武帝還對常年的戰爭、苛政給百姓帶來的沉重負擔表示悔恨。他意識到，戰爭需要的大量財力都要從老百姓的身上搜刮，無論是增加百姓的賦稅，還是徵募勞力運送糧草，或者將百姓遷徙到邊境地區爲軍隊屯田，都是對百姓的嚴酷剝削。於是，他決定改變苛政，禁止擅自增加百姓的賦稅，大力發展農業，解救人民於水深火熱之中。爲了表示自己的決心，他還把丞相田千秋封爲「富民侯」。

爲了發展農業，武帝採取了種種措施，例如推行「代田法」、推廣新式農具、發展水利事業、讓官府經營的冶鐵業多爲農民製造農具等。由於積重難返，也由於時間的限制，武帝的新政策最重要的意義並不在於取得多少成效，而在於它象徵政策轉向，爲後來的皇位繼承者提供了一個方向。

儒生徐樂曾經上書武帝，指出天下最大的隱患在於「土崩」，也就是百姓生活艱難窮困，而君王看不到；民心動盪不安，而君王不能察覺。秦朝正是由於失去民心而滅亡的。武帝晚年幾乎面臨著同樣的危險，但他及時察覺到了自己的失誤，並能以坦誠的態度承認錯誤，眞誠改過。正是他的這種胸襟和眼光把西漢從毀滅的邊緣拉了回來，因此司馬光說武帝「有亡秦之失，而免亡秦之禍」。

甘泉宮遺址上的石人

甘泉宮遺址總面積約六平方公里，至今考古人員仍可清晰地在這片遺址上辨認出當年宮殿的形制。

富民侯

富民侯田千秋幾乎見證了武帝晚年所有重大的政治變革，也許田千秋在歷史默默無名，但從他身上卻反映出武帝晚年反思的決心，以及西漢歷史上那一段驚心動魄的大轉折。

「高帝託夢」

田千秋是在武帝晚年時才登上政治舞台的，而他的登場恰逢一個極爲關鍵且敏感的時刻，那就是巫蠱之禍悲劇發生之後。巫蠱之禍讓武帝失去了長子，武帝因此食不甘味，一夜之間衰老了許多，也陷入了一種矛盾的情緒中：太子眞的謀反了嗎？下令圍剿太子是不是太衝動？但朝中的大臣們依然大書特書太子的「罪行」。此時，武帝心底期待著另一種聲音。就在這時，郎官田千秋替他把這個聲音說了出來。

當時，田千秋只是個負責看守高祖祭廟的小官。他也向武帝上書表達對巫蠱之禍的看法。關於太子在長安起兵的事，他認爲，太子是儲君，私自調動父親的軍隊是有過錯，但罪不至死，最多應受鞭笞之刑。田千秋在摺子的最後還加上了這麼一句：「這些話是我做夢時，一個白髮老翁教我這樣說的。」

武帝看了田千秋的上書，心裡不禁一震，特別是老翁託夢的說法，更是讓他有所觸動。田千秋是看守高帝廟的小官，難道那個白髮老翁就是高祖劉邦嗎？武帝一向相信鬼神之說，如果眞是高祖託夢，說劉據是被冤枉的，那麼自己一直以來的猜測也就是正確的了。武帝從此記住了田千秋的名字。

後來，巫蠱之禍眞相大白，武帝在爲太子平反的同時，也沒有忘記第一個替太子鳴冤的田千秋，把他召進宮廷，不久就封爲丞相。其實，田千秋並沒有特別出眾的才幹，也沒有淵博的學問，只是因爲他的奏摺正好對

西漢．龍鳳紋重環玉珮

西漢時期厚葬之風盛行，陪葬品中玉器明顯增多。廣州象崗山南越王墓出土。

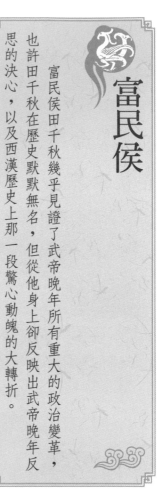

了武帝的心思，所以輕易地就官拜丞相。

息武富民

「巫蠱之禍」讓晚年的武帝看清楚了國內局勢的錯綜複雜，也開始反思自己從前的種種作爲。他明白，必須改變治國策略，才能挽回頹勢，避免像秦朝滅亡那樣的命運。他想起了太子劉據生前一直勸自己不要窮兵黷武，要多給百姓休養生息的時間，否則百姓會不堪重負。以前武帝總是覺得劉據太軟弱，不像自己，現在才醒覺他說的話其實深具道理。戰爭加在百姓身上的負擔是太沉重了，如果一個國家到處是窮人，就算軍隊再強大，又有什麼用呢？

於是武帝首先頒布「輪台詔」，向天下人承認自己的錯誤，並表示改革的決心。改革的核心是「富民」，爲了強調這一點，武帝拉出了田千秋，把這位丞相封爲「富民侯」，取「大安天下，富實百姓」之意，表明武帝熄滅黷武之心，轉而與民休息、思富養民的政策。

雖然得到了富民侯的稱號，不過田千秋本人並沒有直接參與具體的富民政策，執行武帝富民政策的人主要是搜粟都尉趙過。

田千秋當了丞相之後，爲了安慰年事已高又屢受重創的武帝，經常讓大臣們設法來稱頌武帝的美德，勸武帝廣施恩惠、少用刑罰。武帝臨終時，把年幼的昭帝劉弗陵託付給幾位信任的大臣，田千秋也是其中之一。此後，幾位輔政大臣爲權力展開爭鬥，但田千秋爲人謹慎，並沒有參與其中，而是繼續執行武帝後期的富民政策，改善百姓的生活。田千秋年邁時，行動不便，每次上朝，都必須坐在小車裡被人抬上殿，所以他得了個外號叫「車丞相」。

田千秋共做了十一年丞相，雖然沒有什麼顯赫功績，但卻見證了武帝晚年的一系列改革。

西漢・鎦金鋞

鋞是一種既可作食器又可作水器的生活用具，流行於戰國至西漢時期。

金日磾平宮變

金日磾原本是匈奴休屠王太子，作為俘虜被帶進漢宮，成了宮中一名養馬的奴僕。在一次偶然的機會下，被武帝發現後重用。金日磾一生忠貞守正，擒馬何羅平宮變，並最終成為武帝的託孤大臣之一。

匈奴王子

武帝晚年最信任的大臣裡，除了「名正言順」的漢朝臣子之外，還有一個匈奴人。匈奴是漢朝的死對頭，武帝與匈奴打了一輩子仗，卻並不因此而草木皆兵，把匈奴人全當作俘虜或間諜。他賞識這個匈奴人，甚至在自己臨終前把太子託付給他。這個幸運的匈奴人就是金日磾。

霍去病是武帝時抗擊匈奴的王牌將軍之一，他雖然年輕，卻功勳卓著，多次率兵攻入匈奴腹地，打得對手落花流水，使匈奴軍隊聞風喪膽。匈奴單于麾下的各個小王幾乎都不是霍去病的對手。於是，單于想出了殺雞儆猴的計策，決定殺掉幾個總是打敗仗的小王，以此重振軍威。單于想到了休屠王和渾邪王，這兩個人都不是霍去病的對手，而且休屠王還曾經被霍去病俘虜過，不啻爲奇恥大辱。

然而，消息傳到了休屠王和渾邪王耳裡。休屠王和渾邪王商量良久，只好投降漢朝。匈奴人沒有漢朝人那樣的忠貞觀念，並不覺得投降是什麼可恥的事情，凡事從現實出發，選擇對自己有利的道路。他們也聽說漢朝的皇帝心胸寬廣，優待俘虜，覺得如果前去投降，肯定不會被虧待。於是，休屠王和渾邪王決定率領自己的軍隊偷偷投奔漢朝。

武帝聽聞，喜出望外，遂派驃騎

金日磾像

金日磾（西元前一三四年至西元前八六年）本是駐牧武威的匈奴休屠王太子，武帝因獲休屠王祭天金人，故賜其姓金。

將軍霍去病前去接應。霍去病率軍渡過黃河，與休屠王、渾邪王的軍隊遠遠地互相觀望。就在這個關鍵時刻，金日磾的父親休屠王突然打起退堂鼓，不想投降了。渾邪王見情勢不妙，當機立斷，親手殺了休屠王，以此向霍去病表示自己投降的誠心。

休屠王死了，剩下的匈奴軍隊就統歸渾邪王指揮，這裡面自然包括金日磾和他的家人。他們跟著霍去病一起到了長安。到長安後，渾邪王被封爲漯陰侯，還得到了一萬戶的封邑。而金日磾因爲父親反悔投降，沒能受到優待，反而與家人一起被派到宮廷裡成了養馬的奴僕。

漢·休屠王石雕拓片

胡兒得寵

雖然只是個小馬倌，但從小在草原上長大的金日磾在漢朝宮廷中還是長了不少見識。他勤勤懇懇地餵馬，不聲不響地完成每天的工作，同時也認眞傾聽周圍人的談話，從中得知了不少消息，也學到了不少知識。

有一次，武帝在宮中舉行宴會，興致正高的時候，突然想看看宮裡養的馬匹。於是金日磾和另外幾十個養馬的僕人牽著自己養的馬依次走過來。金日磾身材高大，手裡牽著的馬又肥又壯，再加上他的表現與眾不同，自然讓武帝注意到了他。武帝走上前，問他養馬的情況，他對答如流，武帝當即賜給他新衣裳，又升他做了馬監，負責管理養馬的事務。此後不久，金日磾又被提升爲侍中，陪伴在武帝身邊。

雖然金日磾日益得到武帝的親近，但他仍然嚴於律己，從來沒有犯過錯誤，或做過什麼不恰當的事情。武帝看在眼裡，愈來愈信任和欣賞他，賞賜給他黃金千斤，時刻都讓他陪伴在自己身邊。金日磾是一個匈奴人，卻得到武帝如此的寵愛，這讓一些皇親國戚看不下去了，經常對武帝說：「陛下得到一個胡人，反而這麼

西漢・魚形壺

通體為一立魚，向上昂首張開的魚口為壺口，魚眼嵌金，寬大的魚尾為底足。此壺形象逼真，顯示出西漢時期高超的青銅鑄造工藝水準。

器重他，這不成道理啊。」武帝卻不予理會，反而對金日磾更加親近。

金日磾能有如此好的修養，主要是因爲受到了良好的家教。他的母親對自己的兩個孩子要求十分嚴格，教導有方。武帝聽說後，也很欣賞她。後來，金日磾的母親病逝，武帝特地命人畫了一幅她的畫像，掛在甘泉宮中。金日磾在甘泉宮服侍武帝，每次看到母親的畫像，都要行叩拜大禮，想起母親，不禁對著畫像哭泣。

受到母親的影響，金日磾對自己的孩子同樣要求很嚴格。他有兩個兒子，都很受武帝喜愛，武帝也經常讓這兩個小孩在自己身邊玩耍。小孩子不懂得君臣尊卑之道，在武帝面前時常失了禮數，有時就從後面摟著武帝的脖子玩。金日磾站在武帝前面，看到了，馬上對兒子怒目而視。他的眼神太過嚴厲，把孩子嚇哭了。孩子邊哭邊說：「父親生氣了。」武帝並不在意孩子的舉動，對金日磾說：「小孩子嘛，沒必要生氣。」後來，金日磾的兒子長大了，因爲從小受武帝喜愛，所以難免有些放肆，行爲不太端莊。有一次，金日磾的長子在宮殿裡和宮女們嬉戲，正好被金日磾看到了。金日磾非常生氣，認爲兒子敗壞了宮廷裡的風氣，就狠下心親手殺了他。武帝聽說這件事後大爲憤怒，責問金日磾怎麼能殺自己的兒子。金日磾磕頭謝罪，向武帝詳細講述了兒子的行爲，並說明殺子的原因。武帝聽後依然很傷心，還流了淚，心裡更加敬重金日磾。

擒馬何羅

如果說金日磾最初是由於個人品行端正、而得到武帝的親近，那麼，當他不顧個人安危、不念兩國恩怨擒拿刺客，救武帝性命之後，更是徹底贏得了武帝的信任。

這個被金日磾捉拿的刺客名叫馬何羅，他原本與江充的關係很好。江充與太子劉據結怨，製造巫蠱之禍陷害太子，逼得太子在長安起兵。武帝誤以為太子要造反，就派兵鎮壓，最終使得太子被迫自殺。江充小人得志，更為囂張，而馬何羅的弟弟也因為在圍剿太子時表現突出，得到封賞。

後來，武帝為太子平反，於是誅殺了江充以及他的同黨。馬何羅與他的弟弟知道自己也在劫難逃，與其等著被殺，不如先下殺手。於是，兩人暗中謀劃刺殺武帝。金日磾察覺到馬何羅心懷不軌，於是一直在暗地裡監視他。馬何羅也感覺到金日磾總在盯著自己，所以一直找不到下手的機會。

當時，武帝住在林光宮。有一天，金日磾身體有恙，臥床休息。馬何羅好不容易脫離了監控，感到機不可失，就會同自己的弟弟準備起兵造反。第二天清晨，武帝還沒起床，馬何羅未經通報就往宮裡走去，正好被金日磾看到了。金日磾起了疑心，於是就悄悄走進宮內，坐在入宮的通道旁邊。過了一會兒，馬何羅進來了，他的衣袖裡藏著匕首，準備刺殺武帝。看見金日磾坐在一邊，馬何羅不禁吃了一驚，然後裝作若無其事的樣子繼續往武帝的寢宮走去，剛要進去，腳碰到了一張琴，發出了聲響，他自己也嚇了一跳，一下子僵住了。金日磾衝上前抱住馬何羅，大喊：「馬何羅要造反！」武帝被驚醒了，他身邊的衛士們馬上拔刀奔出去，要與刺客搏鬥。武帝看到金日磾抱著刺客，怕衛士傷到金日磾，就制止了衛士。金日磾掐著馬何羅的脖子，將他猛摔到地上，衛士們立刻跑上前將馬何羅捆綁起來。馬何羅的刺殺計畫徹底敗露。

經過這件事，武帝更加相信金日磾的忠誠，將他視作自己的心腹。但金日磾並沒有因此而驕傲橫行，而是依然保持著穩重、嚴謹的品行。武帝賜給他宮女，他不敢接受。武帝想把金日磾的女兒納入後宮，與他結親，他也不肯，怕自己的家人因此而放肆。金日磾愈是這樣做，武帝就愈覺得他

西漢．漆器梳妝盒

西漢時期貴族官僚家中崇尚使用漆器，且往往在器上書寫其封爵或姓氏，作為標記。

與眾不同，於是更加欣賞他。

武帝託孤

武帝年老病重之時，要把未來的昭帝，即年幼的劉弗陵託付給他所信任的大臣。深謀遠慮的武帝指定了五位輔政大臣——金日磾、霍光、上官桀、田千秋和桑弘羊。

武帝讓霍光做首輔大臣，霍光謙讓說自己比不上金日磾。雖然得到霍光的推薦，但金日磾依然保持著謙虛謹慎的作風，並推辭說：「臣是匈奴人，如果做了首輔大臣，會讓匈奴輕視漢朝。」於是，武帝讓金日磾做霍光的副手，共同輔佐幼主。

昭帝即位幾年之後，金日磾因病去世，死後被賜予謚號「敬侯」。失去了金日磾在輔政各方的斡旋作用之後，輔政集團很快陷入內鬥之中。

金日磾最初作為漢朝俘虜進宮，後來能一直得到武帝的親近和信任，正是因為他極為謙遜恭謹的為人。而武帝能重用一個敵國俘虜，甚至臨終託孤，也充分顯示出這位漢朝帝王胸懷之博大。

漢武帝初定年號

人們在閱讀歷史文獻和談論歷史年代時，習慣使用「年號」這種紀年方法。實際上，「年號」是從武帝時才出現的。西元前一二二年，武帝去郊外祭祀，在祭祀之後的狩獵中捕獲了一隻長相奇特的獸，有牛尾、馬足、圓形蹄，頭頂長了一個角。大臣們認為這是吉兆，有人建議根據這隻瑞獸來給每一年命名，把瑞獸出現的那一年命名為「元年」。因為瑞獸是在狩獵時得到的，於是這一年，即武帝即位後的第十九年，命名為「元狩元年」，之前的十八年以六年為一個單位，分別為「建元」、「元光」和「元朔」。後來，有人在汾陽挖出一個大鼎，獻給武帝，於是有了「元鼎」的年號。武帝到泰山封禪，又有了「元封」的年號。

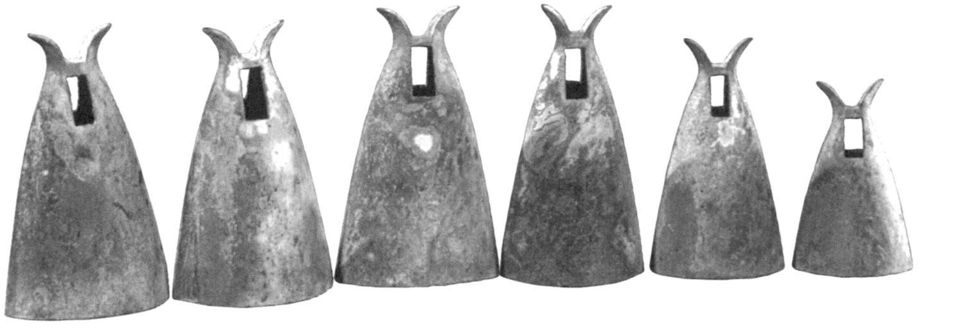

西漢．羊角紐編鐘

一九七五年雲南楚雄縣萬家壩一號墓出土。這套羊角紐編鐘是彝族青銅文化中的樂器，彝族民間有祭羊神之習俗，以羊角做鍾紐，大概是源於彝族對羊的崇尚。

鉤弋夫人

鉤弋夫人，從一個平民百姓一躍成為皇上寵妃；然而她不但沒有母以子貴，反而成為歷史上第一個立子殺母悲劇中的主人公。

巧遇奇女

武帝喜愛女色，而且尤其喜歡那些與眾不同的女人。舉例來說，武帝的第二任皇后衛子夫原本只是一個普通的歌女，他卻一見鍾情，一首歌畢就把這女孩帶進了皇宮，後來還讓她母儀天下。而他念念不忘的李夫人，最初是一首歌曲中的主人公，由歌及人，也算是獨闢蹊徑的選妃方式。

當時，武帝已步入晚年，但精神依然矍鑠，騎馬狩獵的愛好也沒有絲毫減退。有一次，他來到河間（今河北境內）狩獵，一個方士對武帝稟報當地有一名美麗而且帶有奇異色彩的女子。武帝迫不及待地派使者去將這個女子找來。女子來後，武帝一看，果然國色天香，甚爲滿意。但不是說又美麗又奇異嗎？美麗是夠了，那麼奇異的地方在哪裡呢？方士提醒武帝看女子的拳頭。武帝仔細一看，才發現，原來女子的兩隻拳頭一直是緊緊握住的。武帝讓她伸開拳頭，但她說自己從小就伸不開。於是，武帝命令身邊的人一個個輪流上去掰開她的拳頭，但沒有一個人能成功。果然是個奇異的女子，武帝對她的興趣更濃厚了，於是決定親自試一試。他來到女子面前，輕輕一掰，那兩隻拳頭就輕輕鬆鬆地展開了。在場的人都嘖嘖稱

鉤弋夫人像

鉤弋夫人姓趙，西漢河間人，得武帝寵，生子弗陵（漢昭帝），征和四年（西元前八九年）被武帝投入掖庭獄，後死於雲陽宮。

奇，紛紛對武帝說這是天意，這女子是上天賜給武帝的。

武帝認爲自己年紀這麼大了還能有此奇遇，眞是一件幸事。他很高興，就把這女子帶回了宮，並倍加寵愛，稱之爲「拳夫人」。後來又封她爲婕妤，讓她住在鉤弋宮，所以又稱她爲「鉤弋夫人」。

西漢．雙層九子漆奩

這套製工精美的漆奩的主人為西漢長沙王利倉的妻子辛追，是這位貴婦人的梳妝用具。

當時衛皇后已老，李夫人已去世，所以晚年的武帝非常寵愛鉤弋夫人。不久，鉤弋夫人有了身孕，於太始三年（西元前九四年）生下皇子，取名劉弗陵，也就是後來的漢昭帝。也許是得了母親的遺傳，劉弗陵的出生也同樣有著濃厚的傳奇色彩。一般母親皆是懷胎十月產子，但鉤弋夫人卻整整懷孕十四個月才生下劉弗陵。劉弗陵出生時，武帝欣喜不已，他想到上古時期的堯帝就是在母親腹中孕育了十四個月才生下來的，如今自己的兒子竟然同堯帝的情形一樣，於是下令將鉤弋宮的宮門更名爲「堯母門」，就相當於把平民出身的鉤弋夫人比做堯母，這可是一個極崇高的榮譽。

子類其父

武帝對幼子劉弗陵喜愛有加。劉弗陵長到五六歲的時候，體格健壯，聰明伶俐，武帝常常在別人面前誇獎這個小兒子，對人說：「這個孩子像我。」表面聽起來，這只是一句父親對孩子的稱讚。其實，武帝這句話裡別有深意，暗含著對當時太子劉據的不滿。

與對劉弗陵的態度不同，武帝常常覺得太子劉據不像自己。劉據確實不像武帝那樣強勢、尚武，他溫文爾雅，爲人謹慎，是個典型的儒家書生。武帝覺得「子不類父」，心中多少有些失落。但轉念一想，並不是歷朝歷代的帝王都要像自己這樣東征西討、崇尚武功。天下需要開疆拓土的帝王，同樣需要像文帝、景帝那樣溫和、寬厚，使人民休養生息的帝王。武力可以支撐起一個強大的、不被欺侮的國家，但卻無法形成文景之治那樣的繁榮。太子是未來的皇帝，雖然他不像自己，但文武相繼，應該對國家是有好處的。所以，武帝一開始並沒有廢除太子的心思。

後來，武帝寵愛的王夫人、李夫人都生了兒子，劉據也覺察到武帝對自己的不滿，不免有些不安。皇后衛子夫私下裡希望弟弟衛青能在武帝面前替太子說說好話。衛青雖然不便明說，但也多少在武帝面前暗示過。武帝覺察出來，就對衛青說：「咱們漢朝還處於創業期，各方面的事業都有待發展。加上四周的蠻夷常常欺負我們，如果我不顯得強大一些，出征遠伐，天下就得不到安寧。因爲這個緣故，我不得不勞民傷財。當然，我知道後代人如果都像我這樣，國家就得滅亡。太子溫柔敦厚，將來一定能安撫天下，不讓我擔心。如果想找個守成之君，沒人比太子更合適了。我聽說皇后和太子最近有不安之意，這是從何說起呢？你可以告訴他們，不必擔憂什麼。」衛青聽了這番話很慚愧，衛子夫聽說後，也主動向武帝請罪。可見，此時的武帝並未對劉據有太多的不滿。

不過，劉據並沒有深刻察覺到武帝文武相繼的意圖，不是耐心等著繼承父親憑藉武力打下的江山，然後再按照自己的思想來好好治理國家，而是乾脆希望父親也放下武器，別再打仗。武帝崇尚武力，外攘四夷，開疆拓土。劉據學了一肚子儒家學說，反對暴力，尊崇德治，所以經常勸諫武帝不要總是打仗。武帝聽了總是不以爲然，笑著對劉據說：「我替你把仗都打完，到時候你就可以輕輕鬆鬆地做皇帝了，這樣不好嗎？」武帝任用酷吏，用嚴刑峻法治理百姓，這一點也跟劉據的思想相左。劉據性格寬厚，經常爲百姓說話，雖得民心，但也讓一些酷吏大臣頗爲不滿。

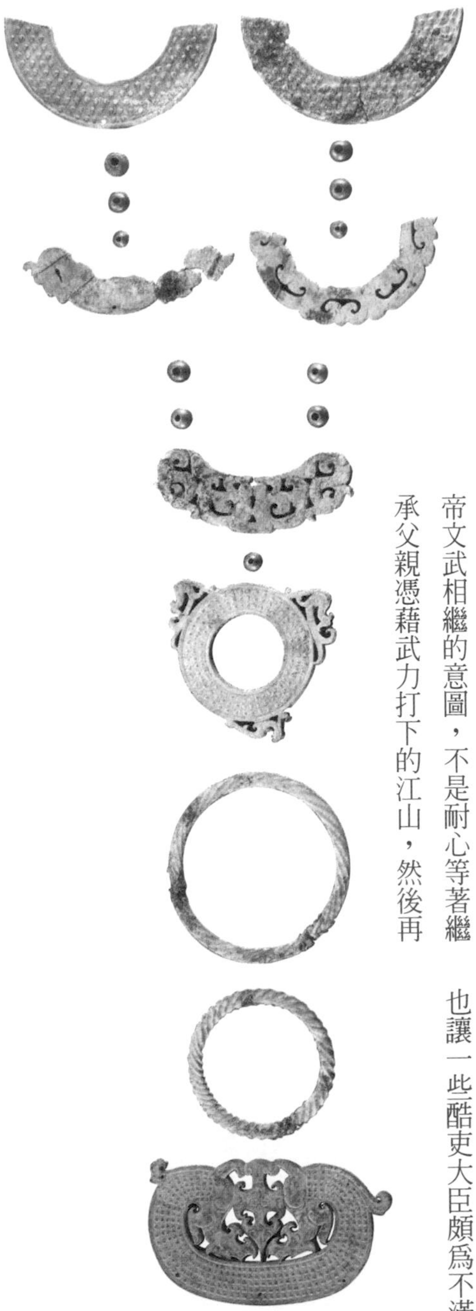

西漢．右夫人組玉珮

出土於廣州象崗山南越王墓，為南越王右夫人趙藍所佩戴。

劉據的直言給自己惹了不少麻煩，衛皇后害怕他有一天惹怒了武帝，經常勸他應該多順著武帝的意思做事。況且隨著武帝年紀漸長，性格也有所改變，不再像以前那樣理智，而是逐漸變得多疑、衝動。劉據聽了母親的話，也有意改變自己，但他當時已經在宮中樹敵不少，例如武帝身邊的太監蘇文。蘇文經常在武帝面前說太子的壞話，武帝雖不全信，但時間長了也難免受其影響。

武帝年紀愈來愈大，疑心也愈來愈重，就在這時，太子劉據被江充陷害，墜入巫蠱之禍的慘劇。而就在痛失長子之後，他卻又得到了一個看起來跟自己很相似的小兒子，子類其父，他在心理上得到了補償。同時，他又覺得劉弗陵的出生很與眾不同，心裡更加喜歡他，於是暗暗決定立他爲新太子。太子有了人選，與太子相關的人該如何處理呢？

立子殺母

在中國古代的宮廷中，向來的傳統是母以子貴。也就是說，對於後宮女子來說，如果兒子大富大貴了，自己才能跟著沾光。如果兒子做了皇上，自己就成了太后。當然，同樣的道理，如果兒子沒有本事，自己也就只能待在深宮之中，永無出頭之日了。所以，後宮鬥爭之所以如此激烈，甚至慘烈。武帝能夠登上皇位，就是這種鬥爭的結果，因而他深知其害。

有一天，武帝像往常一樣與鉤弋夫人聊聊家常。武帝說著說著，突然臉色一沉，說起一件不起眼的小事，並以此爲藉口把鉤弋夫人狠狠斥責了一番。鉤弋夫人連忙叩頭認錯，誰知道武帝不僅沒有原諒鉤弋夫人，反而命令衛士把她關進監

漢雲陵封土堆

漢雲陵為鉤弋夫人之陵，位於今咸陽淳化縣鐵王鄉大圪墶村西。據史料記載，劉弗陵即位後，追尊生母鉤弋夫人為皇太后，並修雲陵重葬，遷三千户居民護陵。

武帝時的婚姻禮俗

武帝時期，儒學剛剛確立主導地位，儒家的禮法制度還沒能深入滲透到社會的各個層面，「夫爲妻綱」的性別專制格局也遠未定型。這個時期的女子在社會上享有較高的地位，甚至有「婦人尊貴」的說法。女性在婚姻上也有較多的自主權，後世的貞潔觀念在當時十分淡漠，女子改嫁與再嫁的現象十分普遍，甚至可以拋棄丈夫另嫁他人。另一方面，男子也並不以娶寡婦和再嫁之婦爲辱。這種現象不僅在民間存在，在皇室成員中也很普遍。更有甚者，漢朝公主不諱私夫，公開擁有情人，天子安之若素，朝野亦司空見慣。如武帝的姑姑館陶公主寡居，年邁六旬，寵幸董宴，以至武帝尊他爲「主人翁」。

獄，最後賜死。

事情發生得太快、太突然，武帝也知道人們肯定會對此議論紛紛，於是幾天之後，他就問左右的人：「外面對我殺鉤弋夫人這件事都是怎麼說的？」左右侍從稟告說：「大家都想不通，既然決定立太子，爲什麼要殺掉他的母親呢？」武帝長歎一聲，說：「我知道這不是一般人所能理解的。歷史上，國家之所以出現動亂，就是因爲皇帝太小，而皇太后太年輕。作爲天下的女主人，年輕驕橫，淫亂恣肆，沒有人能控制得了她。你們難道沒聽說過呂后嗎？所以我必須除掉她。」就這樣，武帝開了立子殺母的先河，這固然有其殘忍的一面，但另一方面也顯示出他的深謀遠慮，因爲早年的經歷告訴他，外戚力量對皇帝的制衡可以有多麼嚴重。

武帝即位之初，受制於祖母竇太后，整整被壓抑了五、六年，才眞正掌握政權。後來，王氏外戚、衛氏外戚都曾給他的權力帶來或多或少的干擾。武帝自己深受外戚之苦，所以不希望兒子將來也受制於人。立子殺母，正是爲了防止子幼母壯可能造成的外戚專權的局面。

就這樣，鉤弋夫人帶著傳奇色彩走進皇宮，又極爲沉重且戲劇化地走向了人生的盡頭。

西漢．陶仕女俑

霍光輔政

武帝臨死前，把輔佐幼主、安定社稷的重任交給了之前一直默默無聞的霍光。霍光忠誠、謹慎，在國家存亡之際當機立斷，確保劉氏江山的穩固，成為名副其實的首輔大臣。

周公之擔

霍光是驃騎將軍霍去病同父異母的弟弟。他們的父親霍中孺是平陽縣人，有一次去平陽侯家裡辦事的時候，與侍女衛少兒——也就是衛子夫的姐姐——私通，生下了霍去病。但霍中孺辦完公事回家後，就與平陽侯家斷了往來，也幾乎把這個兒子忘記了。霍去病小時候一直不知道自己的父親是誰，長大了才知道，但這時他已是赫赫有名的抗匈名將了。有一次，霍去病出征途中路過平陽縣，就派人去尋找父親霍中孺。霍中孺這才知道自己的私生子就是驃騎將軍，趕忙過來拜見。霍去病見了父親，行跪拜大禮，霍中孺也匍匐在地回拜。霍去病爲父親置辦了許多家產，出征回來後，又來看望父親。這時，他得知父親已經在家鄉娶妻生子，生的孩子就是霍光。於是，霍去病帶著當時只有十幾歲的霍光來到長安，推薦他做了武帝身邊的侍從。霍去病死後，霍光擔任光祿大夫，一直跟隨在武帝身邊。武帝出行時，他就看管車馬；武帝回宮後，他就侍奉在左右。這樣過了二十多年，霍光一直行事謹慎，從來沒有過失，很受武帝的信任和親近。

武帝晚年，原太子劉據因巫蠱之禍自殺，其他王子中，燕王劉旦、廣陵王劉胥都有很多過失，不適合君臨天下，只有鉤弋夫人生的兒子劉弗陵受到武帝的喜愛。武帝心裡想立這個幼子爲繼承人，但當時劉弗陵年紀還很小，需要信得過的大臣來輔佐。武

霍光像

霍光（？至西元前六八年）跟隨武帝近三十年，後又受詔輔佐昭帝，執掌漢室最高權力近二十年，是西漢歷史上一位重要的政治人物。

帝思考前後，認爲只有穩重審慎的霍光足以擔此重任。於是，武帝命人畫了一幅「周公輔成王」的圖送給霍光。周公是周朝的重臣，奉命輔佐年幼的周成王。武帝希望霍光也能像周公那樣，幫助將來的幼主處理國事，安定天下。

西漢．彩繪漆案及耳杯

後元二年（西元前八七年）春天，武帝的健康惡化。霍光跟隨在武帝身邊，流著淚說：「萬一有什麼不測，誰是皇位繼承人啊？」武帝說：「你難道不明白上次我送你的圖是什麼意思嗎？我會立年紀還小的弗陵，就由你來做周公的事情。」霍光謙讓說：「臣比不上金日磾。」金日磾也謙讓地說自己是匈奴人，不合適。最後，武帝封霍光爲大司馬大將軍，爲輔佐幼主的首輔大臣。同時，又讓金日磾、上官桀、桑弘羊、田千秋四人協助霍光。託孤的第二天，武帝就去世了。劉弗陵繼承了皇位，是爲昭帝。當時，昭帝只有八歲，國家大事幾乎都由霍光來決斷。

霍光性格非常沉穩、謹慎，甚至連每次進宮時行走的路線都是恆定的，幾乎分毫不差。如果宮裡發生什麼事，他都能妥善、公正地處理。

獨攬大權

武帝的託孤大臣一共有五個，可是他們之間並不十分團結，彼此之間有著錯綜複雜的關係。金日磾去世較早，田千秋性格溫順，剩下的三個人很快就分成了對立的兩派：一邊是霍光，一邊是上官桀和桑弘羊。

霍光與上官桀原本是親家，霍光的女兒嫁給了上官桀的兒子上官安，生下一個女孩，與昭帝劉弗陵年紀相仿。上官桀爲了鞏固自己的地位，就想把自己的這個孫女送進宮當皇后。他託昭帝的姐姐長公主辦成了此事，上官桀成了皇后的祖父，上官安也當上了驃騎將軍，被封爲桑樂侯。從此，上官桀父子的地位日益尊貴起來，他們很感激長公主，想找機會報答她。長公主有一個民間的情人，名叫丁外人。上官桀父子想爲丁外人謀官，以此回報長公主。但丁外人只是一介平民，也沒什麼功勞，霍光不同意賜給他爵位。上官父子又希望讓丁外人擔任光祿大夫一職，好得到皇上的召見，霍光還是不同意。上官父子的多次努力都被霍光否決，心裡覺得對不起長公主，而長公主也由此怨恨霍光。

此時，上官桀的心理開始發生變化。武帝時，他的官職比霍光高，而現在，他們父子倆都是將軍，又是皇后的祖父、父親，霍光不過是皇后的外祖父而已。上官桀開始對霍光獨攬政事感到不滿，想要與霍光爭權。

上官桀很快找到了同夥。燕王劉旦是劉弗陵的哥哥，他對武帝避長立幼很不滿，覺得自己才應該當皇帝。另外，桑弘羊認爲自己對國家經濟成長貢獻卓著，總是誇耀自己的功勞。同樣出於對霍光的不滿，於是上官桀、桑弘羊、燕王劉旦和長公主聯合起來，想要打擊霍光。他們以燕王的名義向昭帝上書，說霍光經常私自操練軍隊，提升自己的部下，懷疑他圖謀不軌。但昭帝看了上書之後，不肯批准。

漢宣帝（西元前九一年至西元前四九年）

霍光聽說了這件事，就不去上朝。昭帝問身邊的人：「大將軍在哪兒？」上官桀趁機說：「大將軍肯定是因爲自己的罪行被告發了，不敢進宮。」昭帝又召霍光進宮。霍光入宮後，取下頭上的大將軍冠冕，向昭帝辭職。昭帝安慰他說：「大將軍戴上冠冕吧，我知道這封上書是假的，將軍沒有罪。」昭帝非常信任霍光，還對別的大臣說：「大將軍是忠臣，先帝讓他來輔佐我，誰要是說大將軍的壞話，我就治誰的罪。」這讓上官桀等人非常害怕，於是又另謀他路，由長公主擺酒席宴請霍光，伺機刺殺他，並廢掉昭帝，迎立燕王做皇帝。這個計畫還沒執行就敗露了，於是霍光下令將上官桀、上官安、桑弘羊、丁外人族誅，燕王劉旦、長公主畏罪自殺。從此，朝廷的大權全部掌握在霍光手裡了。

昭帝八歲登基，二十一歲去世，這十三年間的政事全部委託給霍光。霍光也盡職盡責，使百姓生活殷實，國家安定。

決斷廢立

昭帝年紀輕輕就去世了，沒有後

代，選誰來做皇位繼承人成了一個大問題。當時，武帝的兒子中，只剩下廣陵王劉胥還活著，大臣們都主張立劉胥。但劉胥行爲不檢，武帝當年就不喜歡他，霍光覺得劉胥不能勝任，最終，霍光決定改立原昌邑王劉髆的兒子劉賀爲皇帝。

這個劉賀原來並不引人注目，可沒想到做了皇帝之後，缺點全暴露出來了。他行爲放縱、淫亂，敗壞朝綱，影響惡劣。霍光看到自己選錯了皇帝，心裡憤懣，不知道該怎麼辦，於是和大司農田延年商量。田延年鼓勵霍光提議另立他人，霍光也想這樣做，但不知道廢黜當朝皇帝是否合適。在田延年的鼓勵和支持下，他決定以國家社稷爲重，廢除劉賀，另立新主。他把朝中重要的大臣們都找來，說：「昌邑王行爲昏亂，恐怕將危及社稷，現在該怎麼辦？」大家都聽出了他話中的含義，沒人敢出聲。

這時，田延年走上前，雙手按住寶劍，說：「先帝將幼主託付給將軍，是希望以將軍的賢能安定劉氏江山。現在國家有難，將軍如果不能當機立斷，將來有何面目見先帝於地下？」霍光順勢謝罪說：「您批評得對，如果天下有危難，我該受到責難。」於是，在場的所有人都叩頭說：「天下的命運掌握在將軍手裡，我們都願聽將軍調遣。」

得到了大臣們的支持後，霍光立即與群臣去見太后，聯合太后，召見劉賀，廢黜了他，迎立戾太子劉據流落民間的孫子劉病已做了皇帝，是爲漢宣帝。宣帝即位後，重賞了霍光，霍氏家族更加顯貴。

霍光去世後，他的家人驕橫淫逸，很快被滅族。回顧霍光的一生，他雖然也捲入過權力鬥爭，也不能嚴格要求自己的家人，但他本人還是恪盡職責地完成了武帝交託給他的輔政重任。在大權獨攬的形勢下，如何做到克制慾望、嚴於律己，確實是對人最大的考驗。

西漢・玉龍璃紋瑗

漢代上層人物佩玉成風，主要流行各種形制的單件佩飾。

茂陵秋風

無論多麼轟轟烈烈的生命最終還是要走向盡頭，武帝也不例外。回顧自己的一生，他也許自豪，也許歡喜，也許感歎，也許亦會生出些許悔恨，無論如何，他的生命總是稱得上精彩的。在路的盡頭，他依然保持了那份常人難以理解的強勢——他不僅回顧過去，更希望漢朝在他的安排之下穩定前進。

臨終託孤

武帝曾對太子劉據說，要替劉據把仗打完，好讓後世之君可安享和平盛世。他的前半生幾乎做到了這一點，他的後半生卻又幾乎毀了這一點。也許正因爲如此，他在深知自己將不久於人世的時候，開始規畫身後大事。

皇位繼承者的人選已經有了，就是那十四個月孕育而出的小兒子劉弗陵。最大的外戚威脅也解除了，他不惜殺掉了陪伴自己度過晚年的年輕的鉤弋夫人。剩下的問題就是選出一班大臣來輔佐年幼的劉弗陵。武帝是一個深謀遠慮的皇帝，他沒有將身後大事託付給朝廷大臣，而是託付給了幾個之前一直在國家事務上並無表現的近臣，這當然有武帝自己的考慮。武帝在此前已經透過頒布「罪己詔」，定下了改弦更張、休養生息的國策，此後漢朝的政治主題將不在開拓，而在守成，休養生息。武帝認爲，在這種背景下，輔政大臣的位置上需要的是足夠恭謹忠誠的人，才華能力則是其次。

誰適合來當首輔大臣呢？武帝想到了霍光，這個人性格謹慎，辦事妥當，多年來待在自己身邊，即使在細微末節上也從沒犯過錯誤，這樣一個人應該能妥善處理人事關係，維持大臣們之間的平衡。跟霍光一起被指定爲輔政大臣的，是另兩個在宮中供職的近臣——駙馬金日磾和太僕上官桀。在武帝看來，無論是霍光、金日磾還是上官桀，都是極爲謙遜恭謹的人。與此同時，作爲對託政於大臣傳統的尊重，外朝的兩個領袖，丞相田千秋和御史大夫桑弘羊也一起接受了遺詔。

後元二年（西元前八七年）二月的一天，武帝突然覺得身體很不舒服，他明白自己大限已至，於是召見霍光、金日磾、上官桀、田千秋和桑弘羊，把自己的囑託告訴了他們。數日後，武帝死於五柞宮，得年七十歲。

落葬茂陵

武帝死後被葬於茂陵，位於今西安西北四十公里處的興平市茂陵村，北有險峻挺拔的九山，南眺巍峨綿延的秦嶺山脈。茂陵是漢朝帝陵中規模最大的一座。武帝自即位之初就開始修建茂陵，一連修了五十三年。

整座茂陵陵園呈方形，南北長約四百四十公尺，東西寬約四百三十公尺。墓的封土丘位於陵園中央，呈覆斗形，高四十餘公尺，十分壯觀。封土四周建有宏大的宮殿群，以供武帝的靈魂休憩或進行各種祭祀活動。文獻記載，當年侍奉武帝陵寢的人數超過五千人。武帝生性喜奢，入葬時用以陪葬的珠寶珍玩不計其數，以致於將地宮全塞滿了，「不復容物」。墓室是用柏木製成的「黃腸題湊」，棺槨相套多達七重。墓外置流沙以防潮，置弓弩以防盜。《西京雜記》記載，躺在棺材裡的武帝口裡含著玉，身上穿著金縷玉衣，衣服上鏤著龍、鳳、龜和麒麟的圖案。

除了武帝自己的墓外，他的重臣和寵妃的墳墓也都在茂陵陪伴著他。元狩六年（西元前一一七年），霍去病病逝，年僅二十四歲，葬於茂陵東側一千公里處。元封五年（西元前一〇六年），衛青病逝，葬於茂陵東側，與霍去病墓並列。武帝去世後，霍光知道武帝生前喜歡李夫人，就追封李夫人爲孝武李皇后，把她的墓也遷至茂陵。霍光、金日磾等人的墓也在茂陵周圍。另外，大臣們還把武帝生前寵幸過的後宮女子也搬到茂陵來

茂陵

武帝自即位之初就開始為自己營造陵寢，持續時間長達五十三年，建成之後的茂陵規模之大、建築之豪華、隨葬品之豐富都遠超西漢其他諸陵。

居住。一開始搬進來二百多人，後來又增加到五百人。武帝生前所能享受的一切，在他死後幾乎毫無變化。

其實，武帝很早就開始經營茂陵了。爲了讓這個地區興旺起來，他在建元二年（西元前一三九年）就在此地設置了茂陵邑。建元三年，爲了鼓勵其他地區的百姓搬遷到茂陵邑來居住，他下令，凡是搬來此邑的人，每家賞賜二十萬錢和兩頃田地。元朔二年（西元前一二七年），他又下令將各郡國的豪傑與家產在三百萬以上的人家遷徙到茂陵邑。太始元年（西元前九六年），再次將大批百姓遷至茂陵邑。經過幾次大規模的遷徙，茂陵邑的人丁逐漸興旺起來，董仲舒、司馬遷、司馬相如等人都曾遷居至此。《漢書・地理志》記載，茂陵邑有人口「戶六萬一千八十七，口二十萬七千二百七十七」，茂陵邑內車轔轔，馬蕭蕭，商賈繁榮，百業興旺。

由於茂陵裡的珍貴物品太多，勾起了後世盜墓者濃厚的興趣。例如，漢昭帝始元三年（西元前八四年），茂陵被盜，後來有人購買到了墓中所隨葬的玉箱、玉杖兩樣東西。漢光武帝建武元年（二五年），赤眉軍在西行途中盜掘茂陵。漢獻帝初平元年（一九〇年），董卓派呂布盜掘茂陵。唐僖宗中和元年（八八一年），黃巢

陵邑

陵邑為西漢獨有，即在帝王陵寢的旁邊建造城市，並遷移人口居住於此，為求世代守護帝陵。據文獻記載，西漢一共為長陵、安陵、霸陵、陽陵、茂陵、平陵、杜陵共七座帝陵修建了陵邑，均位於漢長安城附近的關中平原上，由負責皇家宗教事務的太常直接管理。

自漢元帝以後，各帝陵不再設立陵邑，這主要是由於西漢國力已經開始走向衰落，無力承擔修築陵邑、遷徙人口的沉重經濟負擔，也無力保持對陵邑居民的嚴密控制。此外，經過長期發展，長安城周邊已經密佈城市，土地資源較為缺乏，這也是陵邑停建的原因之一。

大葆台西漢墓的「黃腸題湊」葬式

西漢天子均使用名為「黃腸題湊」的葬式，個別勳臣貴戚受到特許也可使用。今天，人們還沒有打開茂陵地宮，無法知道地宮之下的「黃腸題湊」究竟是何等宏偉，但從大葆台西漢墓可想見一斑。

軍攻入長安，派兵盜掘茂陵。

茂陵今天依然存在，它歷經千年風雨，守護著一代雄主的靈魂。

身後之評

武帝死後，歷史對他卻似乎很難做到蓋棺定論。對他的政策、戰略與人格，後人提出了種種不同甚至針鋒相對的看法。

最早爲武帝寫傳記的人應該是司馬遷。他當時在《史記》中寫有《今上本紀》一篇，也就是給當時的皇上武帝寫的傳。但可惜的是，由於種種原因，這篇傳記今天已經遺失，看不到原文了。不過，透過《史記》中的其他篇章，也不難看出司馬遷對這位一代雄主的各種評價。

對於武帝開疆拓土的宏圖偉略，司馬遷是讚許有加的。例如，他在《太史公自序》中肯定了武帝「外攘夷狄，內修法度，封禪，改正朔，易服色」等政策，贊同武帝「大一統」的戰略，稱讚武帝治理黃河、修建水利工程等利國利民的措施，看到了這些政策對漢朝強盛發揮的重要作用。

不過，另一方面司馬遷也對武帝的一些政策提出了批評。例如，對武帝使用酷吏的政策，深受儒學熏陶的司馬遷就很不贊同。另外，對武帝迷信方士的做法，司馬遷也在文章中進行了譏諷。司馬遷對武帝的評價十分客觀，而作爲一名當朝的官員，能做出這樣的評價實屬不易。

在後代的歷史中，對武帝的「功」與「過」的爭論一直延續著。肯定武帝的人主要著眼於他開疆拓土、使四夷來服，建立了一個無比強盛的國家形象；否定武帝的人主要批評他奢侈浪費、常年征戰勞民傷財。對於武帝這樣一位極其複雜的獨特人物來說，確實很難給出一個明確的評價。而無論如何，武帝自己是聽不到這些評論了。他躺在茂陵的秋風裡，任憑外面的世界風蕭雨瑟，只願貼近身下這片他所摯愛的土地。

中山靖王劉勝妻竇綰下葬時所穿的金縷玉衣

為了追求死後的不朽和永生，西漢王侯下葬時會以玉衣裹屍。據文獻記載，茂陵地宮中武帝的棺槨多達七重，武帝身穿鑲有蛟龍、鸞鳳、龜麟的金縷玉衣，躺在這重重棺槨之中。

漢武王朝大事年表

西元前一五七年	文帝後元七年	劉徹出生，乳名劉彘。
西元前一五〇年	景帝前元七年	廢原太子劉榮爲臨江王。立劉彘爲皇太子，更名爲徹。
西元前一四一年	景帝後元三年	景帝崩。太子劉徹即位，是爲武帝。尊竇太后爲太皇太后，太后王氏爲皇太后。竇嬰爲丞相，田蚡爲太尉，儒者趙綰任御史大夫、王臧任郎中令。
西元前一四〇年	建元元年	趙綰請毋奏事太后，竇太后怒，趙綰、王臧下獄，竇嬰、田蚡免官。
西元前一三九年	建元二年	衛子夫得寵入宮。
西元前一三八年	建元三年	張騫第一次出使西域。閩越攻東甌，東甌求助於漢，武帝命嚴助持節至會稽，調遣軍隊救東甌，閩越撤兵。
西元前一三五年	建元六年	竇太后去世。田蚡任丞相。閩越攻南越，南越求助於漢，武帝命王恢、韓安國擊閩越，閩越王弟殺王降漢。唐蒙在南越見蜀地的枸醬，後上書請通夜郎。
西元前一三四年	元光元年	舉賢良對策。董仲舒上《天人三策》，請「罷黜百家，獨尊儒術」。
西元前一三三年	元光二年	在馬邑設伏兵準備伏擊匈奴，未果，史稱「馬邑之謀」。
西元前一三二年	元光三年	黃河在瓠子決口。
西元前一三一年	元光四年	竇嬰因灌夫事，與田蚡相攻訐。竇嬰棄市。
西元前一三〇年	元光五年	田蚡病死。張湯治陳皇后巫蠱罪，陳皇后被廢，居長門宮。
西元前一二九年	元光六年	司馬相如爲中郎將，通西南。衛青等四將軍出擊匈奴，僅衛青小勝。
西元前一二八年	元朔元年	衛子夫生劉據，被立爲皇后。
西元前一二七年	元朔二年	根據主父偃的計策，頒布推恩令，允許諸侯將土地分封給子弟。主父偃建議設置朔方郡，建議徙郡國豪傑及家產三百萬以上者於茂陵邑。
西元前一二六年	元朔三年	張騫從西域歸國，歷時近十三年。

西元前一二四年	元朔五年	任公孫弘爲丞相，封爲平津侯。拜衛青爲大將軍。
西元前一二三年	元朔六年	霍去病隨衛青出定襄，擊匈奴，因功被封爲冠軍侯。
西元前一二二年	元狩元年	淮南王、衡山王謀反案被揭發，二王自殺。劉據被立爲太子。
西元前一二一年	元狩二年	霍去病爲驃騎將軍，出擊匈奴，大勝。匈奴渾邪王率眾降漢。
西元前一一九年	元狩四年	造白鹿皮幣，價值四十萬。用銀、錫混合物造「白金」三品（龍、馬、龜三種形狀的貨幣）。衛青、霍去病率軍與匈奴進行漠北大決戰，獲勝。霍去病封狼居胥山。
西元前一一八年	元狩五年	下令鑄五銖錢。
西元前一一七年	元狩六年	霍去病去世。東郭咸陽、孔僅提出施行鹽鐵官營政策的具體方案。
西元前一一五年	元鼎二年	朱買臣、莊青翟等人奏張湯與商人勾結，張湯自殺。桑弘羊爲大農丞，在各郡國設均輸官。張騫第二次出使西域。
西元前一一四年	元鼎三年	頒布告緡令。
西元前一一三年	元鼎四年	禁止各郡國私鑄貨幣，專令上林三官鑄錢，非三官錢不得流通。封方士欒大爲五利將軍、樂通侯，妻之以衛長公主。
西元前一一二年	元鼎五年	列侯因上繳祭祀用的酎金份量、成色不足，被奪爵者一〇六人，史稱酎金案。丞相趙周因爲知情不報，下獄自殺。
西元前一一〇年	元封元年	武帝親自率領十八萬騎兵北巡，威懾匈奴。封禪泰山。以桑弘羊爲治粟都尉，在京師置平準機構，調節物價。
西元前一〇九年	元封二年	塞黃河瓠子決口，武帝作《瓠子歌》兩首。
西元前一〇八年	元封三年	趙破奴攻破樓蘭，俘樓蘭王。
西元前一〇六年	元封五年	衛青去世。頒布《求茂材異詔》，廣招天下有特殊才能的人。
西元前一〇五年	元封六年	與烏孫國和親，將江都王劉建的女兒細君公主嫁給烏孫王昆莫。
西元前一〇四年	太初元年	頒布太初曆，以一月爲歲首。以李廣利爲貳師將軍，第一次征討大宛。

西元前一〇二年	太初三年	貳師將軍李廣利再征大宛。
西元前一〇一年	太初四年	李廣利取勝歸國，帶回汗血馬。武帝作《天馬歌》。匈奴且侯單于寫信給武帝，自稱晚輩。
西元前一〇〇年	天漢元年	蘇武等人出使匈奴，被扣留。
西元前九九年	天漢二年	李陵兵敗，投降匈奴。司馬遷爲李陵辯解，武帝怒，將其下獄受腐刑。
西元前九六年	太始元年	徙郡國豪傑於茂陵邑。
西元前九五年	太始二年	中大夫白公上奏建議鑿渠引涇水，後命名爲白公渠。
西元前九四年	太始三年	鉤弋夫人生劉弗陵。武帝下令鉤弋宮門改稱堯母門。
西元前九二年	征和元年	陽陵大俠朱安世在獄中上書，告丞相公孫賀之子公孫敬聲與陽石公主私通，用巫蠱術詛咒武帝。
西元前九一年	征和二年	公孫賀遭族滅。巫蠱之禍中，江充誣陷太子劉據。劉據不得已在長安起兵，殺江充。衛子夫被廢皇后之位，自殺。劉據兵敗自殺。
西元前九〇年	征和三年	李廣利率軍擊匈奴，失敗。有人告丞相劉屈與妻子詛咒武帝，與李廣利謀立昌邑王。武帝殺劉屈，捕李廣利家人。李廣利投降匈奴。田千秋上書爲已故太子劉據鳴冤。巫蠱之禍眞相漸白。滅江充族。武帝建思子宮。
西元前八九年	征和四年	驅逐宮中眾方士。以田千秋爲丞相，封爲富民侯。頒布「輪台詔」，悔征伐之事。頒布「勸農詔」，以趙過爲搜粟都尉，提倡代田法，發展農業。
西元前八八年	後元元年	武帝殺鉤弋夫人。馬何羅欲行刺武帝，被金日磾等人擒獲。
西元前八七年	後元二年	武帝在五柞宮病重，將幼子劉弗陵託付給霍光、金日磾、上官桀、桑弘羊、田千秋五人。武帝崩，葬於茂陵。劉弗陵即位，是爲昭帝。

國家圖書館出版品預行編目 (CIP) 資料

漢武王朝 / 童超主編 . -- 第一版 . -- 新北市：
風格司藝術創作坊出版：知書房出版發行，
2021.03
面；　公分 . -- (圖說天下) (中國大歷史)
ISBN 978-986-5493-05-9(平裝)

1. 西漢史

622.1　　110003300

漢武王朝

主　　編：童　超
責任編輯：苗　龍
發　　行：知書房出版
出　　版：風格司藝術創作坊
地　　址：235 新北市中和區連勝街 28 號 1 樓
Tel：（02）8245-8890
總 經 銷：紅螞蟻圖書有限公司
Tel:（02）2795-3656　Fax:（02）2795-4100
地　　址：台北市內湖區舊宗路二段 121 巷 19 號
http://www.e-redant.com
版　　次：2021 年 5 月初版　第一版第一刷
訂　　價：320 元

ISBN　978-986-5493-05-9　　Printed in Taiwan